Jeannette Fischer · Angst

nexus 105

Jeannette Fischer

Angst

vor ihr müssen wir uns *fürchten*

Klostermann / Nexus

Bibliografische Information der Deutschen Nationalbibliothek
Die Deutsche Nationalbibliothek verzeichnet diese Publikation in der Deutschen
Nationalbibliografie; detaillierte bibliografische Daten sind im Internet über
http://dnb.dnb.de abrufbar.

2., unveränderte Auflage 2022

Copyright © 2020 Vittorio Klostermann GmbH · Frankfurt am Main
Copyright © 2018 Stroemfeld Verlag AG, Basel
Alle Rechte vorbehalten. All Rights Reserved.

Lektorat: Jeannine Horni
Druck: docupoint GmbH, Barleben
Gedruckt auf säurefreiem, alterungsbeständigem Papier
entsprechend ISO 9706.
Printed in Germany.
ISBN 978-3-465-04593-9

Vorwort

Das psychoanalytische Setting ist ein Beziehungssetting. Da sitzen sich zwei Menschen gegenüber – oder der eine liegt –, und im Prozess des gemeinsamen Sprechens entsteht eine Beziehung, an der die Strukturen und Dynamiken der in der Kindheit erfahrenen Beziehungen abgelesen werden können. So wird es möglich, über die Erkenntnis und Analyse die im Unbewussten lagernden Geschehnisse zu verstehen, neu einzuordnen und die Distanz zu ihnen zu regulieren. Dieser Prozess vermag Nöte und Leiden des/der Hilfesuchenden zu mildern und deren Wiederholung zu vermeiden.

Die psychoanalytische Bindung ist eine emotionale. In diesem Setting werden frühe und unbewusste Beziehungsdynamiken vitalisiert, die nun neu eingebettet in der Beziehung mit der Psychoanalytikerin oder dem Psychoanalytiker eine Aufgehobenheit erfahren, die vorher entbehrt werden musste. Daraus entstehen neue Lebensbedingungen, neue Grundlagen zur Ich-Entfaltung, zur Bildung von Vertrauen und zur Verortung des Ichs in Gemeinschaft.

Die Angst ist eine Empfindung, die wir alle kennen. Wir wissen auch, wie wir sie zu vermeiden, zu umgehen, zu verdrängen versuchen. Wir versuchen einen Umgang mit ihr zu finden, wir versuchen sie zu bejahen oder auch zu verneinen. Doch sie bleibt gegenwärtig.

Entgegen der gängigen Annahme, Angst schütze uns vor Gefahren und sei daher eine existenzsichernde Empfindung, behaupte ich, dass wir die Angst nicht brauchen. Die Furcht übernimmt diese Schutzfunktion. Ich behaupte weiterhin, dass die Angst nicht Ausdruck einer bevorstehenden, sondern einer bereits eingetretenen Gefahr ist.

In diesem Buch zeige ich auf, dass es die bestehenden Machtverhältnisse auf persönlicher und gesellschaftlicher Ebene sind, die der Angst bedürfen; ohne die Angst könnten sie sich nicht durchsetzen. Ich zeige auf, wie ein hierarchisches Gefälle eingeführt wird, das den Herrschaftsdiskurs begründet – ein Gewaltdiskurs, der die Angst zur Grundlage hat.

Die Angst ist eine Reaktion auf Gewalt. Sie ist eine Empfindung der Ohn(e)macht. Wir sind unserer konstruktiven Kräfte – ich nenne sie die *Aggressionen im Dienste des Ich* – beraubt. Ein anderer hat die Macht über uns.

Ich zeige in diesem Buch weiterhin auf, wie wir uns im Herrschaftsdiskurs bewegen, wie wir ihm unterworfen sind, und auch, wie wir selber zum hierarchischen Gefälle beitragen. Wie wir uns der Gewalt bedienen, die oft nicht mehr als solche erkannt und bezeichnet wird. Wie wir den Opfer-/Schulddiskurs einführen, um Unterwerfung und Manipulierbarkeit zu erwirken. Wie dieser Diskurs sowohl in seiner kleinsten Einheit, zwischen zwei Personen, als auch in einer grösseren sozialen Gemeinschaft zum Tragen kommt.

Ich zeige auf, wie die Schuld zum Verbündeten der Angst wird.

Unsere Angst kann nicht unabhängig von diesen Zusammenhängen gesehen werden. Sie darf nicht als psychische Störung eines Individuums pathologisiert und in Einzeltherapien behandelt werden, sondern ist als Ausdruck eines Herrschaftsdiskurses zu lesen, an dem wir alle teilhaben und teilnehmen. Wir müssen verstehen, warum es uns so schwerfällt, diesen Diskurs zu verlassen. Einerseits fehlt uns für diesen Paradigmenwechsel ein alternativer Diskurs, andererseits droht uns die Strafe dafür, der Ausschluss aus Gemeinschaft und die folgende Einsamkeit.

Mein Buch handelt aber auch vom intersubjektiven Diskurs, von dem Raum, der eröffnet wird, wenn der *andere* als anders, als Nicht-Ich anerkannt wird. Nicht im Sinne von Toleranz – denn Toleranz gehört zur Begrifflichkeit des Herrschaftsdiskurses –, sondern im Sinne einer Anerkennung des anderen in seiner Differenz. Denn das ist das einzig Verbindende unter Menschen und in der Gesellschaft. Alles andere ist Teil eines Gewaltdiskurses.

Die Erfahrungen in meiner 30-jährigen Praxis als Psychoanalytikerin haben mir ermöglicht, den Paradigmenwechsel vom Herrschaftsdiskurs zum intersubjektiven Diskurs nicht mehr als Utopie zu sehen. Sie haben mir gezeigt, dass der intersubjektive Diskurs die wichtigste Voraussetzung ist, um Ich zu konstituieren und an Gemeinschaft, an der Welt gestalterisch teilzuhaben. Dabei entfallen Omnipotenzvorstellungen und auch der Antrieb, an Macht zu partizipieren. So wird das Verbindende unter Menschen und in Gesellschaft nicht mehr die Schuld, nicht mehr die Gewalt sein, sondern die Lust und die Neugierde.

Ich bedanke mich bei ...

Erica Meier, Brigitte Brunner, Jacqueline Schöb und Guido Fluri für ihre Unterstützung. Sie haben es mir ermöglicht, dieses Buch zu schreiben.
Jeannine Horni für das sorgfältige Lektorat.
Meinen Verlegern KD Wolff und Doris Kern für ihr Vertrauen.
Meinem siebenjährigen Enkel Levin für seine reizende Zeichnung auf der Titelseite.
Ohne die Zusammenarbeit aller wäre dieses Buch nicht entstanden.

Ein buddhistischer Mönch meditiert unter einem Baum. Da kommt die Pest vorbei und er fragt: »Wohin des Weges?« Die Pest: »Ich gehe in die Stadt, um tausend Menschen zu töten.« Nach einiger Zeit trifft die Pest auf dem Rückweg wieder den Mönch unter dem Baum. Er fragt sie: »Du hast gesagt, du würdest tausend Menschen töten – man berichtete mir, dass zehntausend gestorben sind?« Die Pest: »Ich habe tausend getötet. Die anderen hat die Angst getötet.«

Die Angst vor dem Erfolg

Frau Müller hat Angst. Sie hat Angst vor der Masterarbeit und sie hat Angst vor der Abschlussprüfung. Ihre Ängste sind so gross, dass sie tagelang wie gelähmt im Bett liegt, ihre Körperpflege vernachlässigt und nicht einmal mehr telefoniert. Auch für die Therapeutin bleibt sie unerreichbar. Die Verbindung zur Aussenwelt ist unterbrochen. Frau Müller schaut stundenlang Serien – so verbringt sie ihre Tage in zunehmender Unordnung. Sie fühle sich nicht einmal schlecht dabei, weil sie gar keine Gefühle mehr habe, sagt sie. Es sei ein Zustand von Dumm- und Dumpfheit.

Frau Müller hat ein erstes Studium in Literaturwissenschaft abgeschlossen, das zweite in Philosophie drängt nun ebenfalls nach einem Abschluss. Sie ist 30 Jahre alt, sieht gut aus, liebt es, unter Freunden und Fremden zu sein; sie ist aufgeweckt, man hat sie gern. Das Geld für ihr Studium verdient Frau Müller grösstenteils selber. Sie wird bei der Arbeit geschätzt, obwohl sie immer wieder tagelang fehlt. In der restlichen Zeit holt sie das Versäumte nach. Die Masterarbeit im Philosophiestudium hat sie nach monatelangen Qualen verspätet abgegeben und dafür die Bestnote erhalten. Nun beginnen die Prüfungen, auch diese muss sie verschieben. Nach der zweiten von fünf Prüfungen sagt sie mit grösster Überzeugung, diese sei nun wirklich misslungen. Diesmal sei es nicht wie früher, als es dann doch jeweils besser herausgekommen sei, als sie gemeint habe. Diesmal täusche sie sich nicht, und sie wolle mit ihrer Überzeugung ernst genommen werden.

Doch Frau Müller schloss alle Prüfungen mit der Bestnote ab und erhielt ein summa cum laude. Eigentlich wollte sie nicht an die feierliche Notenübergabe in der grössten Kirche der Stadt gehen, weil sie zu müde war. Eigentlich, sagt sie, sei die Bestnote ein Zufall, Glück und habe nichts mit ihrer Leistung zu tun. Eigentlich würden die Professoren sie einfach mögen. Eigentlich wisse sie gar nichts, das sei nur niemandem bewusst. Eigentlich habe sie alle getäuscht, und eigentlich liessen sich alle täuschen.

Angst trennt das Subjekt von sich und der Welt

Frau Müllers Angst vor der Prüfung antizipiert ein Scheitern. Die Möglichkeit zu reüssieren ist nicht vorgesehen in dieser Angst, der Erfolg wird ausgeschlossen. In ihrem Innern wird diese Befürchtung zur Realität. Die fest in ihr verankerte Annahme eines Scheiterns lähmt ihre Kräfte bis hin zur Ohnmacht, die sie an den alltäglichen Verrichtungen hindert. Ihre Angst ist so gross, dass sie nicht mehr imstande ist zu lernen. Auch ihr gesunder Ehrgeiz hat sich verflüchtigt. Ihr Alltag wechselt zwischen ihrer freudigen, erfüllenden Tätigkeit, der kreativen Arbeit am Master und einem ein- bis viertägigen Rückzug pro Woche in ihr Zimmer. Dieser Rückzug bedeutet den Bruch sämtlicher Beziehungen. Frau Müller ist nicht mehr erreichbar, selbst für ihren Freund nicht, und auch nicht für ihre WG-Mitbewohnerinnen. Man lässt sie in Ruhe – man kennt es, es ist aussichtslos, sich zu bemühen, man zerschellt an ihrer Abschirmung. Selbst ihr Zugang zu sich selber ist nicht mehr gesichert; sie isst entweder zu viel oder zu wenig, und wenn sie isst, dann ungesund. Auch tagelang vom Bett aus Serien zu schauen ist eigentlich nicht ihre Art.

Dann plötzlich geht es wieder, sie taucht auf, bewegt sich, wäscht sich, geht arbeiten und Bier trinken wie alle anderen auch und ist ganz munter. Es ist, als ob sie ihren Tribut geleistet hätte für so viel Freude und Erfolg da draussen im Leben, welche ihr die Tage der Aktivität beschert haben. Dann wieder der Bruch.

Angst trennt. Sie trennt das Subjekt von sämtlichen Beziehungen, sie trennt es von der Welt. Der Bezug zu allem geht verloren. und eine ohnmächtige Einsamkeit macht sich breit, die Frau Müller mit TV-Serien zu füllen und auszuhalten versucht. In dieser Ohn(e)macht entbehrt sie genau der Aggressionen im Dienste des Ich, die sie zur Prüfungsvorbereitung benötigt.

Die Aggressionen im Dienste des Ich

sind konstruktive Kräfte, die ein Subjekt im Dienste seines Ich einsetzen und regulieren kann. Sie ermöglichen dem Ich Wachstum, Entwicklung und Entfaltung, sie ermöglichen ihm, an der Welt gestalterisch mitzuwirken. Die konstruktiven Aggressionen zielen nicht auf die Zerstörung des Gegenübers, sie regulieren ausschliesslich das Ich, werden aber oftmals als zerstörerisch ausgelegt, weil sie die Interessen und Erwartungen eines Gegenübers enttäuschen können. Der Gegensatz dazu sind die destruktiven Aggressionen, welche die Zerstörung des Anderen zur Absicht haben.

Warum fallen bei Frau Müller diese Kräfte weg? Warum trennt die Angst sie von der Selbstsicherheit, dass sie die Prüfung schafft? Die Angst antizipiert das Nichtgelingen, sie nimmt es in der Vorstellung vorweg. Es ist also, genau besehen, eine Angst vor dem Gelingen. Denn das Gelingen scheint ja nicht gelingen zu dürfen.

Eine Prüfung kann niemandem etwas anhaben, es gibt keinen Grund, sich davor zu ängstigen. Ein mögliches Misslingen wäre zwar enttäuschend, reicht aber nicht als Erklärung für den tagelangen Rückzug in die Unbewegtheit, zumal Frau Müller mit einem ersten abgeschlossenen Studium und mit Stellenangeboten in ihrem zweiten Fach nicht in einer prekären Lage ist.

Weil in der Angst der Erfolg bereits vorwegnehmend ausgeschlossen ist, scheint es naheliegend, dass Frau Müller Angst vor dem Erfolg hat. Doch auch der Erfolg vermag niemandem etwas anzuhaben, bereitet er doch Freude und Genuss. Etwas ganz anderes ist es hingegen, wenn Frau Müller der Erfolg geneidet wird.

Introjekte
sind in der Kindheit erfahrene Beziehungsformen, die wir in uns aufnehmen und im Erwachsenenalter weiter in uns tragen. Sie haben manchmal die Macht, uns beachtlich einzuschränken. Den Prozess, in dem diese Beziehungsmuster in uns hineingelangen, nennen wir Internalisierung. Er ist Teil unseres Aufwachsens und bleibt unbewusst. Erst das Leiden an diesen Introjekten kann bewusst wahrgenommen werden.

Die Voraussetzung für diesen Internalisierungsprozess ist ein Subjekt, das dem Kind nahesteht und ihm eine bestimmte Form der Beziehung über eine grosse Dauer hinweg anbietet. Diese wird, in der andauernden Wiederholung, ihre Festigkeit und Gesetzmässigkeit erlangen und als Introjekt ihre Wirkungsmacht entfalten.

Der Verzicht als Beziehungskitt

Die Prüfungsangst von Frau Müller ist Zeichen einer internalisierten Beziehungserfahrung, in welcher der Erfolg zu etwas wird, das es zu vermeiden gilt. Sollte er sich dennoch durchsetzen, wird er als Zufall und sicher nicht als Ergebnis der eigenen Fähigkeiten erfahren.

Was ist nun dieses Introjekt, das bei Frau Müller diese vehemente Reaktion bewirkt, und was ist seine Interaktion mit ihr? Dieses Introjekt, das sie blockiert und in einen tagelangen Rückzug zwingt, in ein Abgetrenntsein von sich selbst und der Welt? Das sie aus einem geselligen und kreativen Alltag in eine Ohnmacht stürzt? Auf Fragen zu ihren Beziehungen muss Frau Müller selber staunen, als sie erkennt, dass vorwiegend Schuld das Bindemittel ist. Ihrer Mutter gegenüber habe sie nur Schuldgefühle, sagt sie, auch ihr Freund komme zu kurz und die Wohngemeinschaft sowieso. Nur bei ihrem Vater könne sie eine schuldfreie Freude empfinden. Ihre Mutter trennte sich von ihm, als Frau Müller 13 Jahre alt war. Ihre beiden Geschwister sind jünger, sie alle hatten sich gewünscht, beim Vater zu wohnen.

In der Zeit der Trennung ihrer Eltern begannen die Blockaden und Ängste bei Frau Müller. Sie blieb tagelang dem Gymnasium fern und bestand dennoch die Maturität mit Bestnoten. Sie beschreibt ihre Mutter als Leidende, als Opfer des Ehemannes, Opfer der Kinder, die alle ihre eigenen Wege gehen und sich der Kontrolle der Mutter nach und nach entziehen. Nie habe sie geschlagen oder ein böses Wort gesagt, nie geschrien und nie Strafen verhängt.

Frau Müller erinnert sich, dass sie seit jeher einen Schmerz in der Brust verspürt, einen Stich, dem eine Atemlosigkeit folgt, ein Gefühl der Ohnmacht, sobald sie sich aus dem Kontrollradius der Mutter hinausbewegt. Sofort hole sie das Schuldgefühl ein, bringe sie zum Zweifeln, zur Verzweiflung gar. Hat sie ihrer Mutter womöglich unbewusst etwas angetan? Man weiss ja nie, denkt sie. Es passiert, ohne dass man es will. Warum leidet meine Mutter meinetwegen? Vielleicht bin ich wie mein Vater und kümmere mich zu wenig um sie, schaue nur für mich und vernachlässige sie? Vielleicht arbeite auch ich zu viel wie mein Vater und habe kein anderes Ziel, als erfolgreich zu werden?

Inzwischen rückt das Ende von Frau Müllers zweitem Studium näher. Seit sie in der WG wohnt, beklagt sich ihre Mutter nicht mehr. Doch der Stich in Frau Müllers Brust hält an, ihr tagelanger Rückzug auch. Das Schweigen der Mutter ist ein leidendes, Frau Müller weiss es zu deuten, sie möchte die Mutter entlasten, sie bemüht sich um sie, sie versucht ihre Schuld an diesem Leiden zu mindern. Doch es hält sich hartnäckig und mit ihm ihre Schuldgefühle.

Noch kann Frau Müller das Leiden ihrer Mutter nicht als inszeniert entlarven, nicht als einen Ausdruck des Neides. Sie hat gelernt, dass der Erfolg des einen zum Leiden des anderen gereicht, und sie hat gelernt, dass man verlassen wird, wenn man Erfolg hat, dass die mütterliche Beziehung einem Erfolg nicht standhält. Keinesfalls aber möchte sie die Beziehung zu ihrer Mutter und auch diejenige zu ihrem Freund gefährden. Sie möchte nicht erfolgreich sein, jedoch alleine bleiben. Im tagelangen Rückzug ins Bett findet sie zurück in die Beziehung zu ihrer Mutter. In der Entbehrung der Aggressionen im Dienste des Ich, in der Entbehrung des Erfolges bleibt ihr die Zuneigung der Mutter gesichert. Sie bezahlt ihr den Tribut für die erfolgreichen Tage und beschwichtigt damit den mütterlichen Neid: »Ich bin nicht so erfolgreich, wie du denkst, es fällt mir nicht alles in den Schoss; sieh mal, auch ich leide.«

Schon als Kleinkind war das so, das ist nicht neu. Frau Müllers Rückzug ist eine Reaktion auf ein mütterliches Introjekt, das sich im Laufe ihres Aufwachsens in ihr gefestigt hat. Demnach ist schuldfreie Nähe nur möglich, wenn sie den autonomen Erfolg aufgibt. So findet sie zurück in die Beziehung zu ihrer Mutter, einer einstmals lebenswichtigen Beziehung, und genau an diesem Punkt verliert sie die Beziehung zu sich selbst. Im Verzicht auf Autonomie und Expansion, im Verzicht auf die lebenserhaltenden und konstruktiven Aggressionen, die ihr die Lust am Leben sichern und die sie von der Mutter unabhängig machen. Und genau hier beginnt die Angst. Hier, am Drehpunkt des Erfolges, wo ihre konstruktiven Aggressionen als zerstörerisch gespiegelt werden. Hier, wo die Schuld beginnt, und hier, wo ihre Angst vor der Prüfung das Misslingen antizipiert, den Genuss des Gelingens zerstört.

Frau Müller kennt die Nähe als Schmerz, als Abgrund und als Ohnmacht. Sie geht davon aus, dass die Grösse des Schmerzes der Grösse der Liebe entspricht. Sie versucht sich in diesem Schmerz einzurichten, es darin auszuhalten, beweglich zu bleiben. Sie versucht, sich in den Erwartungen der Mutter zu organisieren, und sie versucht, ihr Ich zum Stillschweigen zu bringen, um dem mütterlichen Introjekt Genüge zu tun.

Der Opferdiskurs
ist ein aggressiver Diskurs. Das »Opfer« richtet in der Beziehung ein hierarchisches Gefälle ein, um Kontrolle und Macht über das Gegen-

über zu erlangen. Die Verbindung zum anderen ist im Opferdiskurs festgelegt und unverrückbar. Die Schuld ist das Bindemittel: Der andere ist der Täter, der am »Opfer« schuldig geworden ist. Die Opferposition ist eine mächtige, vermag sie doch bei fast jedem Menschen Schuldgefühle auszulösen und ihn zu Rechtfertigungen anzutreiben. Kinder und Jugendliche sind kaum dagegen gefeit und nicht gewappnet, solche Aggressionen zu entlarven. Sie können sich auch nicht davon distanzieren, weil sie in einer Abhängigkeit zum »Opfer« stehen. Die Aggressionen, die im Dienste des Ich stehen, werden im Opferdiskurs als schädlich gespiegelt. Das verursacht Angst, weil sie nicht mehr schuldfrei eingesetzt werden können.

Der Opferdiskurs ist ein Herrschaftsdiskurs: Das »Opfer« bemächtigt sich des Gegenübers, das keine Möglichkeit mehr hat, die Beziehung selber zu gestalten oder zu regulieren. Er/sie bleibt der Täter, der/die Schuldiggewordene. Ein Ausweichen ist in dieser vorgegebenen Struktur nicht möglich. Der einzige Ausweg wäre, diese Beziehung aufzugeben. Doch da sich unsere Gesellschaft in Kleinfamilien einteilt, bleibt einem Kind diese Möglichkeit verwehrt. Damit erlangt das »Opfer« eine Position der Macht über das andere Subjekt, dem nun die Machtlosigkeit, die Ohn(e)macht zugeordnet ist. Die Empfindung dieser Ohnmacht ist die Angst. Die Differenz, die zwischen zwei Subjekten besteht, wird zugunsten eines hierarchischen Diskurses der Schuld aufgehoben. Ein Gefälle wird eingeführt, das den anderen in seinem Anderssein entwertet und unterwirft, seine Aggressionen im Dienste des Ich in Schuld einbindet, eine Schuld, die fortan das Bindemittel dieser Beziehung ist.

Der intersubjektive Diskurs
anerkennt demgegenüber den anderen als anders, als Nicht-Ich, und legt keine Positionen fest: Die Beziehung spielt sich auf Augenhöhe ab und ist nicht hierarchisch. Die Anerkennung der Differenz ist gewährleistet und wird zum Bindemittel der Beziehung. Die Verantwortung über die Beziehung und die eigene Befindlichkeit bleibt beim Subjekt. Die Aggressionen, die im Dienste des Ich stehen, behalten ihre Funktion.

Hass sichert Gemeinschaft

Frau Müller sind die Aggressionen im Dienste des Ich, die Entwicklung und Wachstum, Neugierde und Lust ermöglichen, als schädlich gespiegelt worden. Den Spiegel eines »Opfers« vorgehalten zu bekommen, bedeutet, in einer fortwährenden Schuld an diesem Opfer zu sein. Die Angst der Tochter ist ein Hinweis, dass ihre Aggressionen im Dienste des Ich nicht mehr genützt werden dürfen, ohne dass sie schuldig wird. Diese Schuldgefühle drängen Frau Müller in den Rückzug, ins Bett. Hier verbüsst sie ihre Strafe, hier, in der Bewegungslosigkeit, in der Aufgabe der konstruktiven Aggressionen, in der Aufgabe des Erfolges möchte sie sich ihrer Schuld entledigen, um wieder in die Beziehung zur Mutter aufgenommen zu werden, um wieder von ihr geliebt zu werden. Frau Müller wird in der Folge alle ihre konstruktiven Kräfte als schädlich und mit Schuld kontaminiert erleben, und so wird ihr das Lernen auf die Prüfung und die Masterarbeit zur Qual.

Im intersubjektiven Raum hingegen hat die Schuld keinen Platz, die Prüfung wird zu einer Herausforderung, frei von der Angst, die Mutter zu beschädigen.

Die in Schuld eingezäunten und behinderten konstruktiven Kräfte, die über Jahre hinweg als schädliche gespiegelt wurden, werden Teil der Identität: Das Subjekt erlebt sich nun selber als destruktiv. So ruft Frau Müller einmal spätabends an, verzweifelt; sie hätte wild um sich geschlagen und die Wohnung demoliert und alle Mitbewohner seien deswegen ausser sich. Ich stellte mir das Fürchterlichste vor, beschädigte Möbel, zerbrochene Fenster, verletzte Personen. Es stellt sich jedoch heraus, dass sie nur beim Spielen der Gitarre eine Saite gerissen hat. Überaus harmlos, keine Spur einer Verwüstung. Nur eine gerissene Saite, mehr nicht. Sie hingegen nimmt sich selber als durchaus zerstörerisch wahr, worüber sie so sehr verzweifelt ist, dass sie mich zu solch später Stunde noch anruft. Hinzu kommt, dass sie sich mit solchen »Ausbrüchen« als beziehungsgefährdend erlebt.

Sobald ein Subjekt seine Aggressionen im Dienste des Ich als schädlich erfahren muss, widerfährt ihm Gewalt: Es ist dem schuldfreien Zugriff auf diese Lebenskraft enteignet. Alleine gelassen in der Hinderung dieser Kräfte durch deren Identifikation als destruktive, wird dieses Subjekt sie gegen sich wenden, um andere vor ihnen zu schützen.

Nimmt die Selbstdestruktion ein für das Subjekt schlimmes Mass an, wird diese Form des Selbsthasses unerträglich, dann wird sie mit Hilfe einer Projektion ausgelagert. Es wird ein Subjekt oder auch Objekt gesucht, das sich eignet, um ihm diese Projektion anzuheften. Es wird immer ein »fremdes« Subjekt sein, eines, das in keiner direkten Beziehung zum Subjekt steht, eines, bei dem keinerlei Gefahr besteht, dass die – im Opferdiskurs gefangene – Beziehung gefährdet wird. Es wird ein »fremdes« Subjekt sein, das oftmals bereits von anderen »benutzt« wurde und wird. Damit kann der Hass – so müssen wir die vormals konstruktiven Aggressionen bezeichnen – in einem gewissen Rahmen legitimiert werden: Das »Objekt« des Hasses wird allgemein als hassenswert anerkannt. Dieser muss damit nicht zwingend hinterfragt werden und kann sich schuldfrei Bahn schaffen.

Der Hass ist immer auch Selbsthass und umgekehrt. Er wird zu einer bestimmenden emotionalen Form der Beziehung zu all jenen Subjekten, die sich vom eigenen Ich unterscheiden. An sie wird die Verantwortung für den Hass und auch die Schuld delegiert. Dies nicht zuletzt, um die Beziehung zum Opfer, in Frau Müllers Fall die Mutter, schuldfrei erfahren zu können.

Projektionen eignen sich nicht nur, um die destruktiven Aggressionen loszuwerden, sondern auch die Schuldgefühle. Die Abwehr der Schuld spielt eine zentrale Rolle, denn die Schuld ist – vor dem Hintergrund des Opferdiskurses gelesen – eine ungerechte Zuweisung. Ungerecht deshalb, weil die Aggressionen im Dienste des Ich niemals schädlich sein können, weder für das Ich noch für das Gegenüber. Schädlich und gewalttätig ist hingegen deren destruktive Spiegelung durch das Opfer.

Mit Schuld wird gemessen, gehandelt, verhandelt; wir alle versuchen sie auszulagern, loszuwerden – doch der Schulddiskurs bleibt eine Beziehungsform, gar ein Beziehungskitt. Im intersubjektiven Diskurs verliert die Schuld ihre Bedeutung, und an ihre Stelle tritt die Eigenverantwortung, die Teil der Beziehung wird. Diese Form der Beziehung kann nun nicht mehr in einem Gefälle der Schuld hierarchisiert werden.

Mit dem Rückzug versucht Frau Müller ihre Aggressionen im Dienste des Ich unschädlich zu machen: »Ich werde meine konstruktiven Aggressionen nicht nutzen, weil ich dich nicht beschädigen und leiden machen will. Ich weiss, sie tun dir nicht gut, also richte ich sie gegen mich selber und ziehe mich tagelang zurück ins Bett. Wenn diese Aggressionen für mich alleine nicht mehr tragbar sind, dann suche ich ein Subjekt, auf das wir beide – und vielleicht viele andere auch – uns einigen und lagere den Hass aus. Ich bin sogar bereit, gegen dieses Subjekt zu kämpfen, um von dir geliebt zu werden und um unsere Beziehung nicht zu gefährden.« So findet Frau Müller zurück in die Nähe ihrer Mutter, sie kann deren Neid beschwichtigen und wieder Sicherheit und Aufgehobenheit in der Beziehung mit ihr erwirken: Beide haben nun einen gemeinsamen Feind. Das verbindet. Es ist der Hass, der verbindet.

Es ist möglich, dass Beziehungen nur durch einen gemeinsamen Feind gesichert werden können. Dass der Kampf gegen einen Feind das einzig Verbindende ist, das Einzige auch, das Anerkennung gewährleistet. Diese Art der Nähe und Sicherheit in einer Beziehung ist eine symbiotische, eine, welche die Differenz, das Anderssein des anderen, nicht mitberücksichtigt. Beide meinen dasselbe, verbinden sich in der Projektion des ausgelagerten Hasses und sind sich sicher, so ihre Beziehung nicht zu gefährden. Es entsteht eine Tendenz, dass sie zu wissen meinen, was richtig ist und was zu tun ist, während die anderen dieses Ziel angeblich verfehlen.

Der intersubjektive Diskurs bedient sich hingegen keinerlei Auslagerung, weil die Aggressionen im Dienste des Ich ihren Platz in der Beziehung behalten, weil sie Teil der Anerkennung anderer als Nicht-Ich sind. Das ist nur möglich, wenn der Zugriff auf diese konstruktiven Aggressionen, auf diese Kraft, schuldfrei bleibt.

Das Objekt der Angst und des Hasses

Die Angst als unentbehrlicher Faktor des Schuld- und Opferdiskurses hat nun entweder ein Objekt, das die Angst *vor* oder die Angst *um* etwas näher bezeichnet, oder aber sie konnte sich kein Objekt organisieren und bleibt diffus. Wenn nun die Aggressionen im Dienste des Ich über die Schuld in destruktive Aggressionen umgeformt und in der Identifikation des Subjekts mit dieser Destruktivität ausgelagert werden, um das eigene Ich und das andere geliebte Ich davor zu bewahren, dann entsteht auch eine Angst *vor* dieser Auslagerung. In dieser Angst kann sich das Subjekt ein weiteres Mal als »unschuldig« erfahren, vor allem, wenn es die Position des Opfers einnimmt. Jegliche Formen der Stigmatisierung (Rasse, Geschlecht, Klasse etc.) sind Beispiele solcher Formen der ausgelagerten Aggressionen, die sich als Angst vor dem Fremden, Anderen niederschlägt. Dabei darf nicht vergessen werden, dass die Angst eine sekundäre Folge des eigenen ausgelagerten Hasses ist und sie deshalb nicht als Rechtfertigung und Erklärungsversuch für vielerlei Handlungen anerkannt werden darf.

Die Angst, der Hass und das Opfer bedingen sich gleichermassen und können ohne einander nicht auskommen. Die Abgrenzungen sind manchmal schwer auszumachen, weil die Verantwortlichkeiten nicht mehr beim

Subjekt selber liegen, sondern als Schuld ausgelagert werden. Die Schuldzuweisung an einen anderen oder an ein Objekt dient als Schutz vor dem Beziehungsbruch, der droht, sollte die Eigenverantwortung übernommen werden, denn damit würde die Stabilität einer schuldhaften Beziehung ins Wanken geraten. Das heisst: Frau Müller hat Angst vor der Prüfung, sie fühlt sich ohnmächtig, weil sie ihre konstruktiven Aggressionen nicht einsetzen kann. Sie kann die Herausforderung der Prüfung, die ihr letztlich auch die finanzielle Ablösung von der Mutter ermöglichen würde, nicht auf sich nehmen, ohne schuldig an der Mutter zu werden.

Es ist nicht, wie häufig angenommen, die Angst, die den Hass gebiert, denn die Angst, die Ohnmacht, entbehren gerade dieser Kraft. Vielmehr ist es die Unterbindung konstruktiver Aggressionen durch einen Diskurs, der ein leidendes Opfer einrichtet, an dem man schuldig wird, sobald man eigenständig und different zu ihm steht. So werden Frau Müllers autonome Bestrebungen, die Prüfung zu bestehen, als destruktiv erlebt, und um die anderen vor ihrem Hass zu bewahren, richtet sie diesen gegen sich selbst. Dass sie sich ins Bett zurückzieht, bedeutet also, dass sie den Hass lieber gegen sich selbst als gegen die Mutter richtet und dass sie von diesem Hass/Selbsthass an der freien Bewegung gehindert wird. Die Prüfung erweist sich zudem als komfortabler Ort, an den sie ihre Aggressionen auslagern kann, um dann von ihnen bedroht zu werden und vor ihnen Angst zu haben. Ausserhalb des Opferdiskurses wäre die Prüfung für sie eine Herausforderung, die auch Spass machen könnte.

Die gemeinsame Projektion

Einigen sich viele Menschen auf eine Projektion beziehungsweise sind sich viele einig, dass beispielsweise Prüfungen Angst machen, der weisse Hai eine Bestie und der Fremde gefährlich ist, dann verbinden sie sich im gemeinsamen (unbewussten) Einverständnis, den Hass auszulagern, um die für sie wichtigen Beziehungen nicht zu gefährden und sich selber darin nicht als different zu erkennen zu geben. Denn die Anerkennung der Differenz würde den bestehenden hierarchischen Diskurs erheblich gefährden. Letztlich geht es auch darum, sich selber zu schützen vor einem Ausschluss aus Beziehungen, aus der Gemeinschaft. Das Subjekt oder das Objekt der Angst *vor* wird fern von den eigenen wichtigen Beziehungen gewählt, der Hass »fremd« untergebracht, um in diesem Diskurs von Täter und Opfer zu bestehen.

Wenn sich viele Menschen auf ein Subjekt oder ein Objekt der Angst einigen, erfährt der Hass eine Legitimation. Mit dieser Legitimation können Bündnisse entstehen, welche die Gewalt ins Masslose zu steigern und zu rechtfertigen vermögen.

Die Angst von Frau Müller, diese lähmende Angst, die sie tagelang in der Bewegungslosigkeit hält, bleibt uns ein Hinweis, den Bruch, den sie immer wieder erlebt hat und erlebt und der sie aus sämtlichen Beziehungen, aus der Welt wirft, als eine unbewusste Massnahme zu verstehen, eine Massnahme, um die Mutter nicht mit ihrer Eigenständigkeit zu verletzen und sich selber aus der Schuld an derem Leiden zu befreien. Es ist eine Vorkehrung, um diesen schrecklichen Bruch nicht ungewappnet und unvorbereitet erleben zu müssen, sondern ihn selber steuern zu können. Eine Vorkehrung, um sich vor dem mütterlichen Neid zu schützen, der Frau Müller droht, sollte sie Erfolg haben. Frau Müller kann sich mit dem Rückzug ins Bett der Nähe der Mutter wieder versichern und sie gleichzeitig besänftigen: »Ich lasse dich nicht alleine«. Und sie kann sich selber beruhigen: »Ich bin nicht schuldig.« Sie schadet niemandem mehr, die Mutter wird vom Leiden am Neid entlastet und Frau Müller von der Schuld daran.

Dass Frau Müller eine mütterliche Unterstützung und Anerkennung wohltun würde, dass sie alleine gelassen wird in ihrem Streben nach Herausforderung, in ihrer Neugierde und Lust am Leben, kümmert diese Mutter nicht, weil sie als Opfer viel zu sehr mit sich selber beschäftigt ist. Das Opfer sieht sein Gegenüber als Feind, ein an ihm, dem Opfer, schuldig gewordenes Subjekt, einen Täter. An diesem Feind richtet das Opfer seine Identität auf, und zu diesem Zweck braucht das Opfer einen Feind. Das Opfer ist abhängig von ihm, weil es sonst zerbricht und heimatlos wird.

So wird es verständlich, dass jeder Opferidentität eine Ich-Losigkeit zugrunde liegt, da sich dieses angebliche Ich nur über den Kampf mit einem feindlichen Gegner konstituieren kann. Diese Position ist sehr fragil, gerade weil sie von einem Feind abhängig ist. Wir können hier von einer Symbiose von Opfer und Feind sprechen: Der andere, das Gegenüber, wird nicht in seiner Differenz wahrgenommen, sondern zu einem feindlichen Konstrukt gemacht, um ein Ich herzustellen. Würde man dem Opfer seinen Feind nehmen, dann wäre die Folge wie der während des Vietnamkrieges kreierte Slogan: »Stell dir vor, es ist Krieg, und keiner geht hin.«

Wenn sich mehrere Menschen auf einen gemeinsamen Feind einigen, dann können sich heimatliche Gefühle ergeben, Gefühle der Zusammengehörigkeit und vor allem Gefühle der Dankbarkeit für die gegenseitige Anerkennung. Man ist verbunden in einer Gemeinschaft und hat die

Möglichkeit, das Mass der Anerkennung zu steuern, indem man sich im Kampf gegen den gemeinsamen Feind bewährt. Immer wieder bewährt. Das Bedürfnis, über diesen Mechanismus geliebt zu werden, ist ein nicht zu unterschätzender Antrieb. Wenn eine dieser Personen zudem Macht innehat, dann hat sie die Möglichkeit, andere an dieser Macht partizipieren zu lassen, um ihnen eine Freude zu bereiten und sich damit ihre Loyalität, ihre Anerkennung zu sichern. Die Anerkennung bedarf also einer Vor-Leistung, ohne die diese Person erfahrungsgemäss keine Anerkennung zu erwarten hat.

Verhält sich ein Subjekt in einer Gemeinschaft, die sich auf einen gemeinsamen Feind geeinigt hat, different, dann wird es nicht – wie es im intersubjektiven Diskurs Voraussetzung ist – als anderes Ich Anerkennung erfahren, sondern als Verräter aus der Gemeinschaft ausgeschlossen. Die Verbrüderung und Verschwesterung von Opfern, die sich auf einen gemeinsamen Feind ausrichten, ist sehr unbeständig, weil es sich bei diesem Feind um ein Konstrukt handelt, das gemeinsam geschaffen wurde und daher in seiner Variabilität äusserst instabil ist. Und weil die Subjekte an diesem Konstrukt ihre Identität als Opfer aufrichten statt in der Anerkennung der Differenz, die per se eine Beständigkeit hat und keinerlei Schwankungen unterworfen ist.

Die Anerkennung der Differenz ist keine Währung, die Machenschaften, Machtverhältnissen unterliegt, sondern ein reales Gewebe, mit dem wir in irgendeiner Form in Beziehung stehen. Sie erfordert keinerlei Anpassung und Unterwerfung, hantiert nicht mit Exklusionen und Bestrafungen und kennt keine Verräter und keine Helden.

Die Schuld als Bindemittel

Frau Müller erfährt die Differenz zu ihrer Mutter nur als Schuldige. Aus diesem Grund ist sie sehr darauf bedacht, sich keine neue Schuld aufzuladen. Also verlagert sie ihren Lebensraum ins Bett, womit sie ihrer Meinung nach niemandem mehr schadet. Die Prüfung ist nun schuldig an ihrem Zustand, und wenn die Prüfung nicht wäre, ginge es ihr gut. Dass dem nicht so ist, muss sie einsehen, als die Arbeit, die sie nach der Prüfung annimmt, ihre Symptome nicht verändert.

Frau Müller zieht ihre Aggressionen im Dienste des Ich zurück, um die Mutter nicht leiden zu machen und gleichzeitig auch, um sich selber schuldfrei zu fühlen. Dieser Rückstau der konstruktiven Aggressionen löst eine Umdrehung ihrer Wirkung aus: Sie werden destruktiv und manifestieren sich als Selbsthass. Nicht, weil gestaute Aggressionen eine wuchtige Explosion erwarten lassen, sondern weil die gewaltsame Veränderung ihrer Richtung eine Identifikation mit der destruktiven Spiegelung bewirkt. Gestaute Aggressionen im Dienste des Ich werden erst destruktiv, wenn sie diese Spiegelung erfahren haben. Andernfalls können sie sublimiert werden, das heisst, die konstruktiven Kräfte können sich ein anderes Ziel suchen, an das sie sich vollumfänglich anbinden können.

Das Destruktive, das nun das Ich von Frau Müller direkt angreift, zeigt sich – nebst der Bewegungslosigkeit – auch in den Handlungen, die sie in ihrem Rückzug unterlässt, wie etwa die Körperpflege und nährendes und gesundes Essen; es zeigt sich aber auch in den Handlungen, zu denen sie noch fähig ist: TV-Serien schauen und Erdnüsschen essen. Die Selbstdestruktion, der Selbsthass, ist Kennzeichen eines jeden Betroffenen, dessen konstruktive Aggressionen destruktiv gespiegelt wurden. Die Abwehr des Selbsthasses kann über dessen Projektion auf ein Subjekt oder Objekt gelingen. So sagte ein vierjähriges Mädchen im Kindergarten jeweils: »Es hasst mich«, um kundzutun, dass ihr etwas nicht gelungen war. Mit dem Hass auf sich selbst und der Projektion auf ein »Fremdes« können gleichzeitig auch die Schuldgefühle vermieden werden, in die Frau Müller in der Beziehung mit ihrer Mutter verwickelt wird: Alles spielt sich fern von dieser Mutter ab und hat nichts mit ihr zu tun. Sobald die konstruktiven Aggressionen mit einer Schuld behaftet werden, kommen sie dem Dienst am Ich abhanden und geraten unter die Kontrolle eines anderen Ich. Dieser Prozess ist die Voraussetzung für das Gelingen des Herrschaftsdiskurses. Wer auch immer dieses andere Ich sein mag, der Vater, die Mutter, die Gesellschaft etc. – Frau Müller wird die Masterarbeit nicht mehr als eine kreative Herausforderung sehen, sondern als eine verpflichtende Auflage, die Schuld abzutragen. Die Schuld domestiziert die Expansion konstruktiver Kräfte und leitet diese in vorgesehene und verpflichtende Bahnen: Das Sollen ersetzt das Wollen.

Pflichterfüllung statt Genuss

Die Erfahrung einer Beziehung, welche die Schuld als verbindende Grundlage hat, wird übertragen auf alles, was die Aggressionen im Dienste des Ich zum Ziel haben. So werden die Prüfung und die Masterarbeit zur Qual, weil nicht mehr das eigene Ich bestimmt. Und so werden alle weiteren

Vorhaben zur Mühe und Belastung. In der Tendenz wird sich der Genuss an der Arbeit verlieren, weil der Stress der Pflichterledigung an seine Stelle tritt. Diese Art des Stresses entsteht, weil einem anderen Ich Genüge getan werden muss. Dabei kann sich sogar eine neue Art des Genusses bilden, nämlich die Freude an der erfüllten Pflicht, weil diese eine neue Form der Anerkennung nach sich zieht. Der Genuss liegt nicht mehr in der eigenen, selbstbestimmten Betätigung, im Erforschen einer Materie, sondern in der Pflichterfüllung, die bis zur Sinnlosigkeit gereichen kann. Dies alleine, um Anerkennung und Zugehörigkeit zu erfahren. Oder – sehen wir es von der anderen Seite – alleine, um nicht ausgeschlossen zu werden. Ausgeschlossen aus der Beziehung, aus der Gemeinschaft. Ausgeschlossen aus der Nähe. Die Not des Ausgeschlossenseins kann so gross werden, dass jegliche Art der Pflichterfüllung angenommen wird, nur um Anerkennung und Nähe zu erreichen. Daran erkennen wir das menschliche Bedürfnis, nebst Nahrung und Pflege Teil einer Gruppe zu sein, Teil von Beziehungen.

Die Pflichterfüllung kann zu einem Lebensinhalt werden, die keine Alternative mehr kennt, weil die Fähigkeiten des Subjektes und die Ausrichtung seiner Aggressionen im Dienste des Ich vorgegeben sind und die Anerkennung nur in dieser Ausrichtung erfahren werden kann. Stefan Zweig schreibt in seinem Roman *Ungeduld des Herzens*: »... wer im Drill soldatischer Disziplin von Kindheit an erzogen wurde, unterliegt der Psychose eines Befehles wie einem unwiderstehlichen Zwang. Jedes militärische Kommando hat über ihn eine logisch völlig unbegreifliche, willensauflösende Macht. Auch ich [...] hörte von der Sekunde an, da ich den Befehl des Obersten entgegengenommen, sofort auf, selbständig zu denken und zu handeln. Ich überlegte nicht mehr. Ich gehorchte nur noch.« Diese Anpassung ist eine Schutzleistung des Subjektes, um von Anerkennung, Beziehung und Gemeinschaft nicht ausgeschlossen zu sein. Und sei sie auf Kosten sämtlicher eigener Interessen. Der Ausschluss aus der Gemeinschaft ist derart gewalttätig, dass sogar das eigene Leben »geopfert«, der eigene Tod in Kauf genommen wird, nur um dazuzugehören. Die Not, die erwächst, wenn das Subjekt nicht anerkannt wird, macht es anfällig für eine unreflektierte, allzu schnelle Pflichterfüllung, für Unterwerfung und Manipulation, macht es anfällig, sich Gemeinschaften anzuschliessen, die sich als Opfer einer anderen Gemeinschaft verstehen.

Der Herrschaftsdiskurs
hat den Ein- und Ausschluss als bestrafende und belohnende Massnahme zur Grundlage. Der Schuld- und Opferdiskurs ist ein Teil davon. Er definiert und misst die Schuld, er verortet das Subjekt im Gefälle der Hierarchie und schliesst somit aus oder ein. Die Schuld deutet auf einen »rechtmässigen« Ausschluss hin, einen Ausschluss aus der Beziehung, aus der Gemeinschaft.

Im intersubjektiven Diskurs wird die Schuld als gewalttätiges Mittel, um zwischen den Subjekten ein hierarchisches Gefälle und damit schuldhafte Bindungen einzurichten, nicht vonnöten sein. Das Verbindende ist die Anerkennung der Differenz eines jeden Subjektes. Das hat den Vorteil, dass weder um Anerkennung geworben werden muss noch Anerkennung versprechende Leistungen und Pflichterfüllungen erbracht werden müssen: Das Subjekt erfährt sich als Teil einer Gemeinschaft, ohne auf die Aggressionen im Dienste des Ich verzichten zu müssen. So bleibt die Autonomie des einzelnen Subjektes gewährleistet, die als Grundlage und Bereicherung von Beziehungen und Gemeinschaft dient.

Wenn die Bedienung der Aggressionen im Dienste des Ich und die Differenz als schuldhaft dargestellt werden, wenn des einen Autonomie und Handhabung der konstruktiven Aggressionen als Ursache für das Leiden eines anderen gesehen werden, handelt es sich um eine gewaltsame Verdrehung. Mit dieser Verdrehung wird die Angst eingeführt, die Angst vor der Schuld, die Angst als Ausdruck der Ohnmacht. Sie wird so zu einem bewährten Mittel der Unterdrückung, zu einem wichtigen Instrument, um das Getriebe des Opferdiskurses in Gang zu halten, die mit Schuld kontaminierten Aggressionen nach aussen zu verlagern und sie dort im Kampf gegen einen eigens dazu erklärten Feind einzusetzen.

In diesem Zusammenhang ist es verständlich, dass die Angst nicht auf ihre Provenienz hin befragt wird, sondern als Ursache destruktiver Aggressionen oder als Antrieb für kulturelle Leistungen gewürdigt und als unentbehrlich erachtet wird. Ihr wird ein Platz zugeordnet, über den man sich einig geworden ist: Der Mensch braucht die Angst, um sich vor Gefahren zu schützen; die Angst steht im Dienste des Menschen. Obwohl Angst Lähmung und Ohnmacht und gerade bei Gefahren Kopflosigkeit hervorruft, hält sich dieser Diskurs unerbittlich gut.

Das Gebrauchtsein wird zur eigenen Identität

Frau Schnell ist Anfang 30. Sie hat sich neu verliebt. Sie und ihr Freund passten wunderbar zusammen, sagt sie, nur der Sex funktioniere nicht; ihr Freund habe keine Erektion. Das verunsichere sie und lasse sie an sich selber und an seiner Liebe zweifeln: »Mag er mich überhaupt? Begehrt er mich, wenn er keine Erektion hat?« Sie sei offensiv geworden, sagt sie, und habe ihn bedrängt. Sie wollte diesen einen Liebesbeweis. Sie wollte sich in ihrer Angst vor Ablehnung beruhigen. So gerieten die beiden immer mehr unter Druck. Frau Schnell hat Angst, dass ihr neuer Freund sie verlassen wird. Er hat Angst, dass sie ihn verlassen wird. Dass sie ihn zu wenig begehrenswert findet. Sie hat Angst, dass sie ihm nicht genügt: »Ich mache alles, damit er sich begehrt fühlen kann, ich erfülle ihm seine Wünsche, bevor er sie überhaupt hat. Und jetzt belohnt und bestätigt er mich nicht, indem er erregt wird.« Er hat Angst, dass er ihr nicht genügt, und geht zum Arzt. Er ist ihr eine Erektion schuldig, das sieht er ein, andernfalls bestätigt er ihre und seine Liebe nicht. Sie sieht das genauso. Und schon sind beide, am Anfang einer Liebesbeziehung, in Schuldigkeiten verwickelt, die ihnen den Schnauf des Begehrens nehmen.

Die Einlösung dieser Schuld wird zum Beweis ihrer Liebe und je mehr dieser Beweis von beiden angestrebt wird, umso mehr wird er misslingen. Sie ringen um Anerkennung, eine Anerkennung, welche die Leistung voraussetzt, den anderen zu befriedigen, damit er mit dieser Befriedigung wiederum den anderen anerkennt. Die Einlösung dieser Schuld wird also zum bestätigenden Faktor für Verbindung, Liebe und Anerkennung. Dabei geht es um eine Anerkennung des Subjektes in einer *Funktion*: Den anderen zu befriedigen, um dann ein von ihm anerkanntes Subjekt sein zu können. Hier wird die Sexualität in eine Abarbeitung der gegenseitigen Schuld verwickelt; weit entfernt von Begehren wirkt sie angstmindernd und stabilisierend für die Beziehung.

Das Begehren
ist ein Begehren nach dem anderen. Es kann sich nur in einem intersubjektiven Raum entwickeln und entfalten. In einem Schulddiskurs wird es eingeschränkt, gar beseitigt. Es ist in seiner Auswirkung ausschliesslich subversiv, das heisst, es hält sich nicht an bestehende politische, religiöse oder gesellschaftliche Normen.

Dass der Schulddiskurs bis in die Betten wirksam sein kann, ist nicht neu. Bedenklich hingegen ist, dass das Begehren nicht mehr von ihm getrennt wird: Dass nicht der Prozess der sexuellen Vereinigung angestrebt und als beglückend erfahren wird, sondern sein Ende als geglückte Einlösung der Schuld. Als Beweis der Liebe und Anerkennung. Es ist offensichtlich, dass das Funktionieren der zwei in diesem Diskurs beide beruhigt, weil sie sich damit des anderen vergewissern können und sich selber in der Erfüllung einer Leistung Anerkennung und Wichtigkeit verschaffen, vielleicht sogar ihr Ich erst konstituieren.

Sobald die Schuld in der Sexualität eine Rolle spielt, ist das Begehren entschärft, weil es sich in einem dafür vorgegebenen Narrativ abspielt. Darin eingebunden ist es kontrolliert und domestiziert, es entbehrt seiner Freiheit und damit seiner Kraft. Erst die Anerkennung des anderen als anders als das eigene Ich ermöglicht Begehren. Dies wiederum setzt die Erfahrung im intersubjektiven Raum voraus, in dem sich das Subjekt als anders als das andere Ich erfahren konnte und kann. So ist das Begehren immer eine Mischung aus dem Begehren nach dem anderen wie auch nach dem eigenen Ich. Die Grenzen dieses Spiels sind nicht festzumachen. Diese Verschmelzung setzt zwei gleichberechtigte Subjekte voraus, die sich darin zu verlieren vermögen, ohne verloren zu gehen im Sinne eines Ich-Verlustes. Da der andere im intersubjektiven Diskurs unentbehrlich ist, wird die Gefahr des Verlorengehens nicht bestehen, die weibliche *Hingabe* wird nicht zur *Selbstaufgabe,* wie sie der Schulddiskurs einfordert. Dasselbe gilt auch für den Mann.

Begehren heisst nicht, die Befriedigung triebhafter Wünsche anzustreben, dafür braucht es den anderen nicht. Auch handelt es sich nicht um die Aufhebung eines »Mangels«, um ein Ganzmachen, um das Einssein, sondern um etwas, das ausschliesslich in einer intersubjektiven Verbindung möglich ist: Das Verschmelzen und das Verlieren des Ichs so weit auszuloten, wie es die Differenz überhaupt zulässt. Dabei muss auf den intersubjektiven Raum, auf die Anerkennung des anderen als anders vertraut werden können.

Der Schulddiskurs strebt die Aufhebung der Differenz beziehungsweise die Verhinderung der Differenzierung an. Er ersetzt die Differenz durch ein Defizit, das am anderen Subjekt gemessen wird, und richtet damit gleichzeitig ein hierarchisches Gefälle ein. Das Begehren wird bei Frau Schnell und ihrem Freund durch ein Abarbeiten von Schuld ersetzt. Damit ist es seiner subversiven Kraft und Freiheit beraubt. Es wird zur Maske einer verzweifelten Sehnsucht nach Anerkennung als Frau, als Mann, als begehrenswerte Frau und begehrenswerter Mann. Von der Begleichung der Schuld versprechen sich Frau Schnell und ihr Freund Nähe und Sicherheit. Frau Schnell stellt sich seinem Begehren, das sie voraussetzt, zur Verfügung und verspricht sich damit eine Versicherung in der Anerkennung ihrer selbst. Sie geht davon aus, dass ihr Funktionieren ihn stärke und beruhige, weil er sich so ihrer vergewissern kann und ihr unter diesen Voraussetzungen zugewandt bleibt. Indem sie für die Konstituierung des Ich eines anderen gebraucht wird, wird ihr das Gebrauchtwerden zur eigenen Identität.

Die Werbung als Spiegel der Selbstaufgabe der Frau

Frau Schnells Hingabe ist eine Selbstaufgabe. Dass diese Form der Hingabe einem vorherrschenden gesellschaftlichen Diskurs entspricht und diesen widerspiegelt, ist unter anderem an der Werbung ablesbar, die in vielen Fällen der Frau bedarf, um zu Verkaufsstärke zu gelangen, egal um welches Verkaufsobjekt es sich handelt. Die hingebungsvollen, oft sexualisierten Spiele der Frau in der Werbung entsprechen ihrer Selbstaufgabe als Subjekt. Sie weiss um die Wünsche des Mannes, er will nur sie, und wenn er dazu das Auto kaufen muss, auf dessen Kühlerhaube sie sich gerade räkelt. Diese das Selbst auflösenden Darstellungen der Frau appellieren an die männliche Potenz, die in diesem Moment ausser Frage steht. Im Gegenteil, solche Darstellungen sichern ihm die Potenz, die er gerade benötigt, um dieses teure Auto zu kaufen, ein potentes Auto.

Die verführerische Hingabe der Frau setzt seine Potenz voraus. Eine mögliche Impotenz gibt es in diesem Narrativ nicht. Der Mann wird nicht eingewoben in einen Diskurs, in dem es ein Gegenüber gibt, sondern er wird potent gespiegelt, was ihn veranlasst, genauso potent zu kaufen. Er kauft sich damit seine vergrösserte Selbstspiegelung, die so lange anhalten wird, wie sein Auto für Frauen reizvoll erscheint, die sich wiederum darin als mächtig zu spiegeln vermögen. Das Klischee des ewig geilen Mannes wird bedient, der nur eines will, nämlich sie, die Frau. Ich weiss nicht, warum sich die Männer gegen diese Reduktion nicht zur Wehr setzen. Vermutlich, weil es so verführerisch ist, an die eigene unverbrüchliche Potenz zu glauben, ein Glaube, der in einem intersubjektiven Dialog womöglich Irritationen erfahren könnte. Den Frauen wiederum gibt dieser Diskurs ebenso viel Macht in die Hände: Sie können den Mann, genauso wie sie »ihn« aufrichten, auch wieder zu Fall bringen.

Dabei geht es letztlich – ziemlich banal und doch unerhört wichtig – für beide Geschlechter um die Sehnsucht, vom anderen als Subjekt wahrgenommen zu werden. Um im intersubjektiven Diskurs Ich konstituieren zu können, ohne die »Leistungen« an und für einen anderen zu erbringen. Diese Leistungen ergeben immer grosse Missverhältnisse unter den Geschlechtern, konstruieren und konsolidieren Macht und Gewalt. Die eigene Bedeutung kann nicht gemessen werden an der Bedeutung, die man dem anderen Subjekt gibt, nicht daran, des anderen Wünsche vorauseilend zu erkennen und zu befriedigen, um in schuldhafter Abhängigkeit reflektiv wieder zu Bedeutung zu gelangen. So, wie es Frau Schnell versucht und es ihr nicht gelingen will. Mit einer Leistung zu eigener Bedeutung zu gelangen, einer Leistung, die des anderen Bedürfnisse vorwegnimmt und zu stillen vorgibt, ist auch eine Form der Macht: Die Wünsche des anderen können damit kontrolliert werden. Gleichzeitig kann die eigene *Bedeutungslosigkeit* nicht aufgehoben werden, indem das andere Ich vergrössert gespiegelt wird. Diese Spiegelung vergrössert nur die Einsamkeit, Verlorenheit und das Scheitern an dieser Grösse.

Letzthin ging ich in einem Warenhaus einen Lippenstift kaufen. Es ist immer derselbe, und normalerweise dauert der Kauf zwei Minuten. Die Verkäuferin öffnete zuerst Schublade 1, um meinen Lippenstift zu suchen, fand ihn nicht, zog Schublade 2 heraus, suchte unter vielen kleinen Schächtelchen die Nummer meines Lippenstifts, öffnete das Schächtelchen, damit ich die Richtigkeit des Artikels bestätige, schloss das Schächtelchen, schloss die Schublade, ging an die Kasse, tippte den Betrag ein. Während dieses in die Länge gezogenen Vorgangs erzählte sie mir die Geschichte von marokkanischen Frauen, die unter der kräftigen Sommersonne ihres Landes Safran pflücken, mit geschickten Händen, singend, lachend, um dann das kostbare Gewürz zu sortieren. Dieses würde später einer Creme zugefügt, welche die Fältchen im Gesicht nachhaltig zu straffen vermöge. Die Erzählung war zeitlich gut abgestimmt, denn sie endete genau an der Kasse. Ob ich wohl ein kleines Muster davon haben möchte, fragte die Verkäuferin.

Einmal mehr wurde mir so mein Defizit an einer jungen, straffen Haut vor Augen geführt, verbunden mit dem Angebot, es umgehend aufzuheben. Das Bekräftigen beziehungsweise Erzeugen eines Defizits anstelle der Anerkennung der Differenz zwischen älterer und junger Haut befeuert den bestehenden hierarchischen Machtdiskurs, treibt den Konsum an und vergrössert die Einsamkeit und Leere des Subjektes, gerade weil eine

Alternative zu diesem Diskurs fehlt. Weil die Verbundenheit fehlt, die in der Anerkennung der Differenz entsteht.

Am steigenden Konsum lässt sich die Vereinsamung des Einzelnen ablesen. Die Versuche, eine Zugehörigkeit mittels eines Produktes herzustellen, zeigen das gesunde Bedürfnis der Menschen nach Bindung auf. Bedauerlicherweise setzen sich die Konsumgüter als Objekte von Bindung immer mehr durch. Die Zugehörigkeit zur »Community« eines Produktes/Labels erfordert jedoch vom Ich nicht, sich einzubringen mitsamt seinen konstruktiven Aggressionen, wobei ihm wiederum die Gefahr drohen kann, abgelehnt zu werden.

Ich habe in meiner 30-jährigen Praxis niemanden erlebt, bei dem die Beziehung nicht im Vordergrund gestanden ist. In diesen Beziehungen wird sowohl die Frau als auch der Mann in der jeweiligen Rolle bestätigt. Beide bleiben diesem Diskurs verhaftet, weil der Mann es fertigbringt, die Selbstaufgabe der Frau als Folge seiner Reize zu deuten, und weil die Frau es fertigbringt, sich in ihrer Unwiderstehlichkeit zu bestätigen. Der Mann ist genauso Gefangener dieser Machtverhältnisse wie die Frau. Auch er verspricht sich Anerkennung und Nähe, auch er hat Angst, diese zu verlieren. Der Kampf darf nicht mehr zwischen den Geschlechtern ausgetragen werden. Die Subjektwerdung über das »*Gegen den anderen*« sollte ersetzt werden durch die Anerkennung des anderen als anders als Ich. Fällt dieses *Gegen* weg, dann verliert die Angst *vor* ihre Bedeutung, weil beide dasselbe Objekt haben. Damit wird das Begehren an Stärke gewinnen.

Subjekt des Begehrens – oder Objekt der Pflichterfüllung?

Frau Schnell übernimmt das Begehren ihres Freundes und möchte es mit dessen Befriedigung kurzschliessen. Mit diesem Akt übergeht sie ihr eigenes Begehren. Ihre eigenen Wünsche bleiben bedeckt, Hauptsache, die seinigen werden erfüllt – damit kann sie sich seiner versichern. Eine andere Möglichkeit kennen beide nicht. Auch er nicht, weil er verstrickt bleibt in das Gefühl, ihr den Beweis ihrer Unwiderstehlichkeit zu schulden, damit sie sich nicht von ihm abwendet. So sind sich die beiden gegenseitig nicht Subjekte ihres Begehrens, sondern Objekte ihrer Pflichterfüllung. Die Schuld ist ihr Beziehungskitt. Die Entbehrung des Begehrens, die Entbehrung der Verführungskünste, mit denen man den anderen in sein eigenes Begehren einzuschleusen vermag, führt zur Pervertierung dieser konstruktiven Kräfte in destruktive, die sich in den gegenseitigen Schuldigkeiten und Verpflichtungen verlieren und die Einsamkeit der Subjekte besiegeln. Beide werden zur Verantwortlichkeit gegenüber dem anderen verpflichtet und versuchen sich aus dieser Schuld herauszukämpfen. Und doch muss diese Schuld bestehen bleiben, weil ohne sie in diesem Diskurs die Verbindung unterbrochen ist.

Frau Schnell und ihr Freund tradieren ihre eigenen Erfahrungen, die sie in den Primärbeziehungen mit der Mutter und dem Vater gemacht haben. Von allen diesen Primärbeziehungen sei hier nur eine näher ausgeleuchtet: diejenige von Frau Schnell zu ihrer Mutter. Sie findet, wie alle anderen auch, ihr Abbild in der Dynamik dieses Paares: Frau Schnell übernimmt die Verantwortung für die Erektion ihres Freundes, und er wird – sollte sie erfolgreich sein – sie mit seiner Erektion in ihrem Tun bestätigen und anerkennen. Seine Erektion bestätigt sie in ihrem erfolgreichen *Funktionieren* und schafft ihr Anerkennung, Bestätigung und – Bindung. So »richtet« Frau Schnell das mütterliche Subjekt mit ihrer Selbstaufgabe auf (vgl. Erektion), womit sie sich die Beziehung sichern kann. Sie erlangt nicht eine Anerkennung als Subjekt, vielmehr bewirkt sie in ihrer Funktion des »Aufrichtens«, dass die Beziehung nicht gebrochen wird. Erst in der Aufgabe des eigenen Begehrens wird Frau Schnell die Nähe der Mutter erlangen können, erst im Verzicht auf die konstruktiven Aggressionen des eigenen Begehrens wird Beziehung möglich werden.

Wird die Anerkennung des Kindes als Subjekt von den Eltern verweigert, dann rechnet sich das Bemühen dieses Kindes um Anerkennung ins Erwachsenenalter hoch. Für die junge Frau bedeutete Sex, Begehren und auch verbindliche Beziehung bis anhin, dass sie das Begehren ihres Freundes zu ihrem macht, es vorwegnimmt, sich diesem Begehren zur Verfügung stellt und es vorauseilend zu befriedigen versucht. Ihr Freund seinerseits will ebenfalls nicht scheitern. Er möchte ihre Bemühungen belohnen und ihre Liebe erwidern.

Der Vorsprung an Triebhaftigkeit

Üblicherweise wird den Männern ein grösseres Mass an Triebhaftigkeit zugeschrieben als den Frauen. Obwohl inzwischen wissenschaftlich gestützt, bezweifle ich diese Annahme. Dieser »Vorsprung« verschafft dem Mann die Kontrolle über das weibliche Begehren, weil sein Begehren schon vor ihrem bestand und besteht. Im Fall von Frau Schnell ist es gewissermassen umgekehrt: Sie konnte die Kontrolle über das Begehren ihres Freundes übernehmen. Er hat keine Möglichkeit mehr, ein eigenes Begehren zu entwickeln, weil er im Spannungsfeld zwischen ihren Erwartungen und seinen Verpflichtungen damit beschäftigt ist, diesen gerecht zu werden. Dieser Erfüllungsdruck nimmt ihm seine Potenz. Falls er der Rolle des »Erfüllers« nicht gerecht würde, würde er zum Versager und damit seiner Freundin das Recht verschaffen, sich von ihm abzuwenden. Aus diesem Grund wird jeweils unter allen Umständen versucht, diese Schuld einzulösen, beidseits, um die Beziehung nicht zu gefährden. Das Begehren, das in einen Schulddiskurs eingezwängt ist, ist domestiziert, kastriert. Es wird kontrolliert, und die Anerkennung des anderen in seiner Differenz, mit seinem eigenen Begehren, muss nicht geleistet werden.

Das eigentlich Spannende am Begehren ist das Verhandeln und Verführen, die Auseinandersetzung mit der Differenz, die in der Sexualität, in der Verschmelzung nicht überwunden, sondern bis an die Grenzen ausgelotet werden kann, ohne dass man sich selbst verliert. Viele Paare einigen sich auch auf einen anderen Konsens, nämlich den Verzicht auf das eigene Begehren beziehungsweise die gegenseitige Kontrolle des Begehrens, und sie erhalten sich ein Gleichgewicht in der Beziehung, indem beide diesen Preis bezahlen. Die grosse Zahl der Seitensprünge zeugt von diesen missglückten Versuchen, Beziehung mit einem Verzicht zu stabilisieren.

Im intersubjektiven Diskurs hinterlässt das Begehren keine Opfer und auch die Schuld verliert an Bedeutung. Die Triebhaftigkeit beider Geschlechter weist Variationen auf, denen kulturell und gesellschaftlich unterschiedliche Bedeutung und Aufmerksamkeit zukommen. Daraus kann hingegen nicht geschlossen werden, dass die Frauen weniger triebhaft sind. Wie sollte das auch gemessen werden? Getrennt werden von den überlieferten Rollenbildern?

Die sexuelle Befreiung der 1960er und 1970er Jahre und parallel dazu die Aufweichung der Geschlechterrollen konnte etwas Wichtiges nicht erreichen: das gleiche Recht von Mann und Frau auf Triebhaftigkeit. Die Anti-Baby-Pille und der Zugang zu Bildung und Karriere ermöglich(t)en der Frau die Unabhängigkeit vom Mann und eine gewisse Freiheit, ihre Rolle selbst zu bestimmen. Gerade die Sexualität blieb jedoch im männlichen Narrativ stecken, weil im Allgemeinen eher die Annäherung an den männlichen Diskurs angestrebt wird: Frau *kann* nun auch immer. Sie verfügt nun ebenfalls über all die überhöhten Attribute, die dem Phallus zugeordnet sind: Auch sie *will* nun immer. Frau und Mann versuchen zu funktionieren und diesem Wettbewerb des Begehrens standzuhalten. Beide müssen der wirklichen Anerkennung entbehren, weil sie sich in diesem Diskurs nicht als Subjekte erfahren können. Das Aufgeben der Aggressionen im Dienste des Ich bedeutet Angst – und diese haben beide Geschlechter. Die überschätzte Bedeutung der männlichen Erektion erkennen wir an der Dramatik, wenn keine zustande kommt, wo sie gewünscht wird. Oftmals zweifelt der Mann an seiner Potenz, und seinem Ich droht der Zerfall; die Richtung des erigierten Penis bleibt die Richtung des Ich: Mann ist gross und stark, leistungsfähig, ein Fels in der Brandung, und er bietet in allen Lebenslagen Sicherheit. Andernfalls hat er versagt. So wird verständlich, dass viel unternommen wird, um diese Aufrichtung nicht nur mit Hilfe von Viagra, sondern auch von Bordellen, Porno und vielem mehr zu ermöglichen – hier, in einem definierten Gefälle der Rollen und der Möglichkeiten, seine Schulden zu begleichen, weil es keine Opfer des Begehrens gibt, keine Täter, weil die Aggressionen im Dienste des Ich als Handel begriffen werden können, in dem der eine den anderen entlöhnt. Eine solch heftige Entwertung ist nur möglich im Kontext einer genauso heftigen Überbewertung. Um damit Schritt zu halten, hat die »emanzipierte« Frau ihre Lustfrequenz erhöht. So kann sie weiterhin als Reibungsfläche mithalten und wird den Anschluss an Geborgenheit, Nähe und Anerkennung nicht verpassen. Frau Schnell kann ihre »Lust« sogar noch steigern und das bestehende Rollenbild beider Geschlechter überholen.

Die weibliche Sexualität hat keine eigene Sprache der Potenz, was sich am besten daran zeigt, dass es kein Viagra für Frauen gibt. Die weibliche Sexualität unterliegt der männlichen, überdehnten Definition und richtet sich an dieser aus. Die Frau gleicht sich diesem neuen Subjektivitätsbegriff an und übernimmt ihn in ihren Alltag. Doch dieser Wettbewerb der Geschlechter zielt am Begehren eines jeden vorbei. Die künstlich hergestellte Differenz der Triebstärke beziehungsweise das vielbeschworene weibliche Defizit schafft eine Hierarchie der Geschlechter und rechtfertigt die bestehenden Herrschaftsverhältnisse. In diesem Kontext wird vergeblich nach einer befriedigenden Sexualität gesucht.

Dass dem Mann mehr Triebhaftigkeit als der Frau zugesprochen wird, ist an sich absurd. Auch wenn diese Triebhaftigkeit als instinktiver Fortpflanzungstrieb gelesen werden will, ist die Übertragung von Phallizität auf das gesellschaftliche und emotionale Leben nicht praktizierbar und hat zudem nichts mit menschlicher Sexualität zu tun. Die Fortpflanzung bedarf einer Erektion und eines Ejakulates, die eine Stimulation zur Voraussetzung haben, was bei der Frau nicht so ist. Wir müssen unterscheiden zwischen dem Fortpflanzungstrieb und einer triebhaften Sexualität, die eine autonome Entscheidung für diesen Akt voraussetzt und auch Emotionen beinhaltet. Dass der stärkere Trieb des Mannes in unserer Gesellschaft als Idee weiterhin besteht und die Frauen versuchen, damit Schritt zu halten, hat vielmehr mit alten Mustern zu tun, die versprechen, dass damit Sicherheit in Beziehungen, Erfüllung und Nähe sowohl eingefordert als auch eingeholt werden können.

Das Begehren der Geschlechter darf nicht auf einer Hierarchie der Triebe beruhen. Nicht der Kampf soll Anreiz, nicht der Jagdinstinkt Antrieb sein. Vielmehr reicht die gegenseitige Anerkennung der Differenz, um die Sexualität zu etwas zu machen, das sich in Freiheit und ausserhalb eines Opfer-/Schulddiskurses ab*spielt*. Das Ungewisse, Unbekannte genügt als Reiz. Wenn dem nicht so ist, schuldet die Frau dem Mann die Erfüllung seiner triebhaften Wünsche, die der Mann dann gefälligst auch zu haben hat. Dieser Druck, der auf beiden Geschlechtern lastet, dient eher dazu, die Subversivität des Begehrens zu domestizieren und dieser konstruktiven Aggression, die sich ihr Ziel per se selber sucht, eine kontrollierbare Richtung zu geben.

Sich trennen von Gewissheiten

Die Ehe ist der Versuch, zwischen der Kontrolle des Begehrens und der institutionell bezeugten Sicherung der Beziehung eine Verbindung herzustellen. Als Institution scheint sie zu funktionieren, wurde und wird sie doch über zig Generationen gepflegt. Dabei darf nicht vergessen werden, dass die Regulierung der Verpflichtungen in der Institution eine *intersubjektive* Regulierung ausschliesst, weil im intersubjektiven Diskurs die Anerkennung der Differenz das Verbindende ist. Hier garantieren nicht die Schuld und die Pflicht das Funktionieren der Beziehung.

Die Schuld verweist das eine Subjekt unter das Diktat des anderen und schränkt so die Freiheit ein. Der Schulddiskurs ist nichts anderes als der Versuch, sich des anderen zu versichern und die Kontrolle über ihn zu behalten. Dementsprechend ist es ein gewalttätiger Diskurs. Beziehungen, die darauf basieren, basieren auch auf der Angst. Es ist diese Angst, die entsteht, wenn die konstruktiven Kräfte nicht mehr im Dienste des Ich stehen, wenn sich das Subjekt seinen Platz in der Welt nicht mehr selber sichern kann, sondern abhängig wird von einem Gegenüber, das die Kontrolle »fürsorglicherweise« übernimmt.

Wir alle sind abhängig von einem, von mehreren Gegenüber. Unser Ich kann sich nur in der Differenz und in der Anerkennung der Differenz der anderen Subjekte bilden. Es konstituiert sich in diesem intersubjektiven Raum und wird immer wieder neu gebildet. Es geht nicht darum, letztlich ein »statisches« Ich zu fixieren, sondern darum, in der grossen Mannigfaltigkeit und Variabilität von Differenz und differenten Beziehungen beweglich zu sein. Denn es gibt nicht nur eine Differenz, sondern so viele, wie es Gegenüber gibt. Daher ist der Diskurs im intersubjektiven Raum immer kreativ und fruchtbar. Er erfordert jedoch die stete Auseinandersetzung mit sich selber, wobei sich das Ich immer wieder von Gewissheiten trennen muss, in denen es sich einzurichten versucht. Doch jede Trennung von einer Gewissheit bedeutet einen Zuwachs an eigener Wertschätzung, die mit einer Wertschätzung des Gegenübers einhergeht.

Der Sexualakt als Verstrickung

Frau Schnell fühlt sich als Ich anerkannt und stabilisiert, wenn sie dem Freund seine Potenz ermöglicht. Ihre Bemühungen in emanzipationsgerechten und begehrenden Variationen sollen dem Freund eine Erektion ermöglichen, die Frau Schnell als verbindend für die Beziehung erfährt. Wenn Schuldigkeiten ins Spiel kommen, Stabilisierungen angestrebt werden, Potenz bestätigt werden muss, um der Angst vor dem Versagen zuvorzukommen – wenn der Sexualität all diese Funktionen obliegen, ist es einleuchtend, dass es mit der Lust daran bald vorbei ist. Im Buch *Strukturierte Verantwortungslosigkeit* (Herausgeber Claudia Honegger, Sighard Neckel, Chantal Magnin, Suhrkamp 2010), für das Wall-Street-Banker nach dem Finanzcrash von 2008 interviewt worden sind, erfahren wir, wie hoch der Rekord an vernaschten Frauen pro Nacht war. Beide Geschlechter sind verantwortlich für solche Strukturen und versuchen, sich ihren Platz darin einigermassen komfortabel einzurichten. Für die Frau bedeutet es einzusehen, dass sie sich nicht einem Mann »überantworten« sollte, nur um ihn an sich zu binden. Identifiziert sich der Mann mit dieser Macht, die er zugesprochen erhält, kann auch er nur scheitern. Im intimsten Bereich der Menschen, der sexuellen Beziehung, darf nicht die Angst vorherrschend sein. Auch nicht die Schuld, auch nicht die Angst vor der Schuld. Letztlich geht es um die Anerkennung des anderen als Nicht-Ich, um die grundlegende Anerkennung des anderen als Subjekt mit eigenen Bestrebungen und Wünschen. Hier hat Hierarchie keinen Platz, denn sie erschafft ein Gefälle, das Abhängigkeit und Schuld zur Grundlage hat, die das Begehren seiner Kraft berauben. Hierarchie installiert und definiert ein Defizit.

Frau Schnell und ihr Freund versuchen sich mit der Erfüllung der Wünsche des anderen ihre Identität einzurichten und zu erhalten. Frau Schnell identifiziert sich mit seinem Begehren und installiert sich darin als sein Objekt. Beide anerkennen sich gegenseitig in ihrer *Funktion* für den anderen und beziehen daraus ihr Selbstwertgefühl. Doch beide sind es auch müde, den damit verbundenen phallischen Auflagen zu entsprechen, nicht nur, weil diese gefühlsentleert sind, sondern auch, weil es sehr anstrengend ist, diesen Übergrössen an Zuschreibungen gerecht zu werden. Und nicht zuletzt deswegen, weil sie damit die Zerstörung des eigenen Begehrens bewirken. Ihre Anlehnung an den bestehenden Herrschaftsdiskurs ist verständlich, verheisst dieser doch Sicherheit und Stabilität und weist beiden Geschlechtern ihre Rolle zu. Ausserdem fehlt den beiden die Erfahrung einer Alternative. Dekolletés, die bis zum Schamhaar reichen, zeugen von einer angestrengt-aufreizenden Atmosphäre und die jeweils von Donnerstagnacht bis Sonntagabend in den Abwässern europäischer Städte gemessenen Alkohol- und Drogenwerte von den dazugehörigen Ängsten. Im Mikrobereich der sexuellen Vereinigung offenbart sich das Drama der Ausweglosigkeit des Schulddiskurses, offenbart sich das Drama der Angst und des gefangenen Begehrens. Der Sexualakt bleibt eine Verstrickung.

Wir irren, wenn wir davon ausgehen, dass sich unsere Sexualität ausserhalb der bestehenden Machtstrukturen bewegt. Vielmehr sind unsere Poren, Wünsche und Bedürfnisse davon durchdrungen, und diese Strukturen mit Promiskuität, Bordellbesuchen, Pornographie und Perversion abwehren und umgehen zu wollen, erweist sich zunehmend als fatal, weil der teure Leerlauf auch eine erschreckende Einsamkeit nach sich zieht und eine Veränderung dieses Diskurses mehr und mehr aufdrängt.

Die Verantwortung über die Aggressionen im Dienste des Ich zu übernehmen, bedeutet für die Frau, ihr Begehren aus dem Schatten des männlichen Diskurses zu entfernen und ein eigenes Narrativ zu finden. Sonst bleibt sie in der Angleichung an die männliche Phallizität und deren Nachahmung hängen, die weder ihrer Anatomie noch ihrer psychischen Struktur entspricht. Es darf der Frau nicht zur anbiedernden Gewohnheit werden, in der Verlängerung des männlich-phallischen Ausdrucks ihren Platz zu behaupten, um Macht zu realisieren. Nicht umsonst findet sich in der psychoanalytischen Theorie – und nicht nur dort – keine weibliche Entsprechung des Terminus *phallisch*. Der gemeinsame Wettkampf um Anerkennung wird männlich-phallisch ausgetragen und nicht zuletzt deswegen scheitern. Für den Mann bedeutet die Übernahme der Verantwortung über seine Aggressionen im Dienste des Ich, die Überdehnung der Phallizität nicht mehr zu bedienen und Raum für Gefühle einzurichten.

Wenn wir von der *quantitativen* Gleichheit des sexuellen Begehrens beider Geschlechter ausgehen, müssen wir auch einen gleich grossen weiblichen sexuellen Missbrauch annehmen. Ein Missbrauch, in dem die Frau die Täterin und nicht das Opfer ist. Da sich jedoch das weibliche Begehren verdeckt halten kann, bleibt auch der Ort des Missbrauches verdeckt. Unser einseitiger Blickwinkel, der vor allem die Frau als Opfer des begehrenden und gewalttätigen Mannes sieht, bestätigt das althergebrachte Bild, dass Begehren männlich sei. Damit kann sich der von Frauen verantwortete Missbrauch in einer bedeckten Nische unerkannt abspielen.

Opfer oder Verantwortliche/r einer Rolle?

Frau Schwarz hat Angst vor einer Spermienkontamination. Das heisst, wenn sie von einem Mann berührt wird – sei es zufällig im Tram, im Supermarkt oder wo auch immer –, befürchtet sie, mit Spermien in Berührung gekommen zu sein. Dann muss sie sich und ihre Kleider umgehend waschen. Diese Angst schränkt ihren Handlungsspielraum ausserordentlich ein. Sie kann nicht mehr zur Arbeit gehen, weil auf dem Arbeitsweg und in den öffentlichen Verkehrsmitteln Berührungen mit Männern möglich sind und auch im Büro Männer arbeiten, welche dieselben Gegenstände berühren und benutzen wie sie, Schränke, Türen, Gläser und so weiter. Interessanterweise hat Frau Schwarz einen Freund und trifft sich regelmässig mit ihm – reale Spermien machen ihr keine Angst.

Der Vater von Frau Schwarz war in der Beziehung zu ihr wohlwollend und unterstützend, auch die Beziehungen zu ihren jeweiligen Liebespartnern sind gut. Sie vertraut den Männern, bei Frauen ist sie eher skeptisch, misstrauisch und zurückhaltend. Dass sie Angst vor Spermien hat, lässt uns auf den ersten Blick einen Missbrauch durch einen Mann phantasieren. Sexuelle und sexualisierte Übergriffe werden vorwiegend mit Männern assoziiert. So hat Frau Schwarz ihre Angst *vor* klar zugeordnet: Es kann, ganz eindeutig, nur der Mann sein, der ihr Angst macht. Die Vorstellung einer weiblichen Täterschaft fällt für sie vollständig ausser Betracht, zumal das Objekt der Angst, die Spermien, unzweifelhaft zugeordnet werden kann. Dass Frau Schwarz davon ausgeht, dass die Spermien am ganzen Körper eindringen können, überall, durch die Kleider, zellulär, beim blossen Berühren schon, widerspricht der Anatomie beider Geschlechter. Es geht um eine ganzkörperliche Kontamination und nicht um eine genitale. Angst vor einer Schwangerschaft hatte Frau Schwarz nämlich nie.

Die Patientin hatte sich bereits als Kind über die grenzüberschreitende Nähe ihrer Mutter beklagt, die sie als ekelhaft und übergriffig empfand. Die Mutter hatte es überaus gerne, wenn die Tochter ihr auf dem Schoss sass, viel zu lang hatte das Mädchen hier zu verweilen, viel zu lang musste es in ihren Armen liegen, sie küssen und sich von ihr streicheln lassen. Auch heute noch graue ihr davor, nur schon ihre Stimme zu hören, die viel zu *penetrant*, zu aufdringlich und eindringlich sei, sagt Frau Schwarz. Bereits ihr Atmen am Telefon sei unerträglich. Die ausweglose Nähe, welche diese Mutter psychisch wie physisch zur Patientin herstellte, war getragen von einer sexuellen Erregung der Mutter, der sich zu entziehen unmöglich war. Sie penetrierte gleichsam ins zelluläre System ihrer Tochter, ihr Atem war viel zu nah, ihre Berührungen waren zu lang und zu reibend.

Bereits als Kind nahm Frau Schwarz den sexualisierten Umgang und die sexuellen Übergriffe, den mütterlichen Missbrauch wahr, ohne ihn jedoch zuordnen und benennen, geschweige denn beweisen zu können. Das Mädchen schloss sich dem überlieferten Rollenbild an, in dem missbrauchende Mütter nicht, oder wenn, dann sehr selten, vorkommen, weil in der »Mutterliebe« vieles bedeckt gehalten werden kann.

Eine Mutter als sexuelle Täterin zu entlarven, würde ihr ein eigenes Begehren als Frau zugestehen. Bis heute hält sich jedoch die Vorstellung, dass der Verzicht auf das eigene Begehren ein Zeichen mütterlicher Liebe und Güte sei. Doch das mütterliche Begehren verschwindet nicht. Es kann pervertieren, es kann sich ein anderes Zielobjekt suchen, das sich aus Gründen der Abhängigkeit diesem pervertierten Begehren nicht entziehen kann.

Ein Begehren, das keines sein darf, kann sich eigentlich nur in der Perversion einigermassen verwirklichen. Um gesellschaftlich anerkannt beziehungsweise nicht entwertet zu werden, um nicht verdächtigt zu werden, ihre Kinder zu vernachlässigen, muss eine Mutter ihre Fürsorglichkeit mit einem Hauch von Aufopferung bekräftigen. Sie hat ein Opfer zu bringen, vor allem ihr eigenes Begehren hat sie zu opfern. Dieses richtet sie nun im Schatten ihrer Rolle als Erzieherin bedeckt und gefahrenlos – zumal für sie – auf ein anderes Ziel. Damit ist sie nicht Opfer einer Rollenzuschreibung, sondern Verantwortliche für die Rolle, die sie einnimmt.

Iokaste heiratet Ödipus

Der Mythos des Ödipus beschreibt die Geschichte eines Mannes, der als Säugling ausgesetzt wurde, weil das delphische Orakel seinem Vater Laios, König von Theben, prophezeit hatte, dass sein Sohn ihn umbringen und seine Frau zur Gemahlin nehmen werde. Das ausgesetzte Kind wird gefunden und vom König von Korinth aufgezogen. In Unkenntnis der wahren Elternschaft verlässt Ödipus als junger Mann seine Familie, weil das Orakel ihm dasselbe voraussagt: Er werde seinen Vater umbringen und seine Mutter zur Frau nehmen. Unterwegs gerät er an einer Kreuzung in einen Streit mit dem Lenker eines entgegenkommenden Wagens, in dessen Folge Ödipus den Lenker und den Wageninsassen tötet, ohne zu wissen, dass dieser sein Vater Laios ist.

Theben wird zu jener Zeit von einer Sphinx beherrscht, die alle Reisenden verschlingt, welche ihr Rätsel nicht zu lösen vermögen. Demjenigen, der das Rätsel lösen würde, ist Laios' Witwe Iokaste als Frau und die Herrschaft über Theben versprochen. Ödipus löst das Rätsel, ehelicht – ebenfalls in Unkenntnis der verwandtschaftlichen Bande – seine Mutter und hat vier Kinder mit ihr.

Dieser griechische Mythos hat nicht zuletzt durch Sigmund Freuds Interpretation des Ödipuskomplexes einen hohen Bekanntheitsgrad erlangt. Freud definierte die kindliche Entwicklung zwischen drei und fünf Jahren als ödipale Phase, in welcher der Bub die Mutter begehrt, das Mädchen den Vater und beide sich des jeweiligen Rivalen – also des Vaters oder der Mutter – entledigen wollen. Demgegenüber steht das Inzesttabu, das sexuelle Beziehungen unter Blutsverwandten verbietet.

Als geglückt wird die Entwicklung in der ödipalen Phase bezeichnet, wenn der Vater das kindliche Begehren des Mädchens ernst nimmt und anerkennt, ohne es zur eigenen Befriedigung einzusetzen. Diese Anerkennung ist wichtig für den Selbstwert des Mädchens, kann es doch in der Folge das eigene Begehren wahr- und ernst nehmen und das oder die »Subjekte des Begehrens« selber wählen. Der Vater bestätigt damit, dass das Begehren des Mädchens vorhanden und gut ist. Damit eröffnet er dem Kind den Weg zu seinem eigenen Begehren, hin zu anderen Männern als ihm. Der Mutter obliegt dieselbe Verantwortung.

Seit Freuds Interpretation hat die Perspektive nie gewechselt. Doch in diesem Mythos heiratet nicht nur der Sohn die Mutter, sondern die *Mutter* auch den Sohn. Diese fehlende Perspektive ist wahrscheinlich darauf zurückzuführen, dass der Frau das Begehren seit langer Zeit abgesprochen wird und sie es, im Schatten der Mutterliebe, bedeckt halten kann, um – ein nicht zu unterschätzender Vorteil – die Verantwortung dafür nicht übernehmen zu müssen.

Lesbar wäre der Ödipus-Mythos demnach auch so: Iokaste begehrt ihren Sohn und hat mit ihm vier Kinder. Ödipus hat seine Mutter sexuell befriedigt, sie zur Mutter gemacht und zur Königin von Theben. Er hat ihren Wünschen entsprochen und seinen Auftrag erfüllt. Er hat die Verantwortung übernommen, sie sexuell zu befriedigen, ihr die Macht als Königin zu bescheren und ihre Fruchtbarkeit als Mutter zu bezeugen. Sein Begehren bleibt auf sie gerichtet und wechselt das Subjekt nicht. Ihr Begehren bleibt auf ihren Sohn gerichtet und wechselt das Subjekt ebenfalls nicht. Der Vater ist tot oder, wie wir das heute ausdrücken würden, abwesend. Abwesend als Ehemann, der das Begehren seiner Frau für sich einfordert. Abwesend als Vater, der den Sohn aus dieser inzestuösen Bindung erlöst und ihm den Weg freihält, um sich andere Subjekte des Begehrens zu suchen. Der den Sohn der Verantwortung entbindet, die Mutter zu befriedigen und zur Königin zu machen.

Ödipus ist eigentlich ein Muttersöhnchen, ein an die Mutter gebundener Sohn. Im Unterschied zu damals aber wird das heutige Muttersöhnchen das Inzesttabu nicht brechen. Die Mutter wird ihm nur noch in seinen sexuellen Phantasien begegnen und ihn hier bedrängen. Das Äussere eines Muttersöhnchens bleibt oftmals kindlich weich und plump. Muttersöhnchen ist eine verächtliche Bezeichnung für den Sohn, sie steht unmissverständlich für seine unerotische Wirkung auf Frauen. Die Mutter kommt in dieser Begrifflichkeit nicht vor: Sie wird in dieser Art der inzestuösen Bindung weder als Verführerin noch als Verantwortliche gesehen. Im Gegenteil: Sie darf die Nähe des Sohnes vollumfänglich geniessen, er ist ein in ihre Mutterliebe eingetauchtes, von ihr begehrtes Subjekt, *ihr* Objekt. Dabei wird die Mutter des Muttersöhnchens nicht verachtet, vielmehr beneiden sie andere Mütter um die Beziehung zu ihrem Sohn.

Das Muttersöhnchen kann der Mutter nur in einem impotenten Zustand begegnen, um nicht, wie Ödipus, den sexuellen Akt mit seiner Verführerin zu vollziehen und das Inzesttabu zu brechen. Impotent hat er auch zu bleiben, damit er den Neid der Mutter auf andere Frauen nicht anheizt. Sie will ohne Konkurrenz bleiben. Daher hat er keine andere Möglichkeit, als seinen Trieb vorwiegend mit Pornographie, Perversion oder mit einer exzessiven Onanie zu befriedigen.

Das Selbstobjekt
ist Objekt eines anderen Subjekts und entbehrt damit der Anerkennung als eigenständiges Subjekt. Es steht im Dienste seiner Funktion für dieses Subjekt und muss der Aggressionen im Dienste des Ich entsagen, um sie für dieses andere Ich zur Verfügung zu halten. Aus diesem Grund hat ein Selbstobjekt per se immer Angst. Diese Angst versucht es zu beruhigen, indem es sein Funktionieren für den anderen optimiert. Im Radius dieses Bemühens jedoch schliesst sich das Selbstobjekt in diese Dynamik mit ein.

Das andere Subjekt entzieht sich seiner intersubjektiven Verantwortung, weil es ein von ihm abhängiges Subjekt zu seinem Gebrauch – beziehungsweise Missbrauch – gewählt hat. Handelt es sich dabei um Erwachsene, verweigern sowohl das Subjekt als auch das Selbstobjekt die Verantwortung sich und dem anderen gegenüber.

Das versteckte sexuelle Begehren der Mutter

Der Inzest vermochte sich in fast allen Kulturen der Welt als Tabu zu etablieren. So könnte es durchaus sein, dass der Ödipus-Mythos ursprünglich den Sinn und die Funktion hatte, die *mütterliche* Bindung an die Söhne mit einer Strafe zu sanktionieren. Das Inzesttabu hätte dabei die Funktion gehabt, die Macht und Potenz der Väter nicht zu gefährden. Die jüngeren und schöneren Söhne sollten nicht zu Konkurrenten ihrer Väter werden und diese zusehends aus der Macht und dem Begehren ausschliessen. Das mütterliche Begehren nach den Söhnen sollte abgewendet werden – vielleicht hin zu ihnen, den Vätern? So gesehen müsste auch Iokaste die Verantwortung für ihr Begehren übernehmen. Solange sie als Frau und Mutter jedoch auf ihre Aggressionen im Dienste des Ich verzichtet, sich diesen verweigert, solange kann sie sich den Mann als Beschützer sichern und das Kind verpflichten, ihrem Begehren zur Verfügung zu stehen.

Frau Schwarz hat eine Mutter erlebt, die ihre Tochter, bedeckt von Mutterliebe, für ihr sexuelles Verlangen und für ihre sexuelle Befriedigung missbrauchte. Die körperliche Nähe zum Kind erregte sie. Ihr Kind wurde ihr zum Phallus. In der Abhängigkeit, Unschuld und Unbedarftheit ihrer Tochter konnte sie einen Adressaten für ihr Begehren finden. Es ist ein pervertiertes Begehren, weil das Gegenüber weder genital und als sexuelles Subjekt ihrem Begehren entsprechen noch sich ihr entziehen konnte. Die

Mutter wiederum muss unter diesen Umständen ihr Begehren nicht als solches erkennen, wahrnehmen und verantworten. Sie kann sich in der Unschuld des Kindes spiegeln und sich selber damit identifizieren. Um den Mann nicht zu verführen, verfügt sie über das Kind. Vollumfänglich. Davon zeugen die Ängste von Frau Schwarz, am ganzen Körper, durch alle Kleider hindurch mit Spermien kontaminiert zu sein.

Diese sexualisierte Form der Verbindung ist nicht selten anzutreffen. Frau Schwarz wird zum mütterlichen Selbstobjekt, sie dient der Mutter als sexuelle Stimulation und Reibungsfläche. Die Mutter sexualisiert die Beziehung zu ihrer Tochter, sie ist durchdrungen vom Begehren nach einem Phallus, nach dem Kind-Phallus. Dieses Begehren konnte, begünstigt durch die weibliche Anatomie und verdeckt von der »Mutterliebe«, während all der Jahre verborgen bleiben. Die Trennung der Beziehung durch ihr – für damalige Verhältnisse sehr frühes – Verlassen des Elternhauses konnte die Tochter nur als Schuld erfahren: Frau Schwarz wird den Vorwurf nicht los, ihrer Mutter etwas schuldig zu bleiben. Ein Selbstobjekt wird nie in die Freiheit, in die Eigenbestimmung entlassen. Nie in die Schuldlosigkeit. Darauf ist diese Mutter viel zu neidisch. Die Schuld wird als Bindungs- und Druckmittel verwendet, um die Freiheit und Autonomie der Tochter einzuschränken, gar ungeniessbar zu machen.

Ein weiteres, bestürzendes Beispiel dafür war meine Gesangslehrerin in der Schule: Sie war eine ältere, zierliche und attraktive Frau. Sie erzählte uns, dass sie nach dem Abschluss des Konservatoriums in Zürich sofort ein Engagement in den USA erhalten habe: eine achtwöchige Tournee durch viele Staaten. Nach zwei Wochen habe sie einen Anruf aus dem Spital erhalten: Ihre Mutter hätte einen Herzinfarkt erlitten. Sie brach die Tournee ab, kam zurück und blieb bei der inzwischen wieder gesunden Mutter für die nächsten 30 Jahre. Sie selbst gab von da an Gesangsunterricht in der Schule.

Die sexualisierte Form der Anerkennung

Was Frau Schwarz betrifft, so wird sich ihre Erfahrung als mütterliches Selbstobjekt in ihren späteren Beziehungen niederschlagen, weil sie als *Objekt* des Begehrens – und nicht als Subjekt – Anerkennung und Nähe erhalten hat und sich nun weiterhin daran auszurichten versucht. Unsere Identifikation mit der Rolle als Selbstobjekt ist nicht unüblich. Sie ist ablesbar an den schuldbeladenen Beziehungen, daran, dass im Befinden eines Selbstobjekts immer Schuldgefühle vorhanden sind und es nie aus dieser Art Bindung entlassen wird. Diese Schuld überträgt sich auf alle folgenden Bindungen, an denen Frau Schwarz etwas liegt, wobei es keine Rolle spielt, ob diese sexueller Natur sind. Vielen Frauen und Männern obliegt die Schuldigkeit, den anderen befriedigen zu müssen: Die Schuld ist überall, auch in den Betten.

Die Selbstobjekt-Beziehung ist eine gewalttätige. Frau Schwarz muss ihre konstruktiven Aggressionen in den Dienst ihrer Mutter stellen, sie aus dem Dienst am eigenen Ich entlassen. Die Liebe zur Mutter, die gleichzeitig eine Idealisierung der Mutter ist, verortet diese fern von Gewalt, fern von Missbrauch. Nicht zuletzt deswegen, weil eine Mutter nicht mehr unbedingt mit sexuellem Begehren in Verbindung gebracht wird. Im Verzicht auf ihr Begehren, in ihrer Selbstaufgabe obliegt ihr die Pflicht, das Kind zu »lieben«. Damit ist die Gefahr gross, dass das Begehren als »Mutterliebe« ausgelebt werden kann. Die Mutter von Frau Schwarz ist pädophil. Der Missbrauch ist hinter der Maske ihrer Liebe versteckt. Frau Schwarz war es nicht klar, dass sie missbraucht wurde. Ihr Unwohlsein über die penetrante und unausweichliche Nähe der Mutter wurde nicht wahrgenommen, die Unschuld der »Mutterliebe« vermochte alles zu übertönen.

Frau Schwarz erfährt Anerkennung als Objekt des mütterlichen Begehrens. Sie kennt nur diese sexualisierte Form der Anerkennung. Sie identifiziert sich damit und wird so gleichsam zum Phallus: Sie muss immer zur Verfügung stehen, aufrichtig und aufrecht, ihre »Schwäche« würde zum Zusammenbrechen der Mutter führen. Frau Schwarz muss der Mutter Halt geben, mit ihr als Phallus. Die Identifikation mit dieser Funktion, mit diesen Attributen, die allgemein einem Phallus zugeordnet werden, kennen wir alle. Wir kennen auch die Möglichkeit, diese Funktion zu *verweigern*: indem wir zum Beispiel die Position des »Opfers« einnehmen. Damit bleibt der Schuld-/Opferdiskurs jedoch bestehen und ermöglicht keinen neuen Diskurs.

Das Verwehren der Anerkennung: Die Ignoranz

Die Ignoranz
ist im Kontext meiner Überlegungen aktiv zu verstehen: Nicht wissen wollen, nicht kennen wollen, nicht wahrnehmen wollen. Im Gegensatz zur Bedeutung in unserem täglichen Sprachgebrauch als passives

Nichtwissen verwende ich das Wort in der Folge ausschliesslich in der aktiven Bedeutung.

Frau Schwarz erlebte nicht prioritär den sexuellen Missbrauch durch ihre Mutter als bedrohlich, sondern vielmehr die Gewalt, die das Verwehren der Anerkennung als Subjekt in sich birgt. Mit der sexualisierten Form der Anerkennung, mit der Anerkennung als Selbstobjekt konnte sie den Schmerz, keinen Wert als Subjekt zu haben, besser aushalten und erträglicher machen: Zumindest *etwas* war sie noch wert, das ist doch immerhin mehr als nichts.

Das Ignorieren ist eines der wirksamsten und grausamsten Mittel, einem Subjekt die Anerkennung zu verwehren. Vergegenwärtigen wir uns nur, wie schwer wir uns tun, wenn wir auf der Strasse nicht gegrüsst werden, von Nachbarn zum Beispiel. Nachbarn, die wir kennen, die uns aber nicht kennen wollen oder die wir nicht kennen wollen. Verhältnismässig harmlose, kleine Begegnungen können quälend werden.

Wird ein Kind in seiner Subjektivität nicht wahr- und ernst genommen, geht es gleichsam verloren im Narrativ eines anderen Ich bis hin zu seiner Selbstauflösung, die zum Wahnsinn gereichen kann. Hier, wo kein Ich mehr vorhanden ist, wo dieses Ich explodiert ist und fragmentiert im All zu verschwinden droht, kann der Wahn zumindest etwas – wenn auch für das Gegenüber Unverständliches – ermöglichen: Der Wahn ist ein eigens geschaffenes Narrativ, um das Subjekt vor der vollkommenen Verlorenheit zu schützen, ihm einen Halt zu geben, und sei dieser auch noch so »wahnsinnig«. Damit kann eine gewisse »Abfederung« der Welt erwirkt werden, kann das Subjekt dank einer neuen Ordnung vor der Überflutung durch die Sinneseindrücke dieser Welt einigermassen geschützt werden.

Dabei leuchtet es ein, dass ein ignoriertes Subjekt alles unternehmen wird, um den mörderischen Schlag der Ignoranz abzuwehren, aufzufangen, umzustrukturieren, dass es alle Bemühungen unternehmen wird, um nicht aus der Anerkennung ausgeschlossen zu sein. Wir kennen ein grosses Repertoire solcher Identitäten, die Schutz vor der Verlorenheit und Selbstauflösung suchen, um zumindest als *Objekt* eines anderen, als Selbstobjekt, Anerkennung zu finden. Zumindest *etwas* zu sein, ist doch immerhin mehr als nichts.

Das Ignorieren des Gegenübers hat eine ich-vernichtende Absicht. Dieses Ich wird nicht einmal als Gegner oder Feind anerkannt, es wird nicht geschlagen und nicht verfolgt: Es *ist* nicht. Das versetzt das betroffene Subjekt in Panik, weil es keine Auswege aus dem Nichtwahrgenommensein mehr gibt. Wo nichts ist, braucht es auch keine Auswege. Die Panik ist eine Empfindung der Ausweglosigkeit. Sie ist eine Art vorübergehender Wahn, der das Schlimmste, was geschehen kann – die Ausweglosigkeit – antizipiert. Die Panik kann sich ein Objekt suchen, mit dem die Ausweglosigkeit eingegrenzt und aushaltbar gemacht werden kann: Die Lifttüre wird sich öffnen, der Zug wird anhalten, das Flugzeug wird landen, die Menschenmenge wird sich auflösen. Absehbar ist das Ende – umso mehr, als solche Situationen auch vermieden werden könnten. Endgültig kann die Panik jedoch nur beseitigt werden, indem die Ignoranz als vernichtende Waffe erkannt wird, die das Subjekt aus der Beziehung ausschliesst und der Ausweglosigkeit und Verlorenheit preisgibt. Diese Ausweglosigkeit wird bestärkt durch die Erfahrung, dass die Anerkennung als Subjekt trotz aller Bemühungen hoffnungslos bleibt.

Solche Erfahrungen werden in der frühen Kindheit gemacht, in einer Zeit der Abhängigkeit, in der unser System der Kleinfamilie dem Kind keine alternative Gemeinschaft als Ausweg zur Verfügung stellen kann, damit es Anerkennung als Subjekt und eine Zugehörigkeit finden kann. Diese »Beziehungserfahrungen« bleiben auch im Erwachsenenalter wirksam und werden als Verlustängste virulent, obwohl dem inzwischen unabhängigen Erwachsenen genügend Alternativen zur Verfügung stehen würden. Die Panik hat sich eindrücklich eingegraben, und die dazugehörigen Abwehrstrategien auch.

Da ist jemand, für den ich niemand bin

Die Ignoranz eines Subjekts wirft das ignorierte Subjekt aus der Beziehung und lässt es bindungs- und ausweglos allein. So entsteht Panik. Die Bemühungen der betroffenen Subjekte, sich an das andere Subjekt anzugleichen, um in der Beziehung zu verbleiben oder darin aufgenommen zu werden, sind äusserst vielfältig. Die Empfindung des Ungenügens kann – obwohl unangenehm – sehr hilfreich sein, um nicht in der völligen Verbindungslosigkeit verloren zu gehen: »Wenn ich nur anders reagiert hätte, dann wäre jetzt nicht ...« Die Empfindung, nicht zu genügen, ist *alleine* vor diesem Hintergrund zu lesen. Sie ist ein Ausweg aus der Not und Verzweiflung, sie ermöglicht es, der vernichtenden Ignoranz standzuhalten, die da lautet: »Da ist jemand, für den ich niemand bin.« Das angenommene Ungenügen, eine Form des Schuldgefühls, ermöglicht die Phantasie einer *Bedeutung*, die dem Subjekt durchaus zukommen könnte, wäre es nur anders oder hätte es anders gehandelt. Daher sind die Empfindungen des Ungenügens als Reaktion auf die ich-vernichtende Absicht des Gegenübers zu verstehen. Die damit angekurbelten Bemühungen des betroffenen Subjekts sollten vor diesem Hintergrund infrage gestellt werden. Denn diesen Bemühungen liegt vor allem die Absicht zugrunde, den von Ignoranz bewirkten Ausschluss aufzuheben.

Der Wunsch des durch Ignoranz entwerteten Subjektes nach Bedeutung gilt dem Gegenüber als Erfüllung seiner Machtansprüche. Der Versuch, als *Subjekt* eine Aufwertung zu erreichen, ist in hierarchischen Machtverhältnissen jedoch per se aussichtslos. Denn die Anerkennung als Subjekt kann nicht von einem Gegenüber gewährt werden, welches sich das Recht nimmt, Wert und Bedeutung zu bestimmen und zu verleihen. Sie sind nur in der Anerkennung der Differenz möglich: Der andere ist anders als ich, ich bin anders als der andere; er ist nicht ich, ich bin nicht er. Die Voraussetzung dafür ist ein intersubjektiver, ein hierarchiefreier Diskurs.

Das Bemühen des anderen anzutreiben und von ihm Leistungen einzufordern, um ihm als Gegenleistung Wertschätzung und Bedeutung zu gewähren, ist von Verachtung und Gewalt geprägt. Viele institutionelle Einrichtungen bedienen sich dieses Mechanismus, nicht zuletzt jene für die Erziehung und Bildung der Kinder. Sie befriedigen die eigenen Machtansprüche und stellen die konstruktiven Aggressionen anderer in ihren eigenen Dienst. Sie bedienen sich, um sich eine Legitimation ihrer Ansprüche zu verschaffen, absurder Argumente wie: Es ist zu deinem Besten, es ist für das Gemeinwohl, es ist für das Volk. Wer nicht mit einstimmt in diesen Chor, läuft Gefahr, aus der Gemeinschaft ausgegrenzt zu werden, zu der er vielleicht gar nie gehören wollte oder nicht gehören will. Doch mit dem Hervorrufen einer Angst *vor* dem Ausschluss will er nun doch dazugehören. *Diese* Angst ist für uns eine Gefahr, vor ihr müssen wir uns fürchten.

Wer aus einer Gemeinschaft ausgegrenzt wird, gilt als illoyal gegenüber denjenigen, die sich ihre Identität verschaffen, indem sie ihr Ich über seine Grenzen hinaus auf das Wohl eines anderen Einzelnen, das Gemeinwohl oder gar das Wohl des Volkes ausdehnen. Der Begriff »Volk«, wie er im politischen Diskurs genutzt wird, bedeutet in den meisten Fällen eine Erweiterung der Ich-Ansprüche von Machtinhabern, um ihnen Trag- und Durchsetzungskraft zu verleihen. Und nicht zuletzt, um Einwände und allfällige Kontroversen zu zerschlagen, und zwar über die Legitimation, im Dienste des anderen zu stehen. Die Behauptung, die Wünsche und Bedürfnisse eines anderen zu erkennen, zu verwalten und allenfalls zu befriedigen, kann nur in einem Machtdiskurs zur Geltung kommen, weil sie für die Absicht der Kontrolle steht, einer Kontrolle, die in der Maske des Sorgens um das Wohl und des Wohlstandes anderer daherkommt. Eine Kontrolle über die Wünsche des eigenständigen Ich, über seine konstruktive Kraft, über seine ganz eigene, subjektive Art der Befriedigung.

Das Bündnis der »Opfer«

Unter welchen Umständen und für welche Handlungen Anerkennung gewährt wird, bestimmt und regelt der hierarchische Machtdiskurs. Es ist nicht die Differenz, die er anerkennt, sondern das, was den Interessen eines anderen oder mehrerer anderer entspricht. Die Interessen einer Mehrheit zu vertreten, ist genauso ausschliessend wie die Vertretung der Interessen von wenigen. Die Mehrheit legitimiert sich dabei über den kleineren Anteil an Ausschluss. Um einem Ausschluss zu entkommen, um aufgenommen zu werden in Gemeinschaft und Anerkennung, kann sich ein Ich den Interessen eines anderen so weit angleichen, dass es sich nicht mehr über seine neue Identität wundert oder davon verunsichert wird.

Eine alltägliche Form, um Ausschluss zu definieren und Einschluss zu garantieren, sind die Bündnisse der Opfer. Sich als Opfer eines anderen zu verstehen, kann zu einer Identifikation mit dieser Position, der Position der Unschuld, führen. Die eigene Schuld ist ausgelagert und deponiert, sie kann sich über die gesellschaftliche Anerkennung stabilisieren; auf dieser Grundlage können Bündnisse *gegen* und Bündnisse *für* geschlossen und auf politischer Ebene gar Mehrheiten gefunden, Kriege initiiert und Kriege geführt werden. Ich bin Opfer der Einwanderer, der Flüchtlinge, der Männer, der Juden, des Establishments und so weiter – ein Opfer projiziert seine Aggressionen auf ein Gegenüber/Objekt, von dem es sich in der Folge bedroht fühlt. Die Schuld der und die Verantwortung für die Aggression ist ausgelagert.

Gehen wir davon aus, dass die auf ein Gegenüber/Objekt ausgelagerten Aggressionen vormals konstruktive Aggressionen waren, die von einem Opfer als destruktiv gespiegelt wurden, und dass sich das Subjekt nun mit dieser Spiegelung identifiziert, dann werden alle seine Aggressionen, auch die konstruktiven im Dienste des Ich, destruktiver Natur sein. Um mit dieser Destruktivität nicht zum Täter zu werden, bietet die Projektion der Aggressionen auf ein Gegenüber/Objekt einen idealen Ausweg an. Allerdings muss es ein Gegenüber sein, das in *keinerlei* Beziehung zum Subjekt steht, denn solche Beziehungen sollen nicht gefährdet werden. Dementsprechend wird ein Gegenüber gesucht, das sich ausserhalb unserer mehrheitlich *schuldhaften* Beziehungen abspielt. Dafür eignen sich die »Fremden«, alle diejenigen, die unter sich und uns gegenüber einen anderen Diskurs pflegen und sich so gleichsam unseren Machtverhältnissen entziehen. Sie bieten sich für unsere aggressiven Projektionen nicht zuletzt deshalb an, weil sie nicht über den Schuld-/Opferdiskurs greifbar und damit nicht kontrollierbar sind.

Wenn das Gegenüber, auf das die Aggressionen projiziert werden, sich mit diesen Aggressionen identifiziert – und das ist die Regel –, dann ist es stets in die Abwehr von Schuldgefühlen verwickelt, statt sich mit Intersubjektivität zu beschäftigen. Dazu mich als Beispiel: Der Nachbar macht spät abends seine Klavierübungen und ich warte mit der Reklamation so lange zu, bis ich fast explodiere. Bevor ich zu ihm gehe, um meine Beschwerde anzubringen und meine Ruhe einzufordern, muss ich zuerst seinen von *mir* antizipierten Vorwurf, ich sei spiessig, intolerant und nicht an Musik interessiert – wann sollte er denn sonst üben? –, überwinden und deidentifizieren, um ihn nicht mit meiner ganzen Wut zu überrollen. Solche alltäglichen Begebenheiten spielen sich ebenfalls so alltäglich auf bedeutenderen, auf politischen und gesellschaftlichen Ebenen ab und können sich bis in die gefährliche Nähe einer Paranoia und der daraus folgenden, genauso gefährlichen Handlungen entwickeln.

Gehen wir von den oben genannten Voraussetzungen aus, dann ist der Schuld-/Opferdiskurs im Radius der ausgelagerten Aggressionen ein Teufelskreis, in dem das eine Opfer das Opfer des anderen wird. Die Identitätsbildung läuft über die Position des Opfers, das sich nun, abhängig von einem Täter, immer wieder einen Feind/Täter erschaffen muss, um Identität bilden zu können und als Identität bestehen zu bleiben. Und nicht zuletzt, um eine Legitimation zu erhalten, die Aggressionen gegen einen Feind richten zu dürfen, der – allgemein als gefährlich anerkannt – vermeintlich das Ich/Wir bedroht. Um *wirklich* destruktiv sein zu dürfen, um ihn *wirklich* vernichten zu dürfen. Weil sich viele auf diesen Kanon einlassen und in ihn mit einstimmen, hält die psychiatrische Diagnose einer Paranoia nicht mehr stand. Denn eine Diagnose wird in Abgrenzung zu einer normativen Annahme des Verhaltens und der Befindlichkeit eines Grossteils der Bevölkerung gebildet und bezieht sich auf einzelne Individuen, die sich von dieser »Norm« unterscheiden.

Das Opfersubjekt selbst kann keine eigene Identität vorweisen. Nicht zuletzt, weil der intersubjektive Diskurs durch den hierarchischen verdrängt wird, sucht es sich eine Form der Anerkennung und des Einschlusses in die Gemeinschaft der »Opferbündnisse«. Es liegt mir fern, diese Position zu verteidigen, vielmehr möchte ich damit hervorheben, dass es einen Paradigmenwechsel in einen anderen, in den intersubjektiven Diskurs braucht und nicht neue Variablen im Herrschaftsdiskurs. Bindung und Anerkennung über die Konstituierung eines gemeinsamen Feindes zu erreichen, ist gefährlich. Für alle. Die Identität als Opfer ist eine mächtige Position, weil sie einerseits viele Gräuel zu legitimieren vermag und andererseits die Verantwortung dafür nicht zu übernehmen braucht. Diese wird als Schuld überantwortet und fügt sich ein in den bestehenden Herrschaftsdiskurs, der auf diesem Fundament aufbaut. Die Verantwortungslosigkeit steht in einem direkten Zusammenhang mit der Schuld, die in ein Gegenüber ausgelagert wird.

Im intersubjektiven Diskurs bleibt die Verantwortung beim Subjekt und es findet keine Schuldzuweisung statt. Im Schulddiskurs hingegen wird die Differenz nicht berücksichtigt, sondern zugunsten eines hierarchischen Gefälles *aufgehoben*. Dieses Gefälle wird oft mit *Differenzierung* und *Unterscheidung* verwechselt. Doch gerade hier mangelt es an Differenz, weil die Subjekte nur im Gefälle als unterschiedlich definiert werden.

Der Vorwurf ist immer rechtens

Unsere Alltagssprache ist durchzogen von Schuldzuweisungen und Schuldabweisungen, sehr oft sind sie die Grundlagen und Argumente unserer Entscheidungen. Wo sie nicht ist, die Schuld, wird sie oft vermisst. Das Vokabular der Alltagssprache gibt uns Aufschluss über unsere Schuldgefühle, unsere Angst *vor* der Schuld und unsere Versuche, mit der Schuld umzugehen. Der Vorwurf ist uns zu einer Selbstverständlichkeit geworden im Umgang mit den Mitmenschen. Er wird nicht mehr hinterfragt. Vielmehr hat sich gleichsam eine Kultur entwickelt, Vorwürfe zu formulieren, sie zu parieren, ihnen zuvorzukommen und sich auf ihrer Grundlage sogar eine Meinung zu bilden. Der Vorwurf ist ein wichtiger Bestandteil des alltäglichen hierarchischen Vokabulars, weil er auf einer Polarisierung beruht, einen Kampf *gegen* mobilisiert, an dem sich ein Subjekt jeweils aufzurichten vermag. Im Vorwurf geht es um Sieg oder Niederlage, um Über- oder Unterlegenheit. Der Vorwurf ist immer rechtens. Er lässt keine Differenz zu. Wer einen Vorwurf anbringt, hat recht und der andere nicht. Die Leere, die sich in hierarchischen Beziehungen auftut und sich darin auch verbirgt, kann mit Vorwürfen übertönt werden. Sie dienen nicht zuletzt dem Schulddiskurs, der als das Verbindende anerkannt wird.

Ein Vorwurf trägt nie zur Lösung eines Problems bei, weil es dabei ausschliesslich darum geht, die Machtverhältnisse zugunsten des Vorwerfenden zu stärken. Der Vorwurf ist das Instrument einer ungerechten Form der Kommunikation, obwohl diese als gerecht anerkannt werden will. Er ist Teil des Opferdiskurses: Die Haltung des Opfers ist eine Vorwurfshaltung. Es ist ein Machtdiskurs, in dem die Differenz des anderen beseitigt werden muss, um das eigene Ich nicht zu gefährden: Lieber den anderen zerstören, als von ihm zerstört zu werden – *entweder/oder*. Die als destruktiv gespiegelten Aggressionen werden auf ein Gegenüber projiziert, das nun als bedrohlich für das Ich wahrgenommen wird. Es ist, genau genommen, ein alltäglicher Wahn. Ein Wahn, der zu einem alltäglichen Wahnsinn werden kann: Der kleine Krieg ist immer auch der grosse Krieg.

Gelänge es dem vorwerfenden Subjekt, die Identifikation mit der Destruktion, sprich: den Opferdiskurs aufzuheben, dann stünde ihm seine konstruktive Aggression zur Verfügung, um die Differenz anzuerkennen, zu erhalten und auszuhalten. Damit wäre auch die Angst beseitigt. Gelingt der Paradigmenwechsel vielleicht deshalb nicht, weil sich die Idee hält, Ich zu sein bedeute die Verdrängung des anderen? Entweder er/sie oder Ich? Der andere muss verdrängt, entwertet werden, damit das Ich sein kann? Ist der Opferdiskurs nicht eine Form der Regression, ein Zurückweichen vor der intersubjektiven Verantwortung? Im Fall von Ödipus vielleicht gar ein Entweichen aus der Verantwortung, den Vater Laios umgebracht zu haben, um das Königreich zu übernehmen, das ihm, dem Sohn, sowieso zusteht? Warum braucht es dieses Drama, nur um die normale Erbfolge zu bestätigen? So viele Opfer? Das Orakel, das diese Opfer voraussagt, untermauert den Schuld- und Opferdiskurs und bekräftigt das *Entweder/ Oder*. Dementsprechend erachte ich den Herrschaftsdiskurs als einen regressiven Diskurs.

Oder ist es die Kränkung, die Macht über den anderen zu verlieren, die den Paradigmenwechsel verhindert? Ist es die Kränkung, *überhaupt* an Macht zu verlieren, weil diese im intersubjektiven Diskurs nicht mehr vorkommt? Ist es die Kränkung, abhängig zu sein von all den anderen Subjekten, um Ich überhaupt konstituieren zu können? Um die Differenz des einen Ich zum anderen Ich zu erhalten und auszuhalten? Eine Kränkung, die dem *Entweder/Oder* inhärent ist, weil es das *Und* als dialogische Form der Beziehung ausschliesst?

Im intersubjektiven Diskurs besteht kein imperialer Anspruch auf Besserwissen. Er ist mit Mühsal verbunden, mit einem angemessenen Quantum an Selbstreflexion und mit der stetigen Auseinandersetzung mit sich und dem anderen. Gleichzeitig erfordert der intersubjektive Diskurs auch, jeglichen anmassenden Grössenwahn zurückzunehmen, unter anderem auch das Recht, recht zu haben, nur um das Gegenüber seinen eigenen normativen Ansprüchen zu unterwerfen.

Im Vorwurf ist eine intersubjektive Position nicht vorgesehen. Er eignet sich das Recht an, recht zu haben, und die Macht, über Recht und Unrecht zu entscheiden. Er verweigert sich der dialogischen Verantwortung und der Verantwortung, Differenz anzuerkennen. So entsteht kein intersubjektiver Raum, in dem die Aggressionen im Dienste des Ich Raum erhalten und als Denken und Handeln manifest werden können. Der Vorwurf ist in der Überheblichkeit zu verorten, er grenzt das Gegenüber aus und unterwirft es. So bleibt der Vorwurf eine zerstörerische Handlung, weil der Vorwerfende dem Gegenüber dessen Eigenständigkeit als schädigenden Faktor anrechnet.

Der Vorwurf geniesst eine grosse Akzeptanz. Er ist ein wichtiger Teil unseres Beziehungsvokabulars, er ist Teil des öffentlichen Diskurses und erscheint immer dort, wo es um ein hierarchisches Gefälle in Beziehungen geht. Ohne dieses Gefälle wäre er verloren.

Das Geld ist der Messwert einer Schuld

Egal, um welche Form der Beziehung es sich handelt, das Selbstobjekt ist ein missbrauchtes Objekt. Frau Schwarz steht im Dienste eines anderen Ich, desjenigen ihrer Mutter; sie hat diesem Ich zu dienen und nach dessen Vorstellungen zu funktionieren, um Anerkennung zu erhalten. Ein Selbstobjekt ist einem befehlsgewaltigen Subjekt unterworfen, das ein hierarchisches Gefälle aufbaut und keinerlei Interesse hat, das Gegenüber aus dieser Konstellation zu entlassen. Ansonsten müsste dieses Subjekt die Verantwortung für die eigenen Wünsche übernehmen und dürfte keinen anderen zu deren Befriedigung verpflichten. Es handelt sich um ein Schuldverhältnis: Um zu einer anerkennenden Beziehung zu kommen, muss Frau Schwarz die Schuld gegenüber der Mutter einlösen. Sie hat das Selbstobjekt der Mutter zu sein.

In der Prostitution stellt sich das eine Subjekt im Austausch für Geld einem anderen zu seiner sexuellen Befriedigung zur Verfügung. Die sexuelle Vereinigung ist hier nicht ein Ausdruck des Begehrens der beiden, sondern ein Handel, in dem das eine, der Sex, mit etwas ganz anderem, Geld, beglichen wird. Das Schuldverhältnis ist aufgehoben, es bestehen keine weiteren Ansprüche. Man könnte sagen, dass beide Seiten in dieser Beziehung erfahrene Selbstobjekte sind; sie haben sich mit ihrer Rolle identifiziert und eine Nische in der Gesellschaft gefunden, in der sie zu Anerkennung und Wertschätzung kommen. Der Bezahlende hat, um seine Sexualität leben zu können, keinen Ansprüchen zu genügen, und das Verhältnis zieht keinerlei Ein- bzw. Auslöseschuld nach sich.

Die hohe Frequentierung von Prostituierten und Bordellen weist eindeutig auf den Wunsch hin, die Schuld für sexuelles Begehren begleichen zu können mit einem ganz banalen Gegenwert, nämlich Geld. Es braucht hier keine andere Währung wie zum Beispiel die Pflicht, die Prostituierte – in der Mehrzahl Frauen, deshalb die weibliche Form – zu befriedigen. Der Freier schuldet ihr einen Geldbetrag, und damit ist der Handel beglichen. Die Bordelle werden in der Regel nicht von sogenannt triebstarken Männern besucht, die ihre Triebe ausserhalb der Ehe oder ähnlichen Liebesverhältnissen »abführen« müssen oder sollen – das ist ein Mythos. Vielmehr geht es um die Begleichung der Schuld, die infolge des sexuellen Begehrens entsteht. In der Prostitution hinterlässt das Begehren keine Opfer. Niemanden, der eine Schuld, und niemanden, der das Begehren als Form der Aggressionen im Dienste des Ich als schädlich spiegelt. Das Begehren wird anerkannt als das, was es ist, und anerkannt werden auch die diversen Formen seiner Befriedigung.

In der Prostitution wird nur Geld geschuldet. Nichts anderes. Gleichzeitig wird das sexuelle Begehren nicht zu einem schuldhaften Begehren, und weder das Inzesttabu noch die eheliche Pflicht werden gebrochen. Der Freier bleibt nichts schuldig und wird auch nicht schuldig.

Immer wieder haben sich Prostituierte zusammengetan, um eine eigene Gewerkschaft zu gründen und ihr Ansehen mit der Berufsbezeichnung »Sexarbeiterin« der gesellschaftlichen Verachtung zu entziehen und einem normalen Beruf anzugleichen. Damit ist jedoch auch die Gefahr verbunden, dass der Missbrauch dieser Frauen ausgeblendet und die gesellschaftlichen Machtverhältnisse nicht mehr infrage gestellt werden. Hier finden Identifikationen statt, die hinterfragt werden müssen: Das Ich der Prostituierten konstituiert sich aus der Anerkennung des Mannes, ihn beglückt zu haben – auch über eine Demütigung –, der Anerkennung, für einige Momente einem anderen von Bedeutung und von Wichtigkeit zu sein. Dem Freier beschert es die Anerkennung seines sexuellen Begehrens ohne Schuld, ohne anderweitige emotionale Verwicklungen und Verpflichtungen.

Der Freier – vorwiegend männlich, daher lasse ich den Begriff hier in seiner männlichen Version – hat eine schuldfreie Bedeutung und Anerkennung erlangt für sein sexuelles Begehren. Die Prostituierte ermöglicht sein Begehren wertfrei – gegen Geld – anzuerkennen. Selbstverständlich werden auch in diesen Beziehungen Verachtung, Triumph, Rache und Missgunst einen nicht unwichtigen Platz einnehmen. Sie sind Bestandteil einer jeden Beziehung, die auf Schuldverhältnissen beruht, weshalb ich an dieser Stelle nicht näher darauf eingehen werde.

Die Prostitution ist also nicht viel mehr als ein Ort, in dem Freier Anerkennung für ihr sexuelles Begehren erreichen und mit Geld der Schuld enthoben werden. Ein Ort auch, an dem das Begehren nicht geschuldet wird. Schon gar nicht der Mutter wie im Fall von Ödipus, der das mütterliche Begehren einlösen, sie zur Königin und zur Mutter machen musste. Die Prostituierte will einen Geldbetrag, dessen Höhe sie selbst bestimmt. Damit übernimmt sie die Verantwortung für sich selber und lagert diese nicht als Schuld aus. Das Dilemma des Schuldig*seins* und Schuldig*werdens* wird in diesen Beziehungen mit einem eigenen Vokabular aufgelöst.

Die Sehnsucht nach Anerkennung innerhalb eines Schulddiskurses ist in allen Bindungen des Menschen anzutreffen. Die Suche nach dieser Anerkennung kennt vielfältige Formen. Vielfältig in der Not, zu dieser Anerkennung zu kommen, und vielfältig in der Weigerung, diese Anerkennung zu gewähren. Wenn ein Kind lernt, nur als Selbstobjekt Anerkennung zu erfahren, wird es sich mit dieser Funktion, die ihm Anerkennung verschafft, identifizieren und versuchen, damit zurechtzukommen. Vielfach wird es später, im erwachsenen Leben, nicht mehr auf das eigene Ich referieren können, weil das instrumentalisierte Ich nun als eigentliches Ich wahrgenommen wird. Sobald dieses Ich in seiner Funktion nicht mehr anerkannt wird, bleibt es bindungsmässig verloren, weil die Erfahrung einer Anerkennung als eigenständiges Ich ohne irgendeine Funktion fehlt. Solange eine Nachfrage nach seiner Funktion besteht, hat ein Selbstobjekt keinen Bedarf, diese Funktion zu hinterfragen, denn die Anerkennung ist ja gesichert.

1 + 1 = 3

Auch die verschiedenen Formen der Sexualität und der darin eingebundenen Machtdiskurse weisen uns auf die Vielfalt der Bemühungen hin, zu Wertschätzung zu gelangen. Die Sexualität ist durchdrungen von Wünschen nach Anerkennung und Wertschätzung, und diese Wünsche sind durchdrungen von Sexualität. Der Exhibitionist erkennt im Schrecken der Frau, der er unerwartet sein Geschlecht zeigt, dass er überhaupt eines hat. Er erkennt sich in der Differenz und der Anerkennung seines Geschlechtes, wenn auch im Erschrecken oder Aufschrei des Gegenübers. Er wäre vermutlich genauso erschreckt, würde ihm das Öffnen seines Mantels mit weiblichem Begehren beantwortet werden. Seine »Sexualität« beruht auf der Sehnsucht, als anders wahrgenommen zu werden beziehungsweise *überhaupt* wahrgenommen zu werden in seiner Geschlechtlichkeit.

Der sexuelle Missbrauch wird zu Recht geahndet – der weibliche Missbrauch kommt dabei noch zu kurz. Dass er aber nur in den bestehenden Machtstrukturen vorkommen kann, wird nicht berücksichtigt. Mit der Übertragung der Schuld auf ein einzelnes Subjekt wird die grosse Frage nach der gesellschaftlichen Ursache ausgeschlossen. Die Antwort würde aufzeigen, dass der Missbrauch, die Anwendung von Gewalt, bereits dort beginnt, wo das Gegenüber nicht als Subjekt anerkannt, sondern hierarchisch eingeordnet wird. Das Transformieren von Differenz in ein Defizit ist gewalttätig. Es beginnt bereits in der Schule: Das Kind muss hier neun Jahre lang, Tag für Tag, die vom Erwachsenen als Defizit bezeichnete Bildung einholen. Niemand geht davon aus, dass die Neugierde und die Aufnahmebereitschaft des Kindes keines Defizites bedarf. Das Kind, das diesen Normierungsanforderungen nicht gerecht wird, ist ein gescheitertes Kind.

Im intersubjektiven Diskurs erfahren die Bindungen eine dritte Dimension, einen gemeinsamen Raum, der von den zwei beteiligten Subjekten erschaffen und gestaltet werden kann. Hier findet schöpferisches Handeln und Denken statt. Es ergibt sich die Gleichung 1 + 1 = 3, zwei Subjekte erschaffen einen dritten Raum. Andernfalls bleibt die menschliche Kreativität gebunden an die Sehnsucht, zu Anerkennung zu gelangen; sie verbleibt in der Zweidimensionalität und entbehrt ihrer Ausdehnung in *neue* Dimensionen. Die dritte Dimension ist unendlich in ihrem Raum und in der Gestaltung und Bestückung dieses Raumes. Werden die Aggressionen im Dienste des Ich jedoch an Schuld gebunden, werden sie domestiziert. Sie erreichen den dritten Raum nicht, werden *einfältig*, anstatt *vielfältig* zu sein. Daher ist das von Sigmund Freud eingeführte Konzept der menschlichen Entwicklung mit der ödipalen Phase von nicht zu unterschätzender Bedeutung. Denn für die Entwicklung eines Kindes ist es unerlässlich, aus der Schuld gegenüber der Mutter ausbrechen und die Welt nach eigenem Gutdünken gestalten zu können. Um *überhaupt* aus dem Schulddiskurs ausbrechen zu können, in den das Kind unerfreulicherweise hineingeboren wurde.

Der Selbstverlust in der Anpassung

Wenn der Gewinn von Anerkennung eine Selbst- und Willensauflösung voraussetzt, wie sie die Funktion als Selbstobjekt verlangt, dann wird das Kind diese Funktion erfüllen, ohne sie als Missbrauch entlarven zu können, da ihm die Erfahrung einer Anerkennung als eigenes Subjekt fehlt. Es wird die Angst und die Ohnmacht kennen, die Entbehrung der konstruktiven Kräfte, und es wird das alles nicht als Folge eines Missbrauchs einordnen können. Deshalb leuchtet es ein, dass es oft nicht das Trauma eines Missbrauchs ist, das sich nicht verarbeiten lässt, sondern das Trauma, in der damit verbundenen Ohnmacht und Angst völlig allein gelassen worden zu sein von einer Gruppe von »Mittätern«, die nicht einschreiten und so diese Tat *billigen*.

Eine Selbst- und Willensauflösung ist die Folge einer Gewalteinwirkung und ist zu unterscheiden von einer strategisch angebrachten Anpassung an bestehende Verhältnisse, die aktiv geleistet wird und umkehrbar ist. Die Auflösung der Aggressionen im Dienste des Ich, die Unterordnung unter die Herrschaft, wird in unserer Gesellschaft grundsätzlich mit Anerkennung, mit Gemeinschaft und Zugehörigkeit belohnt. In einer solchen Hierarchie leidet ein Arbeitsloser nicht primär daran, dass er keine Arbeit hat, sondern dass er ausgeschlossen ist aus der Gemeinschaft der Leistungserbringer. Witwen und Witwer erhalten einen gesellschaftlich höheren Stellenwert als geschiedene Frauen und Männer. Wenn eine Beziehung durch Tod beendet wird, geniessen die Betroffenen mehr Anerkennung als dann, wenn einer der beiden nicht mehr *wollte*. Der Herrschaftsdiskurs hat eine starre Ordnung, die kleinste Abweichungen klar und schnell in sein Gefälle einteilt.

Im intersubjektiven Diskurs hingegen reguliert sich das Subjekt entsprechend seinen eigenen Wünschen, die massgebend für die Mitwirkung in der Gemeinschaft werden. Wenn sich das Ich in einer Beziehung seiner selbst versichern kann, statt sich in der Anpassung zu verlieren, entsteht ein neuer Raum, um Freiheit, Begehren und Wirksamkeit zu erreichen. Falls nicht, bleibt der Wunsch nach Anerkennung beherrschend und das Begehren dem Begehren nach Anerkennung verhaftet. Wie gewalttätig die verweigerte Anerkennung eines Subjektes ist, erkennen wir an seinem steten Bemühen, Anerkennung zu erreichen, und sei es – paradoxerweise – mit der Selbstaufgabe.

»Mein Problem ist, dass ich aus nichts als Fehlern bestehe«

Die brasilianische Schriftstellerin Clarice Lispector (1920–1977) schreibt 1946 nach Fertigstellung ihres Romanes *Der Lüster*: »Mein Problem ist, dass ich aus nichts als Fehlern bestehe.« Nach ihrem eigenen Bekunden fiel es ihr leichter, »alle zu sein als sie selbst«.

Frau Sutter ruft mich spät abends verzweifelt an. Einmal mehr ist sie von ihrem Mann geschlagen worden. Ich fahre mit der Polizei zu ihr, er ist inzwischen verschwunden. Frau Sutter möchte ihren Mann nicht anzeigen, sie Angst hat vor noch grösseren Gewalttaten an ihr und ihrem Kind. Sie möchte ihn auch nicht aus der Wohnung werfen, denn in diesem Fall würde er sie noch mehr terrorisieren und gar mit einem Suizid drohen. Und selbst wenn sie sich von ihm trennte, würde es nur noch schlimmer, meint sie. Solange sie bei ihm sei, könne sie ihn wenigstens immer wieder beschwichtigen und von noch schlimmeren Taten abhalten.

Im Laufe des zweistündigen Gesprächs mit der Polizei kann ich beobachten, wie sich Frau Sutter immer mehr in Schuldgefühle verheddert, bis ihr zum Schluss nicht mehr klar ist, wer nun Täter ist, sie oder ihr Mann: »Vielleicht habe ich ihn provoziert? Vielleicht meint er es ja gar nicht so? Vielleicht hätte ich ... Vielleicht hätte ich lieber nicht ... Vielleicht hätte ich besser auf ihn eingehen müssen, dann wäre er nicht ...« Als die Polizei und ich sie verlassen, bleibt sie mit ihren Schuldgefühlen allein zurück. Eine Anzeige würde ihre Unschuld anerkennen. Doch noch nie hat sie erfahren, dass die Schuld nicht bei ihr liegt, noch nie hat sie erfahren, dass die Verantwortung für Gewalttaten dem Täter zuzusprechen ist.

Frau Sutter wurde als Kleinkind adoptiert, kennt aber inzwischen ihre leiblichen Eltern. Der Vater lebt im Ausland, ist alt und sehr vermögend. Unsere Abklärungen ergeben, dass sie normal erbberechtigt ist. Aber sie möchte keinesfalls einen Anwalt damit beauftragen, ihre Interessen an der Erbschaft zu vertreten.

Identifiziert mit der Schuld – eine Schuldidentität

Frau Sutter will weder beim Ehemann noch bei ihrem vermögenden Vater ihr Recht einfordern. Dieses Recht wahrzunehmen würde für sie bedeuten, den anderen zu entrechten – so hat sie es gelernt. Genauso zögert sie, den Ehemann anzuzeigen, weil sie unsicher ist, ob sie nicht doch etwas Falsches gesagt oder getan haben könnte, das ihn veranlasste zuzuschlagen. Sie fragt sich auch, ob nicht sie schuld daran sei, dass ihre Eltern sie als Säugling weggegeben hatten und dass es ihre Adoptiveltern nicht immer leicht mit ihr hatten. Die Grenzen zwischen ihr und ihrem Mann, zwischen Ich und Du, verwischen sich im Lauf des Gesprächs mit der Polizei, immer mehr werden sie beseitigt, bis sich Frau Sutter nur noch ihren Ehemann zurückwünscht; dass er sie schlägt, ist nicht mehr von Bedeutung. Frau Sutter würde Claire Lispector zustimmen: »Mein Problem ist, dass ich aus nichts als Fehlern bestehe.« Ihr Mitleid mit dem Ehemann, den sie so grausam provoziert hätte, dass er zuschlagen musste, auf den sie sogar die Polizei gehetzt und den sie fast noch angezeigt hätte, hat wieder die Oberhand gewonnen.

Frau Sutter findet ihre Identität in der Schuld wieder, und diese sichert ihr den Platz in der Beziehung mit ihrem schlagenden Ehemann. Ausserhalb dieser Dynamik kennt sie weder eine Identität noch eine Beziehungsform, und aus diesem Grund wird sie immer wieder bereit sein, den Ehemann zurückzunehmen. Ihr Mitleid mit ihm bestätigt sie in der Schuld an ihm, ist er doch Opfer ihrer Fehlbarkeit und musste deshalb vor ihr fliehen. Die Schuld wird zum Bindemittel der Beziehung, und ausserhalb dieser Schuld ist die Bindung aufgehoben. Frau Sutter hat keine Vorstellung von der Freiheit ausserhalb dieser Beziehung. Vielmehr rechnet sie ihre jetzige Angst *vor* der Schuld hoch und gibt damit ihren Schuldgefühlen, ihren Sorgen um und ihrem Mitleid mit dem Ehemann nochmals einen beachtlichen Schub.

Die Schuld als Bindemittel der Beziehung aufzugeben, würde eine Trennung bedeuten. Doch nähme Frau Sutter ihr Recht wahr, ein eigenständiges Subjekt zu sein, würde sie einen anderen entrechten – mit dieser Gleichung ist sie aufgewachsen. Diese Gleichung gründet auf den Erfahrungen mit einem »Opfer«, das man vor den eigenen Ansprüchen schützen muss, selbst wenn diese Ansprüche legitim sind, etwa, sich mit einer Anzeige vor ihrem gewalttätigen Ehemann zu schützen oder ihren Anteil am väterlichen Erbe einzufordern. Frau Sutter wurden ihre Aggressionen im Dienste des Ich als schädlich gespiegelt, als Diebstahl und Verrat am anderen. So verstehen wir sie auch, wenn sie von ihrem Erbanspruch absieht, gar darauf verzichtet. Recht zu bekommen, ohne schuldig zu werden, ist ihr fremd.

Die Schuld als Bindemittel schützt Frau Sutter vor dem Abgrund der Einsamkeit. Mangels der Erfahrung einer intersubjektiven Beziehung gelingt ihr der Absprung aus dieser unhaltbaren Ehe erst nach zwei Jahren Therapie, in der sie die Mechanismen der Beziehung erkennen und das Vertrauen in eine neue Beziehungsform erarbeiten konnte. In der sie eine neue Sprache, ein neues Vokabular, neue Beziehungen in einem neuen Narrativ fand.

Hohe Sensibilität oder Selbstaufgabe?

Wenn Schuld das wichtigste oder gar einzige Bindeglied einer Beziehung ist, entwickelt das Selbstobjekt – in diesem Fall Frau Sutter – eine äusserst sensible Wahrnehmung der Befindlichkeit des Gegenübers, eine Sensibilität, die in jahrelanger Übung erworben wird, um die Verantwortung für die Befindlichkeit des anderen übernehmen zu können. So wie es Claire Lispector leichter fiel, »alle zu sein als sie selbst«, fiel es Frau Sutter leichter, auf die Befindlichkeit ihres Ehemannes Rücksicht zu nehmen als auf ihre eigene. Ihn zu schützen vor ihren Ansprüchen und Bedürfnissen, ihn zu entlasten von ihr und von sich selber, vom Leben und von allem, was sich regt. Ihr oberstes Ziel war, alles von ihm fernzuhalten, was ihn beunruhigen, stören, reizen könnte, um nicht dafür büssen zu müssen.

Letztlich war es der Versuch, den Ehemann – ihr vermeintliches Opfer – von ihr (als vermeintliche Täterin an ihm) zu entlasten, um so ein Gegenüber zu erhalten, das gewillt ist, die Verantwortung für sich selber zu übernehmen. Die erhöhte Wahrnehmung der Befindlichkeit des anderen wird fälschlicherweise als Charaktereigenschaft bezeichnet, viel ist dabei von einem hochsensiblen Menschen die Rede. Dabei wird ausser Acht gelassen, dass diese hohe Sensibilität eine kreative Notmassnahme des Kindes ist, um sich Beziehung zu sichern, um dem leidenden Opfer Genüge zu tun, um wahrgenommen zu werden, zumindest als Selbstobjekt dieser Ansprüche. Eine hohe Sensibilität ist sehr oft ein Hinweis auf einen Missbrauch, der darin besteht, ein Kind in die Eigenverantwortung eines Erwachsenen einzubinden. Die erhöhte Sensibilität ist immer auf ein anderes Ich gerichtet. Dabei geht die Wahrnehmung des eigenen Ich, der eigenen Bedürfnisse oftmals verloren. So ist es verständlich, wenn ein solches Kind und später der Erwachsene keine Beziehungsform ausserhalb dieses Narrativs kennt. Denn seine Eltern haben nicht die Absicht, dieses Kind aus der Schuld in die Unabhängigkeit zu entlassen, würden sie so doch die Kontrolle über das Kind und den späteren Erwachsenen verlieren.

Im Schulddiskurs bedeutet die Differenzierung, das Bemühen um ein eigenständiges Ich Trennung und Ausschluss. So begibt sich Frau Sutter wieder zurück in die alte Beziehungsform, ihr Abstecher in den Subjektstatus war von kurzer Dauer, weil die Angst *vor* der Verlorenheit sie einholte. Der unermüdliche Versuch, die Schuld gegenüber dem Partner einzulösen, ist gleichzeitig der Versuch, den vernichtenden Ausschluss aus Beziehung zu verhindern. Es ist auch der Versuch, als autonomes Subjekt Anerkennung und Bedeutung zu erhalten. Es ist letztlich der Versuch, aus der Schuld entlassen zu werden in die Autonomie des eigenen Seins.

Angesichts ihrer Verlorenheit und Einsamkeit erscheinen Frau Sutter die Schläge ihres Ehemannes als das kleinere Übel. Hier, in dieser gewalttätigen Dynamik, hat sie zumindest die Möglichkeit, ihren Mann zu manipulieren. Sie kann sich ihm unterwerfen, sie kann ihn verführen, sie kann einiges unternehmen, um sich vor ihm zu schützen und in Sicherheit zu bringen. Nicht so in der Angst *vor* der Verlorenheit und Einsamkeit, in der Vorstellung, ohne ihn sein zu müssen. In dieser Ohnmacht ist sie gelähmt. In dieser Ohnmacht hat sie keine Macht mehr über ihn, keine Kontrolle mehr über seine Befindlichkeit, keine Kontrolle mehr über die Beziehung.

Wenn sich Frau Sutter von ihrem Mann trennte, bliebe sie mit ihrer eigenen Geschichte zurück, von der sie sich nun nicht mehr durch das schwierige Leben mit einem gewalttätigen Ehemann ablenken lassen könnte. Ihre Ängste *vor* ihm müssten auf eine andere Provenienz hin befragt werden. Frau Sutter müsste sich stattdessen mit der Geschichte ihres Aufwachsens auseinandersetzen, mit ihrer Vergangenheit, in der sie keinen Ausweg kannte aus der drohenden Vernichtung durch den Ausschluss aus Beziehung, durch das innere Verlassenwerden, das Im-Stichgelassen-Werden hinsichtlich der Anerkennung als Subjekt. Die Herausforderungen, die sie in der Beziehung mit ihrem Ehemann zu bestehen hat, lenken sie einerseits ab von den schlimmeren kindlichen Erfahrungen des Verlassenwerdens und des Ausschlusses aus Beziehung. Andererseits kann sie mithilfe ihrer – in der Not eigens dafür erfundenen – Instrumente der Manipulation die Gewaltausbrüche ihres Mannes einigermassen unter Kontrolle halten. Sie ist nicht einer endgültigen Ohnmacht ausgeliefert, wie sie es als Kind war: Die Ehe schützt sie vor einer schlimmeren Ohnmacht, einer, die sie nicht mehr regulieren konnte, weil das Gegenüber fehlte oder von ihr entlastet werden musste. Einen wirklichen Ausweg aus diesem Dilemma gibt es in diesem Kontext nicht.

Das Mitleid verschluckt die Wut

Mit dem Mitleid, das Frau Sutter ihrem Ehemann immer wieder entgegenbringt, kann sie die Nähe zu ihm wiederherstellen und sich selber in der Sicherheit wiegen, keine Ausgeschlossene zu sein, nicht einsam zu sein. Mit der Schuld als Bindemittel der Beziehung desgleichen. Die missliche Beziehung ist wohl für beide besser als gar keine, würden sie ohne doch vor anderen Abgründen stehen. So wird die Ehe für beide zum Aktionsort von Schuld und Gewalt, weil hier die konstruktiven Kräfte und das Begehren in ihrer Subversivität domestiziert und kontrolliert werden können. Dies nicht zuletzt, damit sie keine grössere Tragkraft entwickeln: Die Ehe dient dem und ist Teil des Herrschaftsdiskurses. Sigmund Freud sagt in seiner Schrift *Das Unbehagen in der Kultur*: »Es ist einfach das Programm des Lustprinzips, das den Lebenszweck setzt. An seiner Zweckdienlichkeit kann kein Zweifel sein, und doch ist sein Programm im Hader mit der ganzen Welt.«

Frau Sutters Mitleid ist ein Schutzschild für ihre Aggressionen: Sie schützt sich vor den konstruktiven Aggressionen, die sie zur Trennung von ihrem Mann bewegen würden. Sie schützt ihn und sich vor ihrem Hass, sie transformiert den Hass in Mitleid. Damit kann sie zu ihrem Mann zurückkehren, um nun, offensichtlicher als *ihr* Hass, Opfer *seines* Hasses werden. Die Kontrolle über den Hass des anderen wird zum Beziehungskitt. Frau Sutter sagte denn auch: »Es würde nur noch schlimmer, wenn ich mich von ihm trennte. Solange ich bei ihm bin, kann ich ihn beschwichtigen und von noch schlimmeren Taten abhalten.« Das Mitleid ist Frau Sutters Beitrag an die Beziehung. Mit ihrem Verzicht auf Differenz will sie Nähe und Sicherheit herstellen, um sich vor der Einsamkeit zu bewahren. Das Mitleid in dieser Form hat Verschmelzungscharakter und löst die Differenz auf, um die Einsamkeit in die Zweisamkeit zu überführen, auch wenn diese gewalttätig ist. Gewalttätig ist aber auch das Mitleid.

Frau und Herr Sutter klammern sich in der Wiederholung ihrer misslichen Kindheit und Jugend fest aneinander, um ihrer Geschichte zu entgehen. So denken sie, so hoffen sie, unbewusst oder bewusst. Doch wenn sie in diesem Diskurs verbleiben, wird sich der erhoffte Ausweg nicht auftun; vielmehr verstricken sich die beiden in der Wiederholung derselben Gewaltakte: Er schlägt, sie manipuliert, sie weisen sich gegenseitig Schuld zu. Den Ausweg aus der Gewalt finden sie nicht, weil deren Wiederholung ihnen Sicherheit bietet. »So war es schon immer, und es ist auch irgendwie gegangen.« Weil die Erfahrung einer Anerkennung als Subjekt fehlt, können beide den Ausweg, den das Verlassen dieses Diskurses bietet, nicht erkennen.

Die Transzendenz als Hebel des Herrschaftsdiskurses

Das »Ausscheren« in einen *transzendenten Raum* erfreut sich einer grossen Beliebtheit. Die entsprechenden Angebote sind mannigfaltig und verführerisch. Sie offenbaren die Sehnsucht eines Subjektes nach einem gewaltfreien, konstruktiven Raum, in dem sich Subjektivität und Beziehung ereignen kann. In einem *transzendenten Raum* sind die Aggressionen im Dienste des Ich jedoch ausgeschlossen und damit auch das Begehren. Ein Begehren, das unabdinglich an die Kraft der konstruktiven Aggressionen gekoppelt ist. Der *transzendente Raum* trennt zudem das eine Ich vom anderen Ich und ist somit bereits in seiner Anlage destruktiv und selbstdestruktiv – dieser Raum erfordert die *Aufgabe* des Ich.

Die Beziehung zu einem *Grossen Anderen* – sei es ein Gott, eine Ideologie oder sonst etwas, das die Projektionen der Erhabenheit und Überlegenheit »erfüllt« – verlangt die Opferung des eigenen Begehrens und Begehrtwerdens, weil beides eines anderen Subjektes bedarf. Solche Beziehungen gefährden die bestehenden Machtverhältnisse nie. Im Gegenteil: Die Transzendenz passt sich diesen an, sie ist Teil davon, weil die Aggressionen, die dem Subjekt zu einer eigenen Positionierung verhelfen, aus dem Dienst am Ich entfernt werden. Im Unterschied dazu ist die Intersubjektivität, die ebenfalls einen neuen Raum erschliesst, nicht mit Projektionen von Erhabenheit und Überlegenheit aufgefüllt, sondern frei für die Entfaltung der beteiligten Subjekte. Im *transzendenten Raum* hingegen kann sich das Subjekt in der projizierten Erhabenheit und Überlegenheit vergrössert spiegeln und in dieser Grösse zu verwirklichen suchen.

Der in der Transzendenz gebotene Verzicht auf das Begehren konsolidiert die Herrschaftsverhältnisse und verhindert den Genuss am anderen, der anders ist als ich. Im Versuch, das Begehren aufzugeben und den Aggressionen im Dienste des Ich zu entsagen, manifestiert sich die Hoffnung, auf die Anerkennung als Subjekt verzichten zu können, um so Nähe und Aufgehobenheit zu erfahren. Es ist ein ständig wiederkehrender Versuch, mit der Auflösung des Ich, mit dem Verzicht auf die eigenen konstruktiven Kräfte einen Platz zu finden im anderen, in der Beziehung zu dem *Grossen Anderen*, der immer da ist, gegenwärtig ist, weil die Ichauflösung auch immer da ist, immer geleistet wird. Er bleibt sogar über das eigene Sein hinaus noch da, er ist ewig – schon nur, um die eigenen Grössenphantasien nicht enden zu lassen. Nur ein aufgelöstes Ich ist zu solchen Projektionen fähig. Sie ermöglichen ihm, Schutz in der Verschmelzung mit dem *Grossen Anderen* – und damit in der Regression – zu suchen und zu finden. Das gehört zu den Voraussetzungen für die Konstituierung eines Herrschaftsdiskurses.

Der *transzendente Raum* – oder mit anderen Worten der Raum, der die Beziehung zu einem *Erhabenen* ausmacht – unterscheidet sich nicht von einer anderen hierarchischen Beziehung. Es ist eine Hochrechnung von Erwartungen und Projektionen, die mit einer Selbstaufgabe erwirkt werden wollen. Es ist nicht ein *neuer* Raum, wie er im intersubjektiven Diskurs eröffnet wird. Gerade dieser kennt keine Vergrösserung von Ich, sondern drängt es zurück in die Bescheidenheit der Differenz. Im *transzendenten Raum* hingegen versucht das Ich – mittels einer Verschmelzung mit der Projektion von Erhabenheit und Überlegenheit – das eigene Defizit aufzuheben, um *über-legen* zu werden. Die Transzendenz bleibt eine Variante des Herrschaftsdiskurses. Die Entwertung des menschlichen Lebens als solches ergibt keinerlei Sinn, ausser die Machtverhältnisse sollen damit stabilisiert werden.

Sowohl im transzendierten Raum als auch in der Ehe von Frau Sutter ist der Verzicht auf die Aggressionen im Dienste des Ich das Bindemittel für die Beziehung: Einem anderen die Macht über sich zu übergeben, sichert diesem anderen seine Macht und beiden die Beziehung. Die Angst erhält in dieser Beziehungsstruktur unweigerlich einen dominanten Platz, weil der beidseitige Verzicht auf die konstruktiven Aggressionen Ohnmacht zur Folge hat.

Der Hass vereint in der Verneinung

Nähe und Gemeinschaft ist, so die Erfahrung beider Beteiligten in dieser Ehe, nur über Gewalt erreichbar. Frau Sutter und ihr Mann sind verstrickt in Gewalttätigkeit sowohl psychischer als auch physischer Art. Um auszubrechen aus diesem Diskurs, mangelt ihnen einerseits die Erfahrung einer Alternative, eines intersubjektiven Diskurses, andererseits verzichten sie gerade auf diesen Diskurs, um sich des anderen versichern zu können. Sie verzichten auf sich als eigenes Ich, weil sie es dem anderen schulden, um Nähe und Liebe zu erfahren. So haben beide in unterschiedlicher Art Macht über den anderen, und werden begleitet von der Angst, diese Macht zu verlieren. In diesem Sinne handelt es sich bei der Verlustangst nicht, wie gerne angenommen wird, um die Angst *vor* dem Verlust der geliebten Person, sondern vor dem Verlust der Macht über diese Person.

Um diese »Verlustangst« zu beruhigen kann das Paar die Gewalt verschärfen, entwertende Handlungen und Aussagen steigern, Demütigungen austeilen und in Kauf nehmen, um sich damit des anderen in seiner Angst und Ohnmacht zu versichern. Der Hass zeugt von der Bindungslosigkeit eines Subjekts, das heisst, dem Hassenden mangelt es an einer grundlegenden intersubjektiven und damit verbindlichen Beziehungsstruktur, er ist einsam und alleine und versucht sich Beziehung zu sichern, indem er gewalttätig wird. In diesem Sinn ist der Hass der aufs Höchste gesteigerte Ausdruck hierarchischer Beziehungsstrukturen. Genauso wie die Angst ist er nicht angeboren, sondern eine Folge des Herrschaftsdiskurses. Der Hass ist der pervertierte Versuch, als Subjekt wahrgenommen zu werden und Anerkennung zu erlangen.

Auch die Opferposition ist ein Trug: Ein Opfer ist nur dem Schein nach angsterfüllt, ohnmächtig, hingegen sehr wohl hasserfüllt. Es verlegt seinen Hass auf ein »schuldiges« Gegenüber und richtet sich in der Opfernische ein. Dort haust es sich nicht schlecht, dort wird es umsorgt, kein Hass und kein Neid wird ihm angelastet. Im Gegenteil: Es lohnt sich, diese Position einzunehmen, verspricht sie doch genügend gesellschaftliche Aufmerksamkeit und Anerkennung. Doch auch hinter dieser Rolle sind Einsamkeit und ein existenzieller Mangel an Subjektivität festzustellen, weil Gewalt als Mittel genutzt wird, um Bindung und Anerkennung herzustellen.

Wer würde sich in einen lebensgefährlichen Kampf verwickeln lassen, wie es zum Beispiel ein Krieg ist, wenn es keine Zuschauer und Anhänger gäbe? Keine Helden? Keine Märtyrer? Keine Anerkennung? Kein Dazugehören? Ian Kershaw zitiert in seinem Buch *Höllensturz* den deutschen Kaiser, der am 1. August 1914, nach der deutschen Kriegserklärung an Russland, zu rund 50'000 Bürgern sagte: »Kommt es zum Kampf, so hören alle Parteien auf! (...) Ich kenne keine Parteien und auch keine Konfessionen mehr; wir sind heute alle deutsche Brüder und nur noch deutsche Brüder.« Die Konstruktion eines »eigenen, gemeinsamen« Feindes vermag die Projektionen des Hasses anzukurbeln, sie zu bündeln, die Differenz(en) aufzuheben und die Menschen neu zu verbinden in *einer grossen* Bruderschaft. Dieses *grosse Etwas*, das den Krieg ermöglicht, bietet die Grundlage für Heroismus und Märtyrertum, die grosse Anerkennungen versprechen. Genau da, im Dienste der bestehenden Machtverhältnisse.

Stefan Zweig wird im gleichen Buch zitiert, ebenfalls im Vorfeld des Ersten Weltkrieges: »Aufzüge formten sich in den Strassen, plötzlich loderten überall Fahnen, Bänder und Musik, die jungen Rekruten marschierten im Triumph dahin, und ihre Gesichter waren hell, weil man ihnen zujubelte.« Er, so Zweig, habe gespürt, wie sein »Hass und Abscheu gegen den Krieg« zeitweilig überwältigt worden sei durch etwas »Grossartiges, Hinreissendes und sogar Verführerisches«.

Der Held stützt den Gewaltdiskurs

Auch der Heldenmythos lebt von der Sehnsucht nach Anerkennung und Gemeinschaft und impliziert stets Gewalt. Ein Held ist bereit, sein Leben einzusetzen und allenfalls zu *opfern*. Er ist ein Märtyrer, ein Opfer von Gewalt. So kann sich die Möglichkeit, als Selbstopfer Anerkennung zu bekommen, zwar zum Märtyrer-Kult auswachsen, es bleibt aber ein Gewaltdiskurs. Das Opfer, auch das Selbstopfer, wird im Herrschaftsdiskurs gestützt, weil es einerseits seinen Hass auslagert und andererseits auf die konstruktiven Aggressionen der Subversion verzichtet. Obwohl es vorgibt, dass es im *Kampf gegen* grundsätzliche Veränderungen anstrebt, schafft es nicht wirklich Neues, sondern stellt nur eine zusätzliche Variable im Herrschaftsdiskurs dar.

Ein Opfer/Selbstopfer bleibt eingeschlossen in die Dynamik der Gewalt, in die Hierarchisierung und Etablierung von Machtverhältnissen. Es beschränkt sich darauf, via Schulddiskurs Macht über einen anderen zu errichten und zu sichern. Ein Held bringt nichts Neues hervor. Er lagert seinen Hass auf einen anderen aus, inszeniert die Angst *vor* diesem anderen – und den Kampf dagegen. Dies gilt ihm als Rechtfertigung für die Gewalt, die er anwendet.

Solange die Angst als ein Gefühl definiert wird, das eine drohende Gefahr anzeigt und das Subjekt davor warnt und schützt, erhält sie einen legitimen, unanfechtbaren Stellenwert. Damit wird sie jedoch als Ausdruck der Ohnmacht und als Indikator eines bereits geschehenen Gewaltaktes verkannt. Als Hinweis auf eine Gefahr genügt die Furcht, die ein Subjekt dazu bringt, ein schützendes Reaktionsmuster zu entfalten. Die Furcht entspringt nicht einer Position der Ohnmacht, sondern vermag die Macht zu generieren, im Dienste des Ich zu handeln. Die Angst muss als Indikator eines bereits geschehenen Gewaltaktes erkannt und darf in keinerlei Hinsicht legitimiert werden, etwa als Schutz vor Gefahren oder gar als Antrieb für Innovation und Erfindung. Versteht man sie so, spricht man ihr eine Kraft zu, die sie als Ausdruck der Ohnmacht nicht hat. Angst ist mit Schmerz zu vergleichen und als solcher zu verstehen. Der Schmerz ist und bleibt ein Zeichen von Gewalt. Diese Gewalt zu entlarven ist wichtig, um den Schmerz, die Angst zu beseitigen, anstatt ihr einen ehrenvollen Ort zuzuweisen und sie womöglich noch als kulturelle Leistung zu würdigen.

Die Angst wird zur Geborgenheit

Ein Übergangsobjekt
kann ein Teddybär, ein Tuchzipfel oder irgendein Objekt sein, das sich das Kind im ersten Lebensjahr auswählt und dann über Jahre hinweg behält. Das Übergangsobjekt ist immer klein, handlich und tragbar. Es wird zum bevorzugten Utensil und erweist sich als unentbehrlich beim Zubettgehen, bei Ausflügen, bei Besuchen – wo und wann auch immer. Das Objekt des Übergangs gewährleistet den Übergang von der Mutter, von der Primärbeziehung weg, hin zu anderen Beziehungen. Das Kind bestückt und beseelt es mit der Erfahrung der mütterlichen Fürsorglichkeit und Verbindlichkeit, mit der erlebten Beziehungs- und Trennungsform. Damit wird der Teddybär zum Garant der Ablösung des Kindes und seiner Hinwendung zu anderen Beziehungen. Die Wichtigkeit und Unentbehrlichkeit des Übergangsobjektes verliert sich mit den Jahren, sobald sich die Erfahrung des eigenen Ich gefestigt hat.

Frau Sutter erinnert sich nicht, ein Übergangsobjekt besessen zu haben. Aufgewachsen in einem Bezugsystem, in dem sie die Verantwortung für die Befindlichkeit eines anderen übernehmen musste, in dem ihre Autonomiebestrebungen zur Schuld gegenüber dem anderen gerieten (was sich in der Ehe wiederholt: Sie übernimmt die Verantwortung für die Schläge ihres Mannes), wird ihr die *Ohnmacht* zur Geborgenheit. Beziehung bedeutet für sie Ohnmacht und Trennung bedeutet für sie Ohnmacht. Denn eine Trennung von dieser Form der Selbstobjekt-Beziehung ist nicht vorgesehen, die Ablösung bedeutete für dieses Kind, bedeutet für diese Erwachsene Einsamkeit. Ihre Ohnmacht wird ihr zur Sicherheit. Die Ohnmacht wird für sie und ihren Mann zu dem, was Beziehung bedeutet. Die Angst wird ihnen zum Garanten für Nähe und Aufgehobensein. Im abgesteckten Rahmen dieser Angst spielt sich das Leben der beiden nun ab. Ein innovativer Handlungs- und Denkraum ist nur teilweise oder gar nicht mehr verfügbar.

Ein freundlicher, wohlwollender Teddybär zeigt die Erfahrung einer Primärbeziehung, in welcher – in der Übertragung auf die Welt und ihre Bewohner – diese als wohlwollend und anerkennend erfahren werden können. Das Erleben der »Welt« steht in einem direkten Verhältnis zur Selbsterfahrung des Kindes und der erwachsenen Person als Subjekt. Wenn Frau Sutters Übergangsobjekt die Angst ist, vorwiegend die Angst *vor* der Schuld, dann wird sie die Welt dementsprechend erfahren und alle Argumente, die ihr das ausreden möchten, werden sich verflüchtigen unter dem Eindruck einer jahrelangen Beziehungserfahrung, die ihr beibrachte, schuldig an einem Opfer zu sein. Frau Sutter wird das väterliche Erbe nicht einfordern, sie wird sich der Welt enthalten, sich diese nicht gestalterisch und auch geniesserisch aneignen, sich nicht bemerkbar machen und letztlich nichts einfordern, um ihr Wohlbefinden zu verbessern. Sie wird die Welt von sich entlasten, so wie sie es gelernt hat in ihrer Kindheit und in ihrem Aufwachsen; sie wird die Welt von ihren Ansprüchen entlasten. Nur ab und zu wird eine Ahnung von Subjekt-Sein aufflackern, die sich aber angesichts der aufkommenden Angst *vor* der Schuld schnell verflüchtigen wird.

Frau Sutter hat ein Jahr, nachdem sie wieder zu ihm zurückgegangen war, ihren Mann angezeigt. Drei Jahre später hat sie mich angerufen, um von mir nochmals die Adresse zu bekommen, die ich ihr für ein Studium als Modedesignerin angegeben hatte.

Die Angst gebiert die Hoffnung – und umgekehrt

Bis es so weit war, setzte Frau Sutter auf die Hoffnung, dass ihr Mann sich bessere. Auch er setzte auf die Hoffnung, sie käme endlich zur Vernunft. So verblieben beide im Getriebe der psychischen und physischen Gewalt. Ihrer beider Hoffnung antizipierte ein Ende ihres Zustandes und verhiess ein gemeinsames Glück, wenn nur der andere anders wäre oder sich anders verhalten würde. Der andere habe sich nur dem eigenen Ich besser anzugleichen, dann wäre alles gut oder sicherlich besser. Diese Hoffnung strebt die Aufhebung der Differenz an und nicht die Anerkennung der Differenz. Denn diese würde benennen, was Tatsache ist: Der Ehemann schlägt die Ehefrau, die sich ihrerseits verlässlich unterwirft. Würde die Differenz anerkannt, wäre eine Trennung viel früher möglich, weil die Aggressionen im Dienste des Ich eingesetzt werden könnten, um beide Subjekte in andere Beziehungszonen zu bringen, die wohlwollender und erfreulicher wären. Die Hoffnung liess die beiden jedoch im Zustand der passiven Erwartung, dass sich der andere dem jeweiligen Ich angleichen würde.

So kann die Hoffnung, etwa diejenige auf einen Verhaltenswechsel des anderen, verheerende Tragödien begünstigen. Indem beide die Differenz mit der Hoffnung aufzuheben versuchen, verbleiben sie in einer vernichtenden Position und in einer vernichtenden Beziehungsstruktur. Mit der Verkennung der Differenz des anderen werden auch die konstruktiven Kräfte im Dienste des Ich nicht einsetzbar, weil sie in der *Passivität der Hoffnung* nicht vorgesehen sind. Das hoffende Subjekt setzt auf das andere Subjekt und überlässt ihm die Verantwortung für das eigene Wohlergehen. Gleichzeitig darf es sich nicht zur Wehr setzen, weil der andere sonst seine Macht über es verlieren würde. Es ist die Angst, welche die Hoffnung gebiert. Die Angst – sprich: die Entbehrung der konstruktiven Aggressionen – kann nicht anders, als sich der Hoffnung zu bedienen, weil der Hoffnung die Aggressionslosigkeit, der Verzicht auf das Ich-Sein inhärent ist.

Die Hoffnung hat sich aus der Zeit der kindlichen Abhängigkeit in das Erwachsenenleben hinübergerettet, aus einer Zeit, in der sie das Kind einen Ausweg aus der Angst und Ohnmacht phantasieren liess. Die Möglichkeit eines Kindes, sich eine Verbesserung seiner misslichen Situation vorzustellen, ist ein Schutz, der hilft, das Bestehende zu überleben. Die Hoffnung enthält das Versprechen, dass der Schmerz ein Ende haben wird. Sie antizipiert die Erlösung aus einem unerträglichen Zustand. Im Erwachsenenleben kann diese Hoffnung zu einem regressiven Verhalten führen, weil die Eigenverantwortung in die Hände eines anderen gelegt wird. Denn die Hoffnung entwirft keine Auswege, keine möglichen eigenständigen Wege, um aus der misslichen Lage herauszufinden. Stattdessen überantwortet sie die Erlösung einem anderen, der damit die Macht über das hoffende Subjekt hat. Die Hoffnung entbindet von der Eigenverantwortung und bindet an die von ihr autorisierte Macht. Diese Überantwortung hierarchisiert die Beziehung. Bestürzend ist dabei, dass die Hoffnung oft jene Person autorisiert, welche die missliche Situation herbeigeführt hat. Dieser Umstand weist uns den Weg zurück in die kindliche Erfahrung, in der die primäre Bezugsperson in der Lage hätte sein sollen, dem Kind das zu erfüllen, was es später mit der Hoffnung antizipieren muss. Andernfalls übernimmt der »hoffnungsvolle« Erwachsene – nebst den verständlichen Versuchen, dem Subjekt der Primärbeziehung eine Chance für Wiedergutmachung einzuräumen – die hierarchischen und von Abhängigkeit geprägten Beziehungen der Kindheit und bedient sie weiterhin. Die Hoffnung ist also Teil des Herrschaftsdiskurses, weil die konstruktiven Aggressionen, die eine hoffnungslose Situation beenden könnten, fehlen. Sie verspricht die Besserung der bestehenden Verhältnisse und rechnet nicht, will nicht mit dem Wirken des Subjekts hin zu diesem Ziel rechnen.

Die Furcht gebiert die Zuversicht

Die Zuversicht ist anderer Herkunft. Sie ist das Produkt einer intersubjektiven Beziehung, in der das eine Subjekt das andere als anders anerkennt. In diesem Geflecht von Vertrauen und Zulassung der konstruktiven Aggressionen im Dienste des Ich wird die Hoffnung überflüssig. Die Basis ist das Vertrauen in sich und die Beziehung, das weder durch Hoffnung noch durch den Glauben an das Handeln eines anderen ersetzt werden muss. Die Zuversicht ist auf eine verlässliche, intersubjektive Beziehung zurückzuführen. Hier führt keines der Subjekte ein anderes in die Not, um dann als Retter aus ebendieser Not anerkannt zu werden.

Solche Fixierungen auf die »falschen« Retter können oft ein Leben lang bestehen bleiben und verhelfen vielen Beziehungen zu ihrer vermeintlichen Stabilität. In der Zuversicht jedoch bleibt die Verbindung zum Ich bestehen, das Ich bleibt sich selber am nächsten. Diese Verbindung zum Ich ist das Resultat einer intersubjektiven Erfahrung der Anerkennung der Differenz. Das muss man sich nicht als wohlwollende Geste vorstellen, mit der einer sich ermächtigt, den anderen anzuerkennen oder eben nicht anzuerkennen. Vielmehr ist es das selbstverständliche Ergebnis einer Beziehung, in welcher der Subjektstatus nicht bedroht wird, um Hierarchie einzurichten. Erfährt ein Subjekt sich selber als different, bedeutet das, dass auch der andere als different anerkannt wird. Die Kinder dieser Paare werden, eingebettet in diese Dynamik, sich selber als Subjekte erleben können.

Die Anerkennung des anderen als anders beginnt beim eigenen Ich, das sich in einem herrschafts- und wertfreien Raum konstituiert. Bleibt diese Anerkennung aus, wird die Beziehung im Herrschaftsdiskurs aufgebaut. Die Suche nach Auswegen aus diesem Diskurs bleibt systemimmanent und ist daher vergeblich. In diesen hierarchischen Gefällen kann Anerkennung verteilt oder nicht verteilt werden, je nach bestehenden Machtgelüsten. Demgegenüber besteht im intersubjektiven Diskurs die Anerkennung des anderen per se, weil der Subjektstatus nur erreicht und gehalten werden kann, wenn die Differenz des anderen anerkannt wird. Die Zuversicht unterscheidet sich von der Hoffnung durch die Möglichkeit, auf Verbindung, Anerkennung und die Aggressionen im Dienste des Ich zurückzugreifen. Die Zuversicht ist die Verlängerung eines erfahrenen Wohlwollens, die Hoffnung ist die Verlängerung einer erfahrenen Ohnmacht, der eine mögliche Veränderung in Aussicht gestellt wird. In der Zuversicht nutzt das Subjekt aktiv seine Handlungsmöglichkeiten, in der Hoffnung werden sie jemand anderem überantwortet. Die Angst gebiert die Hoffnung, die Furcht gebiert die Zuversicht.

Die Anlehnung an die Ablehnung

Die Hoffnung kittete das Ehepaar Sutter noch eine ganze Weile zusammen, bis Frau Sutter es sich erarbeitet hatte, die Beziehung aufzugeben und zu handeln, um sich zuversichtlich eine neue Zukunft aufzubauen. Sie gab die Hoffnung auf, dass ihr Mann sich ändern und ihr Autonomie und Bedeutung zugestehen würde. Diese Hoffnung auf Anerkennung als Subjekt ist alt, so alt wie der Herrschaftsdiskurs. Und sie hält sich weiterhin, weil es ein aussichtsloses Unterfangen bleibt, die Anerkennung dort zu suchen, wo sie aus Gründen der Macht verwehrt wird. Die Hoffnung dient dabei als Motor, um die bestehenden Machtverhältnisse zu erhalten und auszuhalten. In ewiger Dankbarkeit an ihre Adoptiveltern gekettet, die sie aus »desolaten« Verhältnissen gerettet hatten, bedeutete die Ablösung für Frau Sutter einen Verrat an den Ersatzeltern, denen sie mit ihrer Anwesenheit die Gründung einer Familie ermöglicht hatte. Die Adoptivtochter hatte die Ehe der Adoptiveltern gekittet, die Familie vervollständigt und ihrem Zusammenleben Sinn gegeben. Verlässt sie deren Haus, entfällt diese wichtige Funktion. Und fordert sie beim leiblichen Vater ihren Anteil am Erbe ein, »betrügt« sie einerseits ihre Halbgeschwister um diesen Anteil und zerstört andererseits das Selbstbild des Vaters, das er bis anhin aufrechterhalten konnte – nämlich dass er keine ausserehelichen Kinder hat. Frau Sutter hat ihren Wert über ihre Funktion im familiären Gebilde, über ihre Funktion für einen anderen gemessen. Würde sie sich von der Familie trennen oder ablösen, wären Wert- und Sinnlosigkeit die Folge. So schuldet sie sowohl den Eltern als auch ihrem Ehemann ihr weiteres Funktionieren. Mit der Hoffnung konnte sich Frau Sutter eine ausgewogene und intersubjektive Gemeinschaft phantasieren, ohne zur Verräterin an den Adoptiveltern, ohne schuldig am anderen zu werden. Ohne aufbegehren und gegen ihre Vernichtung als eigenständiges Subjekt kämpfen zu müssen.

Zurück bleibt die Frage, warum die Hoffnung ihre Kraft nicht verliert. Sie scheint nicht sterben zu wollen, sie wird sich immer wieder erneuern. Die Hoffnung verheisst dem Ich eine gerettete Beziehung, ein wohlmeinendes und anerkennendes Subjekt. Sie birgt die Sehnsucht nach einer schützenden Hand über dem eigenen Leben, die Sehnsucht nach Behütet- und Aufgenommensein.

Die Hoffnung zeigt auf, dass sich eine Beziehungsform, welche die Anerkennung der Differenz versagt, wiederholt. Sonst würde die Hoffnung gar nicht gebraucht. So lehnt sich das Ehepaar Sutter an die Ablehnung des jeweils anderen an und erhofft sich, hier Bedeutung und Wichtigkeit als Subjekt zu erfahren. Sie und er hoffen, sich zu berühren und berührt zu werden in seinem/ihrem Ich, ohne eine Funktion im Dienste des anderen übernehmen zu müssen.

Die Hoffnung bleibt, psychoanalytisch gesehen, ein Abwehrmechanismus. Sie ermöglicht in einer bestehenden misslichen Situation, sich zurechtzufinden und diese aushaltbar zu machen, ohne damit das System der Mächte zu destabilisieren. Die Hoffnung kann gefährlich und unter Umständen tödlich sein. Sie bietet keine Analyse der Gewalt. Sie deckt den Herrschaftsdiskurs als Ursache der Angst und der von ihr angetriebenen Hoffnung nicht auf. Sie bleibt eine Verbündete der bestehenden gewalttätigen Machtverhältnisse. Die Trauer über den Verlust des Bildes, das die Hoffnung genährt hat, wird Frau Sutter jene Leichtigkeit bringen, die sich erst in der Freiheit und in der Unabhängigkeit entfalten kann. Das geht einher mit der Wahrnehmung des Rechts, sich seiner selbst, seiner Wünsche und Bedürfnisse, seiner Selbstbestimmung zu bemächtigen, sich als Subjekt im intersubjektiven Reflexionsraum zu positionieren und einen eigenständigen Widerhall zu geben. Darin eingebunden sind die Furcht und die Zuversicht, welche die verlässlichen und erwünschten Regulatoren bleiben.

Die Angst kennt keine Gefühle

Das Elternhaus von Frau und Herr Sutter war geprägt von zwar anwesenden, emotional jedoch abwesenden Vätern, welche die Beziehung zu den Kindern ihren Ehefrauen überliessen. Die Beziehung zum Vater blieb bis ins Erwachsenenalter nur unter der Kontrolle der Mutter vorstellbar. Die emotionale Abwesenheit des Vaters begünstigt die Macht der Mutter, die damit nicht infrage gestellt wird. In Ermangelung der väterlichen Zuwendung und emotionaler Zuständigkeit gewinnt die mütterliche Beziehung an Gewicht und Grösse und setzt das Kind ihrem Angebot und ihren Ansprüchen macht- und schutzlos aus. Und ausserdem – die Mutter ist letztlich kein Ersatz für den Vater.

Frau Sutter hat bereits als Kind gelernt, die Verantwortung für die Befindlichkeit des anderen zu übernehmen, ihre Funktion war, Familie zu bilden, der Mutter einen Lebenssinn zu geben und die Unfruchtbarkeit des Vaters auszugleichen. Ausserhalb dieser Funktion bestand kein Anspruch auf eine Anerkennung als Subjekt. Das Verbindende in Frau Sutters Ehe ist die Angst, die Hoffnung und das Mitleid, die beiderseits einen Verzicht auf die Anerkennung der Differenz voraussetzen. Der eine hat sich dem anderen für die Befriedigung seiner Bedürfnisse und Wünsche zur Verfügung zu stellen, und das halten sie für Liebe, so denken sie und so lieben sie. Ihr Selbstwertgefühl nährt sich vom Abtragen der Schuld, es ausserhalb dieses Kontextes zu gewinnen, ist kaum mehr möglich. Die Aggressionen im Dienste des Ich bleiben gebunden an den Dienst am anderen, was unausweichlich Angst und Ohnmacht mit sich bringt.

In der Angst gibt es keine Gefühle mehr, Gefühle wie Trauer, Freude oder Wut. Die Angst wird in dieser Beziehung – zusammen mit der Schuld – zum Übergangsobjekt, zum verbindenden Teddybär. Sie lässt keine emotionale Beteiligung am Leben und am Genuss mehr zu – und letztlich auch keine Beteiligung an der Liebe. Frau Sutter sagt immer wieder, sie fühle sich leer, ihr Ich sei ausgesogen und das, was geblieben sei, müsse sie erbrechen. Ihre Wut wandelt sie in Mitleid, um sie nicht als zerstörerisch gespiegelt zu bekommen und damit schuldig zu werden. Aus der Perspektive der Angst und Ohnmacht ist die freie Sicht auf die Welt versperrt und der Ausblick in die Zukunft eine hochgerechnete Angst.

Eigenverantwortung lässt sich nicht delegieren – auch nicht in einer Demokratie

Die Aggressionen im Dienst des Ich sind das Instrument, mit dem das Ich die Verantwortung für sich selber übernehmen und regulieren kann. Aus diesem Grund können sie nicht delegiert werden. Sie bleiben im Dienst eines Ich, gehen aus diesem hervor und gehen dahin zurück. Eine Ausnahme bilden Menschen mit Behinderung und Kinder in einem abhängigen Alter, da sie darauf angewiesen sind, dass ihnen zum Beispiel Nahrung bereitgestellt wird. Alle anderen Aggressionen, auch wenn ihnen ein Dienst am Guten oder an einer Mehrheit, einem »kollektiven Ich« zugeschrieben wird, sind Grössenphantasien und damit aggressiv. Die Verantwortung für die Interessen mehrerer Subjekte übernehmen zu wollen, sei es als ArbeitgeberIn oder als gewählte/r PräsidentIn einer Nation – um welche Institutionen es sich handelt, spielt keine Rolle –, ist per se uneinlösbar. Es wird zwar versprochen, kann jedoch nicht eingehalten werden. Die Verantwortung auszulagern, die Aggressionen im Dienste des Ich aus den Händen zu geben, bedeutet, sich Angst und Ohnmacht einzuhandeln. Es ist ein destruktiver und selbstdestruktiver Akt.

Die Idee, als »gut« wirkendes Subjekt gewählt worden zu sein, trügt, weil in diesem Narrativ das Gute erst durch die Eliminierung des Bösen, des anderen gewährleistet werden kann. Gewählt wird der- oder diejenige, der die Idee des Ausschlusses von anderen und die Idee des Einschlusses teilt, womit das Gute bereits bewirkt sein soll. Es ist nicht möglich, die eigene Verantwortung an jemand anderen zu übergeben, auch nicht im demokratischen Rahmen einer Mehrheit. Denn diese Mehrheit ist nicht das Abbild einer konstruktiven Idee, als die sie gesehen werden will, einer Wendung zum Guten, zum Besseren oder auch einem Verbleib im Bestehenden. Vielmehr steht sie für die Überantwortung destruktiver Aggressionen an gewählte Parteien oder Personen, die diese Aggressionen unterschiedlich bedienen. So lange die Aggressionen ausgelagert werden, herrscht der Schulddiskurs vor und wird der Dienst am Ich verfehlt. Davon zeugt, zumindest in der Schweiz, auch die sinkende Stimmbeteiligung. Sie ist nicht Ausdruck einer teilnahmslosen und *passiven* Wohlstandsgesellschaft, sondern Zeichen dafür, dass sich die Stimmbürgerinnen und -bürger vermehrt gegen den Schulddiskurs und damit gegen die Auslagerung ihrer konstruktiven Aggressionen zur Wehr setzen.

Eine Veränderung zum Besseren ist nur möglich, wenn der Schuld- und Opferdiskurs in einen intersubjektiven Diskurs gewendet werden kann, damit die Aggressionen im Dienst des Ich verbleiben können. Die Auslagerung der eigenen Verantwortung hingegen bindet den anderen unmissverständlich in diese Verantwortung ein. Sie ist die Voraussetzung, um Machtgefälle und Abhängigkeit einzurichten, um der Angst ihren prominenten Platz zu sichern und eine mögliche intersubjektive Regulierung zu verhindern. Innerhalb dieses Narrativs wird, je nach politischer Richtung, Macht verteilt und werden Machtverhältnisse verschoben oder beibehalten. Es erübrigt sich, diese Machtverhältnisse zu werten, sie als gut oder schlecht, positiv oder negativ zu bezeichnen, weil damit nur der Schuld- und Opferdiskurs angeheizt und am Leben gehalten wird. Der intersubjektive Raum mit seiner Anerkennung der Differenz ist in diesem Diskurs zugunsten der Egalisierung in einem Mehrheitssystem ausgeschaltet.

Die Differenz äussert sich in diesem System im Defizit, in der Unterscheidung von Arm und Reich, Macht und Ohnmacht, und nicht in der Differenz eines Subjektes zu einem anderen Subjekt. Anerkennung wird im Narrativ von Macht und Reichtum angestrebt. Dementsprechend werden die Ohnmacht und die Armut verachtet und meist als selbstverschuldet hingestellt und werden jene, die keine Macht haben, herabgesetzt. Diese Wertungen werden auch Teil der sexuellen Attraktion: Reichtum und Macht sind sexy, unabhängig und losgelöst vom Subjekt.

Die Macht des Mächtigen und Reichen wird oftmals als Garant für Schutz und Sicherheit gesehen, in der Fortsetzung einer berechtigten Erwartung des Kindes an die Eltern. Diese Erwartung kann auf spätere Liebesbeziehungen übertragen werden, aber auch auf Institutionen und politische Instanzen, wo sie jedoch bitter enttäuscht wird, weil die Verantwortung für sich selber nicht delegiert werden kann. Wird sie dennoch delegiert, was der Normalfall ist, wird die Angst Einzug halten, und auch das ist der Normalfall.

Die Aggressionen müssen im Dienst des Ich verbleiben, da sie nur hier genutzt und geregelt werden können. Obwohl politische und andere Instanzen diese konstruktiven Aggressionen für sich beanspruchen und auch versprechen, im Dienste dieser Subjekte zu handeln, ist es nicht möglich, dieses Versprechen einzulösen. Denn Eigenverantwortung zu delegieren ist verantwortungslos und destruktiv, weil das entsprechende Subjekt die intersubjektive Auseinandersetzung verweigert, um in der Nische des Schuldlosen Anerkennung zu erwirken.

Die einzige Gewissheit ist die Ungewissheit

Frau und Herr Sutter haben beim anderen jeweils die Sicherheit und das Aufgehobensein gesucht und nicht gefunden. Im unerbittlichen Kampf gegeneinander versuchen sie, doch noch Schutz einzuholen, den anderen zu gewinnen und dorthin zu bewegen, wo ihre jeweiligen Wünsche sind. Frau Sutter richtet sich lieber eine Identität als Opfer ein, anstatt »Täterin« an ihrem Ehemann zu werden, indem sie ihn verlässt. Wo sollte er ohne sie schlafen, wer würde ihm dann Essen machen? Und so wird er Täter an ihr und wird versuchen, ihr die eigenen Wünsche aus dem Kopf zu schlagen. Beider Erwartungen werden enttäuscht, und doch halten sie daran und aneinander fest. Die Gewissheit, mit der sie davon ausgehen, dass der andere ihre Erwartungen zu erfüllen hat, zeugt von einer gewalttätigen Absicht. Es kann so weit gehen, dass sie meinen, ihre Wünsche nicht einmal mehr formulieren zu müssen, weil sie der Ansicht sind, dass diese an ihren Lippen abgelesen werden müssten.

Im intersubjektiven Diskurs werden die Wünsche des Gegenübers anerkannt, ohne dass es für das Bestehen der Beziehung zwingend ist, sie zu erfüllen. Die Verantwortung für die eigenen Wünsche und Bedürfnisse zu übernehmen, ist Voraussetzung für eine intersubjektive Beziehung. In einer weit verbreiteten Vorstellung von Liebesglück wünschen sich Frauen rote Rosen und Schmuck und die Männer Bewunderung für das Erkennen und Erfüllen dieser Wünsche. Diese Vorstellung mag als konservative Formel der Anerkennung ihre Gültigkeit haben, doch sollte sie überprüft werden auf die wirklich erwünschte Anerkennung als Subjekt. Diese verlangt *mehr* als materielle Geschenke, sie verlangt die Bereitschaft zur intersubjektiven Auseinandersetzung zwischen zwei eigenständigen Subjekten und mit sich selber.

Die Gewissheit der Eheleute Sutter, wonach der andere die jeweiligen Wünsche zu erfüllen hat, lässt das Paar im Bannkreis von Erwartungen und Enttäuschungen, von physischer und psychischer Gewalttätigkeit verbleiben. Den Ausweg zu nutzen, den die Anerkennung der Differenz bietet, fällt erstaunlicherweise schwer, nicht zuletzt deswegen, weil die beiden beteiligten Subjekte die Kontrolle über den anderen verlieren würden und die Verantwortung für ihre Gemeinheiten nicht mehr auslagern könnten. Des Weiteren antizipiert Frau Sutter den Ausweg als Fortsetzung der bestehenden Gewalt: wenn sie ihren Mann verliesse, würde er sie noch mehr bedrohen und schlagen, sagt sie. Ihre *Angst vor dem Ungewissen* ist paradoxerweise nicht das Nichtwissen, sondern die Hochrechnung des bestehenden Gewaltverhältnisses.

Die Schuld kann nicht eingelöst werden

Es gibt eine kleine Geschichte im Buch *Pünktchen und Anton* von Erich Kästner. Anton kommt von der Schule nach Hause, um seine Mutter, die krank im Bett liegt, zu pflegen und für sie zu kochen. So geht das schon eine ganze Weile. Eines Tages kommt er nach Hause, und seine Mutter begrüsst ihn bereits an der Türe. Sie ist aufgestanden und hat sogar gekocht. Er ist überaus erfreut und glücklich, sie endlich wieder gesund zu meinen. Sie schöpft das Essen, doch ihr Teller bleibt unberührt. »Die Schweigsamkeit senkte sich wie ein drohender Nebel aufs Zimmer. Schliesslich hielt es Anton nicht mehr aus: ›Muttchen, habe ich nicht gefolgt? Manchmal weiss man das selber nicht ...‹ (...) Dann fragte sie, ohne sich umzuwenden: ›Den Wievielten haben wir heute?‹ Die Mutter hatte heute Geburtstag und er hatte ihn vergessen. (...) Er wünschte sich nichts sehnlicher, als auf der Stelle tot zu sein. (...) Wenn er wenigstens gewusst hätte, wie man ganz schnell krank wird. Dann wäre sie natürlich an sein Bett gekommen und wieder gut gewesen. (...) Da ging er hinaus in die Küche und wartete, dass er weinte. Aber es kamen keine Tränen.« Anton beschliesst für immer wegzugehen. »Nichts als Kummer hatte sie gehabt, nichts als Krankheit und Sorgen. Dass ihr Junge den Geburtstag vergessen hatte, schien ihr von heimlicher Bedeutung. Auch er ging ihr allmählich verloren wie alles vorher, und so verlor ihr Leben den letzten Sinn. Als sie operiert worden war, hatte sie gedacht: Ich muss leben bleiben, was soll aus Anton werden, wenn ich jetzt sterbe? Und nun vergass er ihren Geburtstag!«

Ja, er vergass ihn, weil seine innere Welt nicht diejenige der Mutter ist und er auch gar nicht an diesen Geburtstag zu denken hat. Die Verschiebung der Verantwortung auf ein Kind wirkt sich verheerend aus, weil sich das Kind ausserhalb eines Schulddiskurses – mangels dieser Erfahrung – nicht zu verorten vermag. Einzig ein kleiner Satz weist uns auf eine allfällige Differenzierung hin: Als Anton zu weinen versucht und es ihm nicht gelingt. Die Tränen kommen ihm nicht. Auch krank wird er nicht. Auch tot ist er nicht auf der Stelle. Er versucht, die Position umzudrehen, er versucht, diejenige der Mutter einzunehmen, Opfer zu werden, um wieder in die Beziehung eingelassen zu werden, doch es gelingt ihm nicht. Etwas in ihm widersetzt sich der Identifikation mit der Schuld.

So geht Anton für immer weg. Er *setzt* die Trennung *um*, die seine Mutter mit ihrer Anklage, der Zuweisung einer Schuld an ihn, bereits vollzogen hat. Er gibt seine Eigenständigkeit nicht auf, um der Mutter ihren Sinn – seine Abhängigkeit von ihr – zurückzuerstatten. Frau Sutter erging und ergeht es genauso. Ihre Adoption ist mit einer Schuld verbunden, die sie einzulösen hat – mit ihrem eigenen Ich als Einsatz. Eventuelle Wünsche nach Autonomie und Unabhängigkeit bedeuten für die Eltern, den Sinn ihrer Ehe, ihrer Familie, gar ihres Lebens zu verlieren. Frau Sutter kann diese Schuld niemals einlösen, ohne sich selber aufzugeben. Sie versucht sich in demselben Muster der Selbstaufgabe auch bei ihrem Ehemann, auf den sie – in Identifikation mit der Opferrolle ihrer Mutter – Druck ausübt, um für ihre Opfergabe geliebt zu werden.

Die ausschliessliche Verurteilung der männlichen Gewalt in der Ehe überdeckt die Aggressionen der Ehefrau. Die Destruktivität ihrer Opferposition wird so gefestigt und der bestehende Opfer-/Schulddiskurs nicht hinterfragt. Es ist ein Nullsummenspiel. Die destruktiven Kräfte nehmen den Raum ein und verdrängen die Subversion eines Raumes, der sich neu eröffnen und eine konstruktive Entfaltung ermöglichen könnte.

Die Subversion
ist die Differenz zu einer allgemein anerkannten Wahrheit. Der französische Philosoph Michel Foucault definiert Subversion folgendermassen: »Das Denken und Handeln ist nicht angepasst reproduzierend und damit konsolidierend, sondern eröffnet neues Denken.«

Der Mythos der Mutterliebe

Mit seinem Weggehen verschont Anton seine Mutter vor seiner Wut, jenen Aggressionen, die ursprünglich konstruktive im Dienste des Ich waren, die er nun aber – in der Identifikation mit der Destruktion – zurückhalten will, um nicht ein weiteres Mal schuldig zu werden. Denn diese Schuld ist für ein Kind unerträglich. Mit dem Verlassen der Mutter richtet Anton die destruktiven Aggressionen gegen sich: Auf sich allein gestellt, wird er kaum weiterkommen, wird er verloren sein. Doch besser die Wut gegen sich selber richten als gegen die Mutter. Als weitere Aggression wird ihn die Projektion treffen, die ihn als böswilligen Jungen hinstellt, der eine aufopferungsvolle Mutter verlassen hat.

Demgegenüber wird die Erwartung von Antons Mutter an ihren Sohn gesellschaftlich gestützt und bleibt in vielen Fällen unhinterfragt. So hält auch die Zelebrierung des Muttertages über Generationen hinweg allen Versuchen ihrer Abschaffung stand. Nicht nur, weil die Blumengeschäfte die grösseren Umsätze an diesen Tagen schätzen, sondern auch, weil die Idealisierung der Mutter zu ihrer Abschaffung als eigenständige und begehrende Frau beiträgt.

Jeder Mutter werden per se Liebesgefühle für ihre Kinder zugesprochen, und dafür schulden ihr die Kinder ihr Leben lang Dankbarkeit und Aufmerksamkeit. So wird bereits die Geburt eines Menschen zu einer Schuld. Die Verbindung zur Mutter ist eine schuldvolle, sie kettet das Kind an die Mutter und die Mutter an das Kind. Das erschwert die Ablösung des Kindes von der Mutter und kann einen Verlauf nehmen wie die Geschichte des Ödipus: Die Mutter heiratet den Sohn und der Sohn seine Mutter. Der Vater wird getötet, er hat seine Schuldigkeit – nämlich ein Kind zu zeugen – getan. Hier zeigen sich matriarchale Strukturen, die nicht mehr an den konventionellen Strukturen der Macht und des Reichtums, des Besitzes und Erbes gemessen werden, sondern mit der Idealisierung der Mutter ganz andere Formen der Macht und Gewalt hervorbringen. Die Mütter vieler Attentäter und Diktatoren waren und sind, soweit wir von ihnen Kenntnis haben, »aufopfernde« Mütter, die von ihren Söhnen verehrt und als unantastbar anerkannt wurden und werden. Diese gehen von ihnen weg, um andere Söhne und Väter zu töten, schaffen von den Müttern ein idealisiertes Bild und betonen damit ihre Treue zu ihnen: Die Aggressoren sind nicht die Mütter, ihre Söhne werden zu Aggressoren.

Die Mutterliebe bindet den Hauptteil der Frauen in diesen Mythos ein; nur zirka zehn Prozent der Frauen weltweit sind keine Mütter. Eine Mutter liebt nicht mehr als der Vater, sie liebt anders. Dem Mythos der Mutterliebe verpflichtet, versucht sie ihr Bestes, um letztlich immer an den Ansprüchen der Idealisierung und deren Verpflichtungen zu scheitern. So wird eine Mutter mehr damit beschäftigt sein, diesen Zuweisungen zu genügen beziehungsweise mit den damit einhergehenden Schuldgefühlen fertig zu werden. Da bleibt kaum Raum, um ihr Ich im intersubjektiven Diskurs zu üben, in der Begegnung mit einem Neugeborenen, die mit der Schwierigkeit verbunden ist, sich dialogisch und sprachlich gegenüber einem Kleinkind zu positionieren, das von ihr abhängig und der Sprache nicht mächtig ist, um seine Bedürfnisse und Wünsche kundzutun. Die Sprache der Mutter müsste sich nicht verändern, wenn sie mit dem Kleinkind spricht; sie müsste auch hier ihren Subjektstatus nicht verlassen und sich dem des Kindes angleichen, sondern nur den Säugling als anders, als Nicht-Ich anerkennen und wahrnehmen. Das würde eigentlich genügen. Die idealisierte Mutterliebe hingegen beschwört eine symbiotische, verschmelzende Beziehungsform die – so der gängige Diskurs – sowohl dem Kind als auch der Mutter entsprächen. Um diese Zweiheit zu sprengen, um Mutter und Kind voneinander zu befreien, brauche es den Vater. Der Mythos des Ödipus zeigt auf, was geschieht, wenn der Vater getötet wird und die Funktion des Trennenden nicht bewirken kann: Der Weg wird geebnet zur Vermählung von Mutter und Sohn.

Sich selber entrinnen

Die Idealisierung der Mutter als Figur der Liebe und Verschmelzung entspricht dem Herrschaftsdiskurs: Die Aggressionen im Dienste des Ich werden in »Liebe« aufgelöst und sind nicht mehr vonnöten, das Verschmelzung suchende Ich kommt »wohlwollend« abhanden, es ist von sich selber entlastet. Das Verlangen nach Verschmelzung ist eine gefährliche *Konstruktion*, die der Idee entspringt, dass jeder/jede sich nach Entlastung der Aggressionen im Dienste des Ich sehnt, nach Entlastung von Ich. Doch die Aggressionen im Dienste des Ich sind nie lästig für das Ich; lästig werden sie erst, wenn sie als störend und unerwünscht gespiegelt werden von einem Gegenüber, das sich ansonsten in der Beziehung neu zu verorten hätte. Diese Arbeit wird oft verweigert, weil es einfacher scheint, den anderen zum Aufgeben seiner Aggressionen im Dienste des Ich zu veranlassen – und sei es mit Hilfe des Druckes einer Opferinszenierung. Entlastet werden will das Ich, das seine Subjektposition behauptet, vielmehr von den zu erwartenden Strafmassnahmen. Also hat man es, das Ich, am besten zeitweilig einfach nicht, man gibt es auf, um sich selber zu entrinnen – um Ruhe zu haben –, doch geht es vielmehr darum, dem anderen Ruhe zu geben mit so viel Ich.

Die Verschmelzung hebt die Differenz auf

Die Wünsche nach Verschmelzung benötigen ein *idealisiertes* Gegenüber, einem, dem die Macht zugesprochen wird, diese Wünsche zu erfüllen, welche die bedingungslose Auflösung des Ich zur Voraussetzung haben: die Mutter. Sich als Mutter, als Erfüllerin all dieser Wünsche zu identifizieren, bringt ihr sehr viel Macht. Die ganze abendländische Kulturgeschichte stützt sich auf diese Vorstellung ab. Die Verschmelzung in der Mutterliebe enthebt sowohl die Mutter als auch das (erwachsene) Kind der Verantwortung, als eigenständiges Subjekt handeln zu müssen; beide versprechen sich davon eine entlastete und sorgenfreie »Beziehung«. Ein Versprechen, das nie eingehalten werden kann: Niemand kann sich seines Status als Subjekt entheben. Ist der Mensch erst einmal geboren, ist und bleibt er Subjekt und Verantwortlicher für sich selbst.

Dem mütterlichen Verschmelzungsangebot kann ein Kind also nur entsprechen, wenn sein Ich auf die konstruktiven Aggressionen verzichtet. Genauso verzichtet die Mutter in ihrer Liebe auf diese notwendigen Kräfte. Damit stellt der zelebrierte Wunsch nach Verschmelzung, die in jeder Art der Liebesbezeugung als erstrebenswert und möglich erachtet wird, gleichzeitig die Vernichtung des Subjekts dar.

Die Verbannung aus dem Paradies ist eine Metapher, in der das Paradies als erstrebens- und erhaltenswert und die intersubjektive Auseinandersetzung mit dem anderen und der Welt als Strafe erachtet wird. Der Verschmelzungswunsch ist eine Regression und verweigert die Anerkennung des anderen als anders als Ich. Auch in der Paradiesgeschichte wird für das Narrativ der Selbstaufgabe zugunsten einer glücksversprechenden Verschmelzung plädiert. In denselben Diskurs gehört die Hoffnung. Die Verschmelzung, die Aufhebung der Differenz und damit die Enthebung von der Pflicht, den anderen als anders anzuerkennen, ist ein Schutz vor dem Ausschluss aus Gemeinschaft. Im Falle von Adam und Eva bedeutet dies, dass sie das Paradies als Ort der Gemeinschaft mit Gott, als Ort der ich-auflösenden Verschmelzung mit ihm, verlassen müssen, nachdem sie die Differenz erkannt haben. Es gibt keine Alternative zum bestrafenden Ausschluss aus Schutz und Geborgenheit, kein intersubjektives Beziehungsangebot. Diese Geschichte bildet die Grundlage des Herrschaftsdiskurses.

Auch hier spielt die Angst eine wichtige Rolle, auch hier ist sie Indikator einer bestehenden Gewalt: Der Verzicht auf die Aggressionen im Dienste des Ich will eingelöst werden mit der Konstituierung von Ich, die in der Verschmelzung angeboten wird – also gerade dort, wo sie nicht zu finden ist. Das Ehepaar Sutter hält an dieser Verschmelzung fest. Beide kämpfen auf ihre Art darum, lassen sich nicht los, lassen die Idee der Verschmelzung nicht los, weil die Trennung in ihrer Erfahrung bedeutet, nicht mehr in einer Beziehung aufgehoben zu sein. Die Verschmelzung der beiden Ich zu einem gemeinsamen Ich wird mit allen zur Verfügung stehenden Mitteln angestrebt, und sei es mit Krieg. Ob es sich um einen kleinen oder grossen Krieg handelt, er will den anderen inkludieren, ihn zum Untertan machen, um sich selber zu vergrössern. Und diejenigen, die sich nicht inkludieren lassen, werden ausgeschlossen. Die Verschmelzungsidee, wie sie unter anderem auch in Liebesfilmen vorherrscht, ist Teil des Herrschaftsdiskurses. Es ist die Sehnsucht, das Ich von Ich zu entlasten, um einen Zuwachs an Anerkennung und Zugehörigkeit zu erfahren.

Die Familie als erweiterter Ort der Verschmelzung wird zum Schmelztiegel gewalttätiger Auseinandersetzungen physischer und psychischer Natur. Wohl kaum eine Familie bleibt davon verschont. Und doch wird die Familie tradiert als eine ideale, erstrebenswerte Lebensform der Liebe zwischen Ehegatten sowie Eltern und Kindern. Die innerfamiliären Beziehungsstrukturen entsprechen nie denjenigen, die ausserhalb der Familie zur Geltung kommen und durch Konventionen geregelt werden.

So kann der intersubjektive Diskurs, der den anderen als Nicht-Ich anerkennt, nirgendwo geübt werden. Der Schuld- und Opferdiskurs ist nur ein Versuch, innerhalb von Beziehung die nicht gelungene Verschmelzung zu regulieren. Diese jedoch bleibt das angestrebte Ziel. Es ist der Versuch, sowohl Verschmelzung herzustellen als auch ihr zu entkommen. Er misslingt per se, weil die Strukturen, deren sich dieser Diskurs bedient, keine Autonomie zulassen.

Die Angst – eine Krankheit des Individuums?

Die Angst geniesst zusehends mehr öffentliche Aufmerksamkeit, viele outen sich mit ihrer Angst, was sie aus der Nische der Scham zu befreien vermag. Der Nachteil ist, dass die Angst damit eine Akzeptanz als *Krankheit*, als psychisches Leiden erfährt. Nach den gesellschaftlichen Ursachen wird nicht gefragt. Die Angst bleibt so eine individuelle Störung, die individuell gelöst werden muss. Der Vorteil ist, dass das Outen die Isolation der einzelnen Subjekte aufweicht und Zusammenschlüsse der Betroffenen zwecks Selbsthilfe und Austausch ermöglicht. Allerdings kommen damit intersubjektive Beziehungen, die Auswege aus der Angst aufzeigen könnten, nicht zustande. Die Angst bleibt unangefochten, obwohl viele darunter leiden.

In der Medizin und der Psychologie wird die Angst als Antrieb für kulturelle Leistungen gewürdigt, und man spricht ihr Errungenschaften wie zum Beispiel die Erfindung von Penicillin, vielen weiteren Medikamenten und lebenserhaltenden Massnahmen zu. Die Angst wird gewürdigt als Indikator von Gefahren, denen wir ohne sie ausgeliefert wären. Und sie ist mit Scham verbunden: Wenn die Angst uns packt, sprechen wir in den meisten Fällen nicht darüber, weil sie von Schwachheit zeugt. Das ist insofern richtig, als die Entbehrung der Aggressionen im Dienste des Ich ohnmächtig macht. Doch das Schweigen über die Angst deutet eher auf einen Schutz vor der Verachtung dieser »Schwäche« hin als auf ein Symptom – die Angst –, welche das Subjekt schwächt.

Der verpflichtende Verzicht

Ein Subjekt kann aber auch die konstruktiven Aggressionen *opfern* und die Angst in Kauf nehmen, um sich so Beziehung zu sichern und das Gegenüber in die Kontrolle und Pflicht zu nehmen. Die Mutterliebe ist verpflichtend. Als aufopferungsvolle Liebe drängt sie das Kind zur Anerkennung dieses Opfers – ein unmöglicher Anspruch. Ein Kind hat nicht die Pflicht, die Mutter in ihrer Funktion zu bestätigen. Vielmehr hat die Mutter ihre Verantwortung gegenüber ihrem Kind wahrzunehmen, genauso wie der Vater. Das Kind schuldet den Eltern keine Bestätigung in ihrer Funktion als Garanten seines Wachstums und seiner Entwicklung.

Herr Huber, ein junger Mann, der wegen Angst- und Potenzstörungen zu mir kam, erzählt, dass er jeweils bei der Verabschiedung seiner Mutter, einer 59-jährigen kerngesunden Witwe, mehrmals »ich liebe dich« zu ihr sage, um im Falle ihres Todes kein schlechtes Gewissen zu haben, weil er es ihr zu wenig gesagt habe. Die Mutterliebe fordert ihren Preis bis hin zu inzestuösen Forderungen, die ein Kind – auch wenn es erwachsen ist – nicht zu erfüllen vermag. Diese Witwe drängt sich bis in die sexuellen Phantasien ihres Sohnes hinein, sie behält die Kontrolle bis in seine intimsten Bereiche. Es ist offensichtlich, dass die Idealisierung der Mutterliebe ihren nicht zu unterschätzenden Beitrag an den Herrschaftsdiskurs leistet, weil die Kinder Schuld bereits in der Wiege vorfinden.

Im vorherrschenden feministischen Diskurs wird die Frau und Mutter als Opfer der patriarchalen Strukturen verortet. Ich möchte diese Sichtweise erweitern, um nicht mehr mit Schuld und Opfer zu argumentieren und dem intersubjektiven Diskurs zu seiner Bedeutung zu verhelfen. Das Subjekt konstituiert *sich*, indem es den anderen als anders als Ich anerkennt. Es konstituiert sich in der Anerkennung der Differenz. Diese Arbeit und diese Verantwortung kann es niemandem übergeben. Entspricht die Erziehung der Eltern diesem intersubjektiven Diskurs, wächst das Kind auf, ohne die Aggressionen im Dienste des Ich aufgeben zu müssen. Es wird den Raum, der in diesem Diskurs eröffnet wird, zu nutzen wissen für Wachstum und Entwicklung, Innovation und Kreation. Und es wird diesen Raum nicht mehr missen wollen, weil er das Denken ermöglicht und die Entfaltung des Ich garantiert. Es wird unterscheiden lernen, was in ihm Wohlbefinden auslöst und was nicht. Es wird lernen, sich in Bezug auf andere Subjekte zu regulieren, ohne Kraft dafür aufwenden zu müssen, diese anderen zu beherrschen und in seine Dienste zu verpflichten. Es wird keine Angst kennen, weil die Angst die Ohnmacht ist, die in einem hierarchischen Machtgefälle erzeugt wird. Es wird die Verantwortung für die eigenen Bedürfnisse und Wünsche nicht einem anderen Subjekt als Schuld übergeben. Es wird nicht aufopferungsvoll auf seine konstruktiven Aggressionen verzichten, um verpflichtende Beziehungen und Bindungen herzustellen.

Der Verzicht auf die eigenen Aggressionen im Dienste des Ich wirkt auf das Gegenüber wie ein unausweichlicher Sog, die »bedürftige« Leere des verzichtenden Subjekts füllen zu müssen. So arbeitet Herr Huber mit vielen Liebeserklärungen seine Schuld ab und versucht, die mütterlichen Wünsche nach einem Liebespartner, soweit es ihm als Sohn möglich ist, zu erfüllen, ohne das Inzesttabu zu brechen. Doch die Mutter bricht dieses Tabu, mit ihrem Begehren drängt sie sich ins Schlafzimmer ihres Sohnes, wo ihm die Lust vergeht. Hinter ihrem Verzicht verbirgt sich eine beachtliche Gier, die vom Gegenüber als Druck wahrgenommen wird, als Druck, sie von ihrer Not erlösen und ihre Leere füllen zu müssen. Herr Huber versucht die Gier seiner Mutter zu befriedigen, indem er sie mit Liebeserklärungen füttert. Auf diese Weise drängt sie sich vor als Subjekt seines Begehrens und macht anderen Frauen ihren Platz streitig. Dieser »Kastrationsversuch« ist die Ursache seiner Potenzstörungen.

Auch die Töchter reagieren mit Potenzstörungen, und vielfach versuchen auch sie, sich mit der Fütterung der mütterlichen Gier zu retten. Oder aber sie verweigern diese Fütterung und werden, zum Beispiel, magersüchtig. Mit dem Verzicht auf Nahrung gelingt es vielen jungen Frauen, der mütterlichen Kontrolle über ihren Körper zu entkommen: »Deine Gier hat hier kein Futter mehr.« Sie behalten ihren Körper für sich und widerstehen der Versuchung zu essen, um ihn zurückzuerobern. Diese Mütter werden in ihrer Sorge um ihre magersüchtigen Töchter belassen, sie werden nicht beruhigt, wie es Herr Huber versucht. Sie sollen die Kontrolle über den jugendlichen Körper aufgeben, den die Tochter als begehrten und begehrenden Körper in ihren eigenen Besitz übernehmen will.

Die verschmähte Fütterung der Gier

Töchter reagieren auf die grenzüberschreitenden, sexualisierten Ansprüche ihrer Mütter oftmals mit Essstörungen. Gemäss den Rollenbildern wird der weibliche anatomisch-genitale Innenraum nicht mit sexueller Potenz in Verbindung gebracht, daher wird hier nach anderen Bildern gesucht. Diese Bilder weisen nicht direkt auf die sexuelle Potenz – oder Impotenz der Frau hin: Eine »gescheiterte« Erektion hat kein weibliches Pendant. So wird sich die weibliche sexuelle Potenz zwar physisch-genital manifestieren, jedoch sprachlich – angepasst an die bestehenden Rollenbilder – über den ganzen Körper verteilt und hier thematisiert. Der Magersüchtigen gelingt es oft, ihre sexuelle Potenz und Eigenständigkeit zu retten, weil sie die Kontrolle über ihren Körper hat und diese der Mutter entzieht.

Die Magersucht ist eine Abwehr der kontrollierenden Mutter und kann nicht in Zusammenhang mit dem Vater gebracht werden. Männliche Übergriffe haben vor allem die weiblichen Genitalien zum Zentrum ihrer Wünsche – die mütterlichen haben, in Ermangelung eines genitalen Potenzbegriffs der Frau, den ganzen Körper im Visier. So wird in der Magersucht auch der ganze Körper geschädigt; doch zuerst bleibt der Gewinn, diesen Körper für sich zurückerobert und der mütterlichen Kontrolle entzogen zu haben, vordergründig das Wichtigste. Die junge Frau setzt die Aggressionen im Dienste ihres Ich destruktiv gegen ihr Ich ein und wird gefährliche körperliche Mängel in Kauf nehmen müssen, wofür sie den nicht zu vernachlässigenden Vorteil hat, sich an der Gier der Mutter rächen zu können, indem sie ihr die Befriedigung entzieht. Die konstruktiven Aggressionen, die diesem Ich eine Entfaltung, auch eine körperliche Expansion von der Jugendlichen zur Frau ermöglichen würden, werden destruktiv. Die Wut auf die Mutter kann nur in selbstschädigender Form verwirklicht werden.

In einem intersubjektiven Kontext wäre das undenkbar, weil hier die Wut als Ausdruck der konstruktiven Aggressionen nie eine bestrafende Absicht hat. Sie schlägt auch nicht auf das Ich zurück, sondern wird von der Mutter als für sich selber verantwortliches Subjekt eigenständig reguliert. Wie auch immer sie das macht – die Antwort erfolgt nicht im Opfer- und Schulddiskurs. So bleiben die Aggressionen im Dienste des Ich beiden erhalten und wechseln nicht in eine destruktive Kraft. Auch die physische und psychische Expansion der Jugendlichen ist nicht gefährdet. Sie muss nicht auf Nahrungszufuhr verzichten, sie muss ihre »Gewichtigkeit« nicht reduzieren, nur um die Mutter zu bestrafen. Obwohl sich die Tochter über ihre Magersucht einen Ausweg zu schaffen sucht, bleibt sie im System der destruktiven Reduktion gefangen. Sie kann der Mutter nur die Oberhand über ihren Körper entziehen, indem sie auf die Expansion verzichtet und ihr damit die Fütterung ihrer Gier verweigert. Der Nahrungsentzug wird zum Triumph über den mütterlichen Kontroll- und Machtverlust und damit zu ihrem Genuss. Sie ersetzt den Genuss am Essen mit dem Genuss am Triumph. Dieser mag sie eine Weile in ihrer Eigenständigkeit bestätigen, doch der selbstschädigende Anteil wird ihr zusehends Mühe machen und an ihrem Körper seine Wirkung zeigen. Im tiefsten Herzen wünscht sie sich jedoch eine Anerkennung als Subjekt, eigentlich möchte sie als Subjekt gefüttert und nicht als Selbstobjekt gefressen werden. Im Vergleich dazu greift die Gier der Mutter ihrem Sohn, Herrn Brunner, direkt in die Genitalien.

Die Selbstaufopferung der Mutter ist als eine überdehnte und sexualisierte Hingabe an ihre Kinder zu lesen, als Implodieren und Verschieben ihres Begehrens, das, gemäss des sich hartnäckig haltenden Rollenbildes, Aufnahme und Hingabe bedeutet. Die weibliche Sexualität verläuft dabei im Kanon männlicher Bilder, sie wird angeglichen und angepasst. Das Begehren der Frau richtet sich im Begehren des Mannes ein und entbehrt einer eigenständigen Position. Ihr sexuelles Begehren ist an eine Funktion gebunden, die unabdingliche Funktion der Hingabe, die ihr als Mutter zugesprochen und zu der sie verpflichtet wird.

Die gemeinsame Sprache des differenten Begehrens

Der intersubjektive Diskurs ist die Voraussetzung, um in der Differenz Subjektivität und Begehren zu realisieren. Im bestehenden Machtdiskurs jedoch ist die Differenz in der sexuellen Identität hierarchisch strukturiert und männlich angepasst. Die Frauen gleichen sich dem männlichen Diskurs an und übergeben damit die Eigenverantwortung an den Mann. Ihre verborgenen anatomischen Innenräume werden im bestehenden Vokabular eher als Ort des Embryos und als Aufnahmeraum männlicher Zeugungskraft gelesen denn als Orte weiblichen Begehrens und weiblicher Potenz. Hier vermischen sich zwei Diskurse: der mütterliche und der weibliche, wobei der mütterliche vorherrschend ist und das weibliche Begehren im Hintergrund beziehungsweise dem männlichen angepasst bleibt.

Demgegenüber werden der männlichen Phallizität Attribute zugeordnet, die mit dem Mann als begehrendes Subjekt genauso wenig zu tun haben, Attribute wie die grössere Triebstärke – obwohl wir nicht wissen, wie die gemessen werden soll. Unerschütterlich hat der Mann zu sein, angstfrei und ohne Schuldgefühle, männlich stark und unbeirrt. Solche Attribute sind Teil des Diskurses, der die Unterscheidung der Geschlechter hierarchisch strukturiert. Sie haben zudem einen fatalen Nebeneffekt, weil sie den Mann zwingen, ihnen gerecht zu werden, ansonsten er aus dem Register eines Mannes, der seinen Mann *steht*, herausfällt. Dieser Diskurs bestimmt die Sexualität beider Geschlechter, und ein beachtlicher Teil der Emanzipationsbewegung hat ihn unhinterfragt übernommen. Er ist Teil der bestehenden Machtverhältnisse und hat sowohl mit männlicher als auch mit weiblicher Sexualität *nichts* zu tun.

Die Möglichkeit des männlichen »Scheiterns« in der Sexualität ist gross, und die Ängste, die damit zusammenhängen, überschatten den sexuellen Akt. So drängt sich der Machtdiskurs in die Schlafzimmer und bildet sich in der Hilflosigkeit beider Geschlechter ab, eine gemeinsame Sprache des differenten Begehrens zu finden. Denn wenn der Mann seine grössere Triebstärke und Omnipotenz unter Beweis stellen muss und die Frau als Reibungsfläche in diesem Wettstreit mithalten möchte, ist der sexuelle Akt für beide kein Genuss. Der Mann wird sich über das Gelingen seiner Erektion und die Frau als Beteiligte an diesem Gelingen freuen, und das wars dann schon. Das Angestrebte wird im Orgasmus vollbracht und damit endet das, was uns *nicht* vom Tier unterscheidet.

Die uns angeborene Triebhaftigkeit wird in einen herrschaftlichen Diskurs eingebunden, in dem die Differenz der Geschlechter hierarchisch eingeteilt wird. Letztlich zeugt dies von einem imperialen Denken und Handeln, mit dem wir uns über viele Generationen hinweg identifiziert haben. Dass des einen Triebstärke grösser sein soll als diejenige des anderen, ist ein Mythos, der im Schulddiskurs verankert ist und hier seine ersten Opfer findet: Die Frau ist das Subjekt, das die Triebstärke des Mannes zu bestätigen hat, und der Mann hat ihr diese zu beweisen. In diesen Auflagen sind beide voneinander abhängig, beide gleichen sich dem bestehenden Diskurs an, unterwerfen sich ihm, behaupten sich in ihm, und sei es mit Potenzmitteln, Bordellen, Perversionen und anderen Hilfsmittel. Und stets werden sie in diesem Getriebe nach einem erlösenden Ausweg suchen.

Die Befreiung aus den bürgerlichen sexuellen Konventionen, wie sie die 68er-Bewegung hervorgebracht hat – etwa die Enttabuisierung der Sexualität und die Anerkennung anderer sexueller Ziele als heterosexuelle – blieb jedoch dem männlich-sexuellen Kanon treu und verhalf der Frau, sich *innerhalb* dieses Kanons zu positionieren. So sind beide Geschlechter weiterhin im hierarchischen Diskurs der Schuld und des Opfers verortet; die antizipierte stärkere Triebhaftigkeit des Mannes und die Bemühung beider, dieser Triebhaftigkeit Rechnung zu tragen, mag davon zeugen. Die überdehnte Bedeutung der männlichen Triebhaftigkeit hat eine darwinistische Komponente: Der Stärkere überlebt und vererbt sein genetisches Programm. Dabei bleibt die Frau das wichtigste Subjekt, um diese Potenz zu bestätigen, während der Mann davon befreit ist, die weibliche Potenz zu bestätigen.

Scheitern kann man nur an der Überhöhung

Sowohl das sexuelle Verhalten der Frau als auch ihre Präsenz in der Werbung und auf anderen öffentlichen Parketten zeigen ihre Bedeutung bei der Erzeugung der männlichen Potenz. Mit der halbnackten, sich nach ihm sehnenden Frau auf der Kühlerhaube soll der Mann sexuell erregt und verführt werden, dieses schnelle Auto zu kaufen. Die Frau wiederum wird zum Konsum von Kosmetika verlockt, die sie verführerisch und unwiderstehlich machen für den Mann. Ihr Lockruf ist seine Erregung. Ihr inszeniertes Begehren nach ihm soll sein Begehren wachsen lassen – nicht nach ihr, sondern nach dem Auto.

Gegen Lockrufe und Verführungskünste ist nichts einzuwenden, solange sie in einem intersubjektiven Diskurs stattfinden, in dem sie Teil eines gemeinsamen Spieles sind und ihre Bedeutung als manipulatives Instrument für Konsum und Macht verlieren. Stattdessen aber wird die Verführbarkeit beider Geschlechter im Begehren nach dem anderen missbraucht und in den Dienst bestehender Machtverhältnisse gestellt. Dabei werden die Aggressionen im Dienste des Ich, die den Lockruf und die Verführung ermöglichen, destruktiv und verursachen Angst, weil sie die Wünsche anderer bedienen und befriedigen.

Die Angst der Männer, sexuell zu versagen, wird von vielen Frauen unterstützt, indem sie sich in den Dienst des Mannes stellen, um eine Erektion zu ermöglichen. In dieser Funktion ist den Frauen ihre Anerkennung gesichert. Wenn die Erektion scheitert, liegt es letztlich aber an der überhöhten Vorstellung des Phallus. Nur ein omnipotent gedachter Phallus vermag derart in sich zusammenzufallen, dass das männliche Ich angegriffen und infrage gestellt werden kann. Die Frau kann sich hingegen als Ich bestätigt und anerkannt fühlen, wenn sie dazu beiträgt, diesen omnipotenten Auftrag zu erfüllen. Beide sind Gefangene dieses Machtdiskurses, in dem die Omnipotenz ständig bestätigt werden soll. Nichts anderes kann so tief fallen wie ein als omnipotent gedachter Phallus, für nichts anderes wird so viel Energie eingesetzt, um diesen wieder in die geforderte Stellung zurückzubringen. Das Vokabular dazu ist eindeutig männlich: Worte wie Würde, Stolz, Ehre, Treue, Raumerweiterung, »Make America great again« werden phallisch assoziiert und sind mit einer Erektion zu verbildlichen. Dass Frauen von diesem Omnipotenzbegriff ausgenommen werden, hängt womöglich damit zusammen, dass sie infolge vieler Geburten körperlich geschwächt und gebunden waren und eher im Opferdiskurs eine omnipotente Position verwirklichen konnten und können.

Die Vorstellung von männlicher Potenz ist letztlich eine Vorstellung von Omnipotenz. Diese Vorstellung hat ausschliesslich in einem Machtdiskurs Bestand, denn im intersubjektiven Diskurs definieren weder die Omnipotenz noch ihr Misslingen in der Impotenz die Beziehungen und Machtverhältnisse. Genau aus diesem Grund ist es im intersubjektiven Diskurs auch nicht nötig, nach Bildern für die weibliche sexuelle Potenz zu suchen. Der Omnipotenzbegriff muss nicht um den weiblichen Anteil erweitert werden. Das Vokabular von Potenz, Impotenz und Omnipotenz kann zugunsten beider Geschlechter aufgehoben werden, die Herrschaftsverhältnisse können abgeschafft und die Aggressionen zurück in den Dienst des Ich gestellt werden, um beiderseits Subjektivität zu realisieren. So wird auch das Begehren seine Wichtigkeit zurückerlangen, das Begehren nach dem anderen, der in seiner Differenz zum Ich anerkannt wird. Dieses Begehren wird den Mythos von der unterschiedlichen Triebstärke der Geschlechter entthronen: Das Begehren nach dem anderen, dem Nicht-Ich, ist auf beide Geschlechter gleich verteilt, und Mann und Frau können ihre Instrumente der Verführung erproben, um den anderen in seine/ihre Wünsche und in sein/ihr Begehren zu locken. Dabei bleiben die Aggressionen im Dienste des Ich, und die vielen Ängste bleiben aus, die Ängste *vor* dem anderen, *vor* dem Scheitern, *vor* dem Versagen, *vor* der Abweisung. Diese Ängste sind ausschliesslich im Herrschaftsdiskurs zu verorten und halten das Subjekt in dessen Getriebe fest, halten es fest in einem Drehen um sich selber, wobei der andere tendenziell Mittel zum Zweck ist und nicht mehr Subjekt des Begehrens.

Sobald die Angst Platz gewinnt, wird der weite Raum, den das Begehren in einer intersubjektiven Beziehung öffnet, versperrt. Die Sexualität reduziert sich auf einen Akt der Triebhaftigkeit, in dem ein abschliessender Höhepunkt angestrebt wird, an dem Potenz/Omnipotenz gemessen wird. Das Ziel ist erreicht, die Angst vor dem Scheitern beseitigt.

Die dritte Dimension, der intersubjektive Raum, lässt sich nur von zwei eigenständigen Subjekten eröffnen. Zwei, die den jeweils anderen als anders anerkennen und ihn nicht zweckdienlich einbinden. Gleichzeitig birgt dieser dritte Raum Absichtslosigkeit in sich, eine Voraussetzung für sexuelles Begehren, in dem die einzige Absicht darin besteht, kein Ziel zu haben. Solange die Differenz anerkannt wird, bleibt dieser Raum offen. Sobald Machtverhältnisse mit ins Spiel kommen, verschwindet er, und der sexuelle Akt findet auf einer zweidimensionalen Ebene statt, in der jeder für sich sorgt und nichts Gemeinsames, Drittes mehr entstehen kann. Diese Zweidimensionalität braucht Regeln, welche die hierarchischen Ansprüche organisieren, und Konventionen, welche die Hierarchie bestätigen und konsolidieren. Die Zeit fliesst in die Beschäftigung mit hierarchischen Machtverhältnissen, in deren Verschiebung oder Festigung. Bei dieser Form der Regulierung zwischenmenschlicher Beziehungen kommt der Angst ein bedeutender Platz zu: einerseits, weil sie in diesem Diskurs erst entsteht, andererseits, weil sie im selben Diskurs ein unentbehrliches Instrument ist, um Macht zu generieren oder zu erhalten.

Was in dem dritten Raum entsteht oder nicht entsteht, liegt in der Verantwortung der zwei Subjekte, die ihn kreiert haben, und folgt nicht mehr einem hierarchischen Wertesystem. So ist der Mann nicht mehr Träger oder gar Opfer eines starken Triebs, und die Frau ist nicht mehr in der Schuld, mit der männlichen Triebhaftigkeit Schritt zu halten und ihr Reibungsfläche zu bieten oder – als Alternative – im *Mangel* an Triebhaftigkeit verortet zu werden. Die Frau wäre davon befreit, ihren Beitrag zur Stabilisierung von Potenz/Omnipotenz zu leisten, um im Wettbewerb der Mächte Fuss zu fassen.

Die Angst ist kein Gefühl

Die Angst davor, dem Herrschaftsdiskurs zu entsagen, ist nicht eine Angst vor der neuen Freiheit, auch nicht die Angst davor, Bestehendes, Bewährtes und Bedeutendes zu verlieren. Vielmehr ist sie in der Vorstellung verankert, dass die Angst in der verlängerten Perspektive der neuen Freiheit mit verlängert wird. Zukunft kann deshalb nicht ohne Angst gedacht werden – sie vergrössert diese. Dem Neuen, Fremden wird im Herrschaftsdiskurs mit Ablehnung begegnet, weil es die Machtverhältnisse, die nicht verändert werden sollen, zu destabilisieren vermag. Das Gleichgewicht der Ängste des Ich darf nicht gestört werden.

Lesen wir die Angst aber als Ausdruck von Schmerz, wird sich die Frage nach ihrer Herkunft leichter beantworten lassen, als wenn wir davon ausgehen, dass sie ein zwar unerwünschtes Gefühl ist, das wir jedoch zu unserer Sicherheit brauchen. Ein Gefühl, das wir, weil es so schmerzt, aber auch loshaben möchten.

Gefühle geben uns keinen Anlass, sie von uns zu weisen. Sie haben eine kathartische Wirkung, sind zeitlich beschränkt, gehen vorüber. Sie sind als Ausdruck eines Prozesses zu verstehen, in dem die Psyche eine Irritation des Gemütszustandes zu regulieren versucht, um diesen erträglicher zu machen, sei es mit Wut, Trauer oder auch Freude als zeitlich beschränkte Affektentladung. Die Angst ist kein Gefühl, das vorübergeht; sie kann sich lange halten. Sie kann – im Unterschied zu einem Gefühl – chronisch werden und hat keine kathartische Wirkung. Sie macht nicht Unerträgliches mit einer Entladung erträglich oder Unerwünschtes zu Vorübergehendem – sie selber ist unerträglich. Im Unterschied zu Gefühlen.

Die Entbehrung der Aggressionen im Dienste des Ich entmachtet dieses Ich, und das ist Schmerz. Ohne Ausweg ausgeliefert zu sein, weil die konstruktiven Aggressionen nicht mehr bedient werden können, lässt uns verzweifeln. Die Zuwendung eines anderen lässt den Schmerz erträglich werden, die Angst hingegen trennt das Subjekt von sich und der Welt – darum müssen wir sie fürchten.

Die Angst wird im hierarchischen Diskurs erzeugt und bewahrt, in der Trennung, im Ausschluss, wo die Differenz nicht mit eingeschlossen ist. Gefühle verbinden mit dem anderen und trennen nicht, sie werden nicht bedrohlich, und selbst wenn sie ansteckend sind, ist die Aufgehobenheit in der Gemeinschaft eine Versicherung, dass das Schreckliche überstanden und das Erfreuliche geteilt werden kann. In der Angst fällt diese Sicherheit weg, denn diese entsteht gerade durch das Fehlen von Intersubjektivität. Diese Angst kann auch nicht beruhigt werden durch gutes Zureden oder verschmelzende Angebote, wie es das Mitleid oft ist; sie kann nur mit der Anerkennung der Differenz beruhigt und aufgehoben werden, weil das Subjekt damit gut aufgehoben ist.

Es braucht die Gefühle, auch das Mitgefühl, um das Trennende der Angst aufzuheben, um die Angst aufzuheben. Die Angst ist eine Verletzung der menschlichen Integrität, der Seele; sie führt dazu, dass sich das Subjekt nur mit sich selber beschäftigt, und hindert es an der Entfaltung seiner Fähigkeiten. Wer die Angst zu bezwingen versucht, muss den Kampf aufnehmen gegen einen Zustand, in dem die Aggressionen im Dienste des Ich entbehrt werden, also gegen eine Ohnmacht. Durch diesen Kampf wird das beschädigte Ich ein weiteres Mal angegriffen, anstatt in eine intersubjektive Beziehung eingebunden zu werden, um von der Beschädigung erlöst zu werden. Ratgeber bis hin zu medikamentösen Behandlungen versuchen, die Angst zu beschwichtigen, ohne ihren Platz und ihre Ursache überhaupt zu hinterfragen. Doch die Angst wächst unter der Abdeckung durch Medikamente, Drogen und Anti-Stress-Übungen, unter den Erklärungsversuchen, um sie intellektuell einzubinden, weiter und lässt sich nicht vertreiben. So kann zwar ein Umgang mit ihr gefunden werden, der jedoch von der Frage nach der Ursache ablenkt und die Antwort wie auch das Subjekt im Dunkeln belässt.

Die Angst als stigmatisierter Ausdruck von Schwäche wird paradoxerweise auch als lebenserhaltende Funktion verstanden mit der Begründung, ohne sie wären wir verloren und würden uns in Gefahren begeben, vor denen uns gerade die Angst warne und schütze. Diese Argumentation befördert die Vorstellung, der Mensch sei vorausahnend und diese Fähigkeit würde ihm Schutz garantieren gegen äussere bedrohliche Einwirkungen. Hätte der Mensch tatsächlich diese Fähigkeit, liesse sich die Angst tatsächlich als nützliches Instrument verstehen. Doch es ist anders, die Furcht als Indikator einer Gefahr reicht aus, einer Gefahr, die bereits *eingetroffen* ist und auf die das Subjekt nun reagieren kann.

Die Angst als Schutz für den Menschen zu bezeichnen, evoziert die Vorstellung, sie sei unentbehrlich. Doch unentbehrlich ist sie nur für die Industrie, die am dauernden Versuch, ihrer Herr zu werden, verdient. Ebenso ist es ein Mythos, dass das Leiden und die Angst *vor* dem Leiden ein Antrieb für grosse Innovationen seien. Dass viele Erfindungen auf das Leiden zurückzuführen seien, auf den Antrieb, dieses Leiden zu beheben. Und dass Leiden sogar eine unerlässliche Voraussetzung für die Kunst sei – mit anderen Worten: für die Schaffung von Grossem. Dieser Mythos ist jedoch ein Diskurs, der sich der Gewalt bedient und sie reproduziert.

Der wahre Ort für Innovation, für das Zusammentreffen vieler Denkansätze, die zu etwas führen, die ein Produkt entstehen lassen, das sich nicht mehr auf eine einzelne Person zurückführen lässt, ist der Raum, der im intersubjektiven Diskurs eröffnet wird. Hier kann ein Werk geschaffen werden, das nicht in der Re-aktion und Re-produktion von Gewalt entsteht. Dazu zitiere ich nochmals Foucault: »Das Denken und Handeln ist nicht angepasst reproduzierend und damit konsolidierend, sondern eröffnet neues Denken.« Die Angst hemmt diesen Prozess, sie ist ihm nicht dienlich. Sie bringt weder innovative Errungenschaften hervor noch ist sie Indikator einer Gefahr. Sie ist mit sich selber beschäftigt.

Das Missverständnis rührt wohl daher, dass wir nicht unterscheiden zwischen der Furcht und der Fähigkeit, unsere destruktiven und als destruktiv gespiegelten Kräfte auszulagern, sie auf ein anderes Subjekt oder Objekt zu projizieren, um dann *vor* diesen Angst zu bekommen. Die Angst ist also die schlüssige Folge dieser ausgelagerten Destruktion. Die Erfahrung, dass die projizierten Aggressionen Angst verursachen, also schädigend auf das Ich zurückfallen, sollte berücksichtigt werden und wegweisend sein für die Aufdeckung der Ursache der Angst. Sie sollte anspornen, die Abhängigkeit innerhalb der Machtverhältnisse zu durchschauen, um sich daraus zu befreien.

Die Angst dient der Allmacht als Stabilisator – und umgekehrt. Ohne die Angst wird sich die Allmacht nicht etablieren können. Die Furcht steht demgegenüber im Dienste des Ich und strebt keinen Machtgewinn an.

Das nicht vermisste Ich

Frau Becker ist Studentin. Im zweiten Jahr ihrer Analyse in meiner Praxis begeht ihre Mutter Suizid, ein paar Tage nachdem der jüngere Sohn zu Hause aus- und in eine Wohngemeinschaft eingezogen ist. Jahrelang hat die Mutter der Familie gedroht, sich zu töten, und jeweils auch erzählt, wie und wo sie es machen würde. Genauso hat sie es dann auch getan. Die Polizei überbrachte der Familie die Nachricht, nachdem man die Frau im Wasser gefunden hatte, die Schuhe und die Handtasche fein säuberlich am Ufer deponiert. Das verzweifelte Schreien des Sohnes bei dieser Nachricht wurde als Mutterliebe gedeutet.

Die Familie wohnte in einer kleinen Wohnung. Der Vater hatte nach seinem Studienabschluss keine Berufskarriere verfolgt, die Mutter blieb zu Hause und kümmerte sich um die Kinder. Sie blieb auch Hausfrau, als die Kinder erwachsen waren und ihrer nicht mehr bedurften. Tochter und Sohn wohnten jedoch weiterhin im Elternhaus, so wurde es von ihnen erwartet mit der Begründung, die Eltern hätten kein Geld, um ihnen während des Studiums auswärtige Unterkünfte zu finanzieren. Erst beim Beginn ihrer Analyse wurde Frau Becker klar, dass sie und ihr Bruder ein Anrecht auf Stipendien hatten. Damit erhielt sie die Möglichkeit, von zu Hause auszuziehen, später tat es der Bruder ihr gleich. Frau Becker musste sich jedoch täglich telefonisch bei der Mutter melden, und auch das Abendessen wurde nach wie vor gemeinsam eingenommen. Diese Auflage band die Tochter und den Sohn an das Elternhaus, sie hatten sich der Kontrolle der Mutter zu fügen und lebten in der ständigen Angst, an ihrem angedrohten Suizid schuldig zu werden. So verzichteten sie auch auf den abendlichen Ausgang.

Frau Becker zeigte mir einen Aufsatz, den sie in der ersten Klasse geschrieben hatte. Er umfasste lediglich zwei Sätze. Das siebenjährige Kind erzählt darin, dass es jeweils mit seiner Mutter eine Freundin von ihr besuchen ging. Es vergass im Aufsatz das Wort *Ich* zu schreiben und fügte es im Nachhinein ein, oberhalb der anderen Wörter und auf Geheiss der Lehrerin. Das Kind hat das Ich nicht vermisst im Text, es kam erst als Korrektur dazu. Das Kind hat das Ich unbewusst weggelassen, weil es dieses Ich nicht geben durfte, ohne dass es schuldig wurde. Die Angst vor dieser Schuld konnte so, zumindest teilweise, beruhigt werden. Beunruhigend blieb, dass Frau Becker die Aggressionen im Dienste des Ich als tödlich gespiegelt und damit für sie schwer zugänglich wurden. So brauchte sie sehr lange, um das Studium abzuschliessen, weil sie die Angst vor der Schuld an der intellektuellen Entfaltung hinderte.

Schon in der ersten Klasse wurde Frau Becker als Ich-Erzählerin verdrängt, die Hauptperson blieb ihre Mutter. Diese hatte mit ihren Suiziddrohungen ein Instrument in der Hand, das ihr eine dauerhafte Macht und Kontrolle über die Familie gab. Einzig der Vater versuchte, Auswege zu finden, und griff dabei zum Alkohol. Doch die Sucht bietet keine Auswege, sondern führt zurück in die Sackgasse der Schuld und erhöht den Druck auf die Kinder, die dieser Schuld nun alleine entkommen müssen. Auch Frau Beckers Bruder brauchte mehrere Anläufe, um das Studium fortzusetzen und zu beenden, immer wieder wurde ihm seine Angst *vor* dieser Schuld zur Blockade.

Wer eine Ausbildung erfolgreich abschliesst, kann den unbewussten Rückzug seines Ich in die Bedeutungslosigkeit nicht mehr gewährleisten. Kann den Platz nicht mehr räumen für eine Mutter, die es gewohnt ist, mit ihrer Drohung diesen Platz alleine für sich zu beanspruchen. Sie forderte ihn erbarmungslos und mit mörderischen Mitteln ein. Im vergessenen Ich im Aufsatz einer Siebenjährigen erkennen wir den Versuch, ihr Ich einmal mehr zu verdrängen. Mit einem Studienabschluss ist das jedoch nicht mehr möglich. Frau Becker wird dafür eine öffentliche Anerkennung erhalten, sichtbar und manifest. Damit lässt sich ihre Bedeutung und Wichtigkeit als Subjekt nicht mehr mit einem fehlenden Ich im Aufsatz vertuschen. Folglich bröckelt und fällt die Allmachtstellung der Mutter. Mit ihrem Auszug von zu Hause und der finanziellen Eigenständigkeit dank der Stipendien trennt sie sich von der Kontrolle der Mutter und zieht damit deren Hass auf sich: Die Mutter droht sich umzubringen.

Die Differenz zur Mutter lässt sich nun nicht mehr verleugnen, doch diese Differenz wird nicht als solche anerkannt und gewürdigt, sondern mit Suiziddrohungen aufzuheben versucht. So spiegelt die Mutter ihrem Kind, dass Differenz vernichtend ist, dass die nunmehr autonome und eigenständige Tochter damit zu ihrer Mörderin wird. Suizid ist in diesem Sinne die ausweglosestes Anschuldigung, die ausweglosestes Anklage, die ein »Opfer« vorbringen kann. Der Suizid bleibt mehrheitlich eine Anklage. Nicht zuletzt, weil er dem »Täter« keine Möglichkeiten der Verteidigung mehr lässt. Er festigt bei Frau Becker das lebenslange Schuldgefühl, die Mörderin der Mutter zu sein. So werden ihre konstruktiven Aggressionen mit Schuld bedeckt sein, was Frau Becker in ihrer Beweglichkeit einschränkt und ihr viel Zeit und Mühe abverlangt, die Schuld zu beseitigen, um Lebendigkeit und Lebenslust zu gewinnen.

Der mütterliche Suizid bringt das Ich von Frau Becker – wie im Aufsatz der Schülerin – wieder zum Verschwinden, weil es nun eine Mörderin ist. Die Selbstmörderin klagt ihre Angehörigen und Freunde des Mordes an. Sie werden sich ein Leben lang die Frage nach ihrer Schuld und ihrer Beteiligung stellen. Sie werden mit sich hadern: Hätte ich doch, wenn ich nur, wenn ich nur nicht – und so weiter. Sie alle werden sich Verantwortungslosigkeit und Unaufmerksamkeit vorwerfen. Der Suizid ist kein Hilfeschrei an die anderen, denn um Hilfe schreit man mit der Stimme. Suizid ist eine aggressive Drohung, und wenn er ausgeführt wird, ein Akt der Rache und des Triumphes, ein Akt, um letztlich die Kontrolle über den anderen zu behalten, der nun lebenslang Schuldgefühle zu tragen hat. Es ist die finale Etablierung der Machtverhältnisse: Es können keine Einwände mehr gemacht werden. Frau Becker kann sich ihrer Mutter gegenüber nicht mehr äussern und sich nicht mehr wehren; sie kann ihre »Schuld« auch nicht mehr abzubauen versuchen. Ihr wird für immer die dialogische Beziehung verwehrt, sie wird zurück- und alleine gelassen mit der Bürde der Schuld an diesem Suizid. Ihre Aggressionen im Dienste des Ich werden unwiderruflich als mörderisch gespiegelt.

Wer Suizid begeht, beherrscht die Unberechenbarkeit des Todes, bestimmt Zeitpunkt und Ort. Nur noch die Hinrichtung vermag diese Art der Kontrolle über den Tod zu gewährleisten. Der Suizident bindet diejenigen, die mit ihm in einer Beziehung gestanden haben, in eine lebenslange Bezugnahme ein und verweigert ihnen eine Differenzierung, ohne in Schuld eingebunden zu werden. Es ist der mächtige und stillschweigende Triumph derjenigen, die sich töten: »Im Leben habt ihr mich verlassen. Mit meinem Tod bin ich unauslöschlich wieder in euer Leben zurückgekehrt, um es mit Schuld zu belasten. Nie werdet ihr mich vergessen.« Die Hilflosigkeit und Ohnmacht der Hinterbliebenen – verstärkt durch die Einsicht, keine Handlungsmöglichkeit mehr zu haben, keine Gelegenheit mehr, besser, »richtiger« zu werden, keine Hoffnung mehr auf eine Wiedergutmachung zu haben – spiegelt sich in der triumphalen Entsagung vom Leben durch den Selbsttod. Der Suizid ist die Weigerung dieser Mutter, den Schuld- und Opferdiskurs mit den Kindern aufzugeben und stattdessen in einen intersubjektiven Dialog zu treten. Mit dem Suizid rächt sie sich an den Kindern, indem sie diese als Verräter der mütterlichen Beziehung beschuldigt. Damit ist in deren Leben, nebst der Schuld, der Verrat eingraviert, den sie in zukünftige Beziehungen hineintragen werden. Auch werden sie künftig mit den Aggressionen im Dienste des Ich sehr zurückhaltend und vorsichtig umgehen.

Der Suizid als unauflösliche Beziehungsfessel

Wer Suizid begeht, wird in unserer Gesellschaft als unantastbares Opfer betrachtet. Folglich wird im entsprechenden Diskurs unausweichlich nach der Täterschaft gesucht, womit auch Anklagen und Selbstanklagen begünstigt werden. Mit der Suche nach der Verantwortung, die sich in peinigenden Vorwürfen und Selbstvorwürfen äussert, werden die Hinterbliebenen lange Zeit beschäftigt sein. Die destruktive Aggression der Selbsttötung ist die Weigerung, den anderen als anders, als Nicht-Ich anzuerkennen: Wer sich selbst tötet, positioniert sich ausserhalb einer intersubjektiven Beziehung und erzwingt mit seinem Tod eine lebenslange Bindung in Schuld und eine lebenslange Schuld in Bindung. So bürdet Frau Beckers Mutter die Verantwortung für ihren Suizid den Hinterbliebenen auf, und das wird an ihrer Beerdigung legitimiert und akzeptiert: Es wird bedauert, dass sie keine andere Wahl als den Freitod gehabt zu haben schien, und sie wird als Opfer der eigenen Handlung entschuldigt. Sie wird freigesprochen von destruktiven Aggressionen und freigesprochen von Verantwortung. Ihre Kinder werden von der Schuld nicht entlastet sein, sie, die noch ein ganzes Leben vor sich haben. Vielleicht fühlen sie sich sogar noch schuldiger, weil sie nicht so traurig sind, wie es von ihnen erwartet wird. Weil die Schuld und die Angst *vor* weiterer Schuld ihnen die Tränen nehmen und weil die ihnen aufgebürdete Verantwortung für diesen Tod auf ihr Leben drückt. Frau Beckers Mutter wird die Verantwortung über ihren Freitod abgesprochen, sie ist Opfer und somit entlastet. Es wird nicht davon ausgegangen, dass sie eine eigenmächtige Entscheidung getroffen hat. Hätte sie die Verantwortung klar übernommen, dann würde man ihren Schritt vielleicht bedauern oder gar verstehen, zumindest aber fiele keine Belastung auf die Hinterbliebenen.

Im einem intersubjektiven Diskurs hingegen werden keine Verantwortlichkeiten verteilt, und die Subjekte bleiben frei für Gefühle, die in diesem Raum geteilt werden können. Schuldgefühle können nicht geteilt werden, ebenso wenig wie die Angst; Schuld und Angst nehmen im Opferdiskurs nicht ab, sondern vermehren sich, weil sie das Subjekt ausschliessen. Die Schuld schliesst aus intersubjektiver und dialogischer Beziehung aus. Kinder, auch junge Erwachsene, bedürfen in diesem Diskurs der Entlastung aus ihrer »Not der Schuld« und nicht des Bedauerns über die Leerstelle, die der Verlust der Mutter in ihnen hinterlässt. Es bedarf der Entlarvung einer gekränkten und aggressiven Mutter, welche die Differenz mit dem Schuldigwerden an ihr bestraft. Um diese Schuld zu errichten, vernichtet die Mutter sich. Die Verachtung, der Hass und der Neid auf die Differenz lässt sogar eine Selbsttötung zu.

»Es gibt kein Schicksal, das nicht durch Verachtung überwunden werden kann«

Albert Camus schreibt in seinem Essay *Mythe Sisyphe*: »Il n'est pas de destin qui ne se surmonte par le mépris.« »Es gibt kein Schicksal, das nicht durch Verachtung überwunden werden kann.« Frau Beckers Mutter verachtete alles Lebendige, sie versuchte es bei ihren Kindern einzudämmen, gar mit dem Erwirken von Schuldgefühlen abzutöten. Die Kinder sollten bestraft werden für so viel Lebendigkeit, der Neid der Mutter auf diese Lebendigkeit fand seinen Höhepunkt im Suizid. Mit ihrem Schuld- und Opferdiskurs hebt die Mutter die Differenz zu ihren Kindern auf, mit ihrer triumphierenden Verachtung setzt sie eine Hierarchie, in der es keinen Raum mehr gibt für Trauer, Schmerz und Liebe. Camus hat der Verachtung eine bedeutende Macht zugeordnet: Bei ihm kann sie sogar den Tod bezwingen. Es ist erstaunlich, wie die Verachtung des Lebens und der freiwillige Verzicht auf Lebendigkeit zu einem triumphalen Schlag auch gegen den Tod werden kann: Weil dem Leben keine Bedeutung und Wichtigkeit zugemessen wird, wird auch dem Tod seine Unausweichlichkeit und seine Bedeutung als Ende dieses Lebens genommen.

Auch die Mutter von Frau Kohler hat sich umgebracht. Ihre Tochter war damals 12 Jahre alt. Die Mutter hat sich von der Dachterrasse gestürzt, ihre Schuhe standen fein säuberlich neben dem Geländer. Frau Kohler weiss nicht, ob sie Kinder haben möchte, sie weiss nicht, ob sie ihnen eine gute Mutter oder eher eine Belastung sein würde, unter der sie zu leiden hätten. Sie hatte innerhalb von drei Jahren drei Fehlgeburten – in den ersten zwölf Wochen. Das sah sie als Bestätigung ihrer grundlegenden Unfähigkeit, eine gute Mutter zu sein. Sie sei ja nicht einmal fähig, ein Kind überhaupt auszutragen, meinte sie.

Frau Kohler geht davon aus, dass sie damals, mit 12, den Tod ihrer Mutter verursacht hat oder hätte verhindern können, wenn sie direkt von der Schule nach Hause und nicht zu ihrer Freundin gegangen wäre. Sie begann nachzuforschen und fand heraus, dass sich die Mutter um 13.30 Uhr von der Terrasse gestürzt hatte, also genau zu jenem Zeitpunkt, als sie nach dem gemeinsamen Mittagessen wieder in der Schule sein musste. Diese Erkenntnis war für sie eine erste grosse Entlastung. Ihre eigentliche Angst, die sie zu einer Therapie bewegte, war, dass sie ihr eigenes Kind umbringen würde. Die Schuld am Tod der Mutter war bei ihr durchdringend und liess sich kaum thematisieren. Frau Kohler litt unter Panikattacken, hatte Angst, erneut Schuld auf sich zu laden, und versuchte sich dagegen zu wappnen. Sie musste immer gewappnet sein, gewappnet gegen eine mögliche Katastrophe, die in irgendeiner Form über sie hereinbrechen könnte. Ihre Ängste äusserten sich in Form einer Klaustrophobie, in Menschenansammlungen und geschlossenen Räumen, bei Zugfahrten oder im Kino fühlte sie sich beengt; die Ausweglosigkeit war der gemeinsame Nenner.

Sobald sich Frau Kohler in der Nähe eines Ausgangs befand oder der Zug sich dem Ankunftsort näherte, wurde sie ruhig und konnte die Fahrt oder den Kinofilm geniessen. Der Suizid ihrer Mutter wurde ihr zur Angst vor der Ausweglosigkeit, und gegen diese Wiederholung der Katastrophe versuchte sie sich zu wappnen. Nach dem Tod der Mutter kümmerte sich der Vater um die Tochter, über den Suizid wurde fortan geschwiegen. Das Mädchen blieb mit seinen Schuldgefühlen alleine, während sich der Vater aus dieser Verstrickung lösen konnte, indem er behauptete, es sei ein Unfall gewesen, seine Frau habe das Geländer auf der Terrasse geputzt und sei dabei gestürzt. Obwohl alle Tatsachen dagegen sprachen – im Winter putzt niemand das Dachterrassengeländer und zieht dabei die Schuhe aus –, wurde seine Aussage im Polizeiprotokoll vermerkt und blieb so bestehen.

Der Vater nutzte die Möglichkeit, sich mit einer absurden Erklärung aus der Schuld zu hieven, die umso mehr an der Tochter hängen blieb. So stellte sie sich mit über 40 Jahren die Frage, ob sie auch Schuld an ihren drei Fehlgeburten habe.

Frau Kohlers Mutter brachte sich zu der Zeit um, als die Tochter im Alter war, sich von ihr abzulösen, sich von ihr zu differenzieren, um langsam zu einer eigenständigen jungen Frau heranzuwachsen. Nun wurden der Tochter die Aggressionen im Dienste des Ich, die ihr den eigenen Weg ebneten, als mörderisch gespiegelt, ihre Ablösung wurde zu einem Angriff auf das Leben der Mutter. Das 12-jährige Mädchen war diesem katastrophalen Schlag ausgeliefert, es gab keine Auswege – Auswege, wie sie die erwachsene Frau später im Kino oder im Zug suchen wird, um gewappnet zu sein gegen solche Schläge, die sie noch nicht in Verbindung bringen kann mit der mütterlichen Zerstörungswut. Sie hat ihre Mutter anders in Erinnerung: fröhlich, lebenslustig, singend – sie hat sie so in Erinnerung, wie sie sie in Erinnerung haben möchte, um in dieser Beziehung bestehen zu können. Frau Kohler kann ihre Panik in geschlossenen Räumen mindern, wenn sie nahe am Ausgang sitzt. Hier hat sie die Kontrolle, sie wird ruhiger und kann den Film oder das Essen geniessen. Sie schafft sich Auswege. Dort, wo vorübergehend keiner mehr zugänglich ist, im Flugzeug oder im Städteschnellzug, wird sie die Panik mit anderen Mitteln und Medikamenten zu beruhigen versuchen.

Die Strafe, die sie zu verbüssen hat, weil sie sich schuldig am Tod ihrer Mutter fühlt, ist der Verlust der Mutter. Ein 12-jähriges Mädchen muss fortan ohne seine Mutter auskommen, sie von einem Augenblick auf den anderen entbehren – und ist »selber schuld«. Selbst wenn sich der Vater eine neue Frau nimmt – diese Mutter kann schwerlich ersetzt werden, weil die Schuld ihres Todes auf dem Kind lastet. Wenn die Mutter stirbt, hat ein Kind die Möglichkeit zu weinen, die Mutter und sich selber zu betrauern oder wütend darüber zu sein, so früh ohne mütterliche Bindung allein gelassen zu werden. Einem Kind mit Schuldgefühlen sind diese Wege, mit Verlust umzugehen, verwehrt. Zudem wurde unter den Hinterbliebenen nicht über den Suizid der Mutter gesprochen, ihr Platz am Küchentisch blieb frei, und auch in der Wohnung wurde in den folgenden Jahren nichts verändert. Alles blieb, wie es war, die Mutter hätte jeden Moment in den Raum kommen können. Ihre unabänderliche Abwesenheit wurde nicht aufgenommen, sie blieb Anwesende.

Sich von jemandem zu trennen, der die eigene Verantwortung als Schuld auf die anderen – vorwiegend die nächsten Angehörigen – überträgt, ist nicht möglich. Die Schuld verbindet ein Leben lang und lässt die Entwicklung der betroffenen Kinder unter der Last der Angst und Panik verkümmern. Die Kinder sind stets damit beschäftigt, sich mit ihrer Angst zurechtzufinden, sie zu vermeiden und zu beschwichtigen, sei es mit Ratgebern, Therapien, Medikamenten, Drogen und anderen Abhängigkeiten und nicht zuletzt mit dem Bemühen, die Schuld abzutragen. Diese Bemühungen können ein Leben lang anhalten, weil sich eine solche Schuld nie abtragen lässt, sie kann nur entlarvt werden als Teil des Gewaltdiskurses. So musste sich auch Frau Kohler über Jahre hinweg ihre Unschuld erarbeiten, die ihr durch einen mörderischen Schlag genommen wurde. Die Aggressivität eines Opfers zu erkennen, ist die Voraussetzung, um diesen Teufelskreis zu durchbrechen. Damit die Aggressionen von Frau Kohler wieder in den Dienst an ihrem Ich zurückfinden und von ihr nicht mehr als destruktiv erlebt werden müssen.

Eine Tote macht keine Angst – die Schuldgefühle hingegen schon

Im intersubjektiven Diskurs muss das Subjekt keine Fremdverantwortung übernehmen, weil es hier von der Eigenverantwortlichkeit ausgehen kann. Beide Mütter, die Suizid begangen hatten, waren kerngesund. Es braucht diese Gesundheit, sonst wären die manipulativen Möglichkeiten nicht auszuschöpfen, die einem Opfer seine Macht verleihen. Es braucht diese Gesundheit und mit ihr diesen erbarmungslos aggressiven Willen, das Leben der Kinder zu beschädigen und das Lebendige zu töten. Im intersubjektiven Diskurs wird das hinterbliebene Subjekt mit der Selbsttötung des Gegenübers fertig werden, es muss nicht die Schuld übernehmen, um das »Opfer des eigenen Suizides« in der Unschuld zu verorten. Die Zelebration eines Suizidenten als unschuldiges Opfer, als Opfer des Lebens und der Umstände, ist die Vertuschung von dessen Aggression, die in den Schuldgefühlen der Hinterbliebenen ihren Niederschlag findet. Einer Aggression, die mit tödlichen Mitteln eine lebenslange Aufmerksamkeit erwirkt, zum Teil generationenübergreifend. Dies umso mehr, als die heutige Medizin die Psyche immer mehr genetisch und biologisch zu erklären und zu verorten versucht.

Die Angst- und Panikattacken der beiden Töchter sind einzig die Folge von Schuldgefühlen und nicht die Folge des Todes der Mutter. Im intersubjektiven Diskurs, in dem die Aggressionen im Dienste des Ich stehen, können die Folgen des Suizids eines Gegenübers reguliert werden, vor allem die Gefühle, die – geteilt mit anderen – erträglich und aushaltbar werden. So wirken sie kathartisch auf das Subjekt und behindern nicht den Dienst am Ich. Mit der Zeit ist dieses Subjekt auch wieder in der Lage, die Wohnungseinrichtung umzustellen oder sogar in eine andere Wohnung zu zügeln.

Eine Tote macht keine Angst. Die Schuld an ihrem Tod macht Angst. Angst macht, dass die Aggressionen im Dienste des Ich, die mit dem Suizid ihrer Funktion enteignet wurden, nicht mehr verwendet werden können, ohne schuldig zu werden. Es ist genau diese Not – versinnbildlicht durch geschlossene Räume –, aus der sich Frau Kohler einen Ausweg sichern und garantieren muss. In geschlossenen Räumen gibt es Ausgänge, Notausgänge, hier ist auch die Ausweglosigkeit – zum Beispiel im Flugzeug oder im Zug – überschaubar, zeitlich begrenzt und nicht mehr total. Der Suizid ihrer Mutter war für das zehnjährige Mädchen ein Fall in die Verlorenheit und in die Schuld. Die Ausweglosigkeit aus dieser Schuld wurde mit dem Schweigen über den Suizid und der Idee eines Unfalles zementiert. Frau Kohler sucht nach dem richtigen, nach dem Ausweg aus der Schuld. Im Moment noch weit weg von der Mutter, in geschlossenen Räumen, weil sie mit der Annäherung an die Mutter in die Nähe dieser mörderischen Schuld käme. Die Panik, die sie immer wieder befällt, ist der Fall in die Leere, in die Beziehungslosigkeit.

Wären die Beziehungsstrukturen dieser Familie intersubjektiver Natur gewesen, hätten sowohl der Vater als auch die Tochter diesen Suizid als Verlust der Ehefrau und Mutter verarbeiten und den Schmerz ertragen können. In der Panik jedoch ist der Zugriff auf ein bestehendes rettendes Referenzsystem nicht mehr möglich, da ist nichts als eine zeitlich und räumlich unendliche Ausweglosigkeit. Selbst die Vorstellung von Auswegen ist nicht mehr möglich.

Panik ist die Folge einer verweigerten Anerkennung als Subjekt

So verloren kann sich ein Mensch nur fühlen, wenn ihm die grundlegende Anerkennung als Subjekt verweigert wird. Davon ist bei Frau Kohler auszugehen, denn eine Mutter tötet sich nur, wenn sie ihr Kind als betroffenes Subjekt ausblendet, es nicht wahrnimmt. Die Panik ist der Ausdruck einer verweigerten Anerkennung als Subjekt, das so in der Beziehung keinen Halt mehr hat und dementsprechend keinen Halt als Ich. Eine anerkennende Verbindung lässt Panik gar nicht zu, auch keine Verlorenheit, keinen Fall in die Leere, keine Verzweiflung.

Ist die Erfahrung einer Beziehung mit Schuld verbunden, dann finden wir oftmals einen Grundtonus von Panik, der mit den Schuldgefühlen übertönt wird. Das bedeutet: besser eine Bindung in Schuld als die Bindungslosigkeit in der Panik. Besser die Schwere und Gedämpftheit der Schuld, als die Verlorenheit der Panik. Die Schuld kann in der Ausweglosigkeit einen Halt schaffen, wenn auch einen unangenehmen. Unangenehm, weil das Subjekt nicht als Ich anerkannt wird, sondern als Objekt der Schuld.

Schuld und Schuldgefühle werden meist verheimlicht und sind doch der Kitt in vielen Beziehungen. Die Anerkennung des anderen als Subjekt wird durch hierarchisierende Bindungen ersetzt. Schuldgefühle weisen auf diese verweigerte Anerkennung hin, auf die Ablehnung eines Subjekts, das als Objekt im Dienste des anderen Ich verortet wird. Diese Verweigerung ist eine Form des Liebesentzugs: Die Liebe, also die Anerkennung, wird entzogen. Die Angst *vor* dem Liebesentzug ist, auch hier, Indikator einer bereits eingetretenen Gefahr: Solange eines der Subjekte in einer Bindung mit dem Mittel des Liebesentzugs Machtverhältnisse schafft, solange bleibt diese Beziehung in einem hierarchischen Raum verortet und solange wird das Subjekt nicht auf dieses Druckmittel verzichten. Die Angst *vor* dem Liebesverlust verweist auf diese bereits bestehende aggressive Dynamik. Vor dieser Angst müssen wir uns fürchten.

Die Angst vor *setzt der Panik Grenzen*

In der Panik ist die Angst als eine schmerzvolle Empfindung nicht mehr greifbar. Die Angst hält Bilder bereit, welche die Panik strukturieren und aushaltbar machen können. Wir haben immer Angst *vor* etwas oder *um* etwas, so können wir der Angst ein Gesicht geben und auf diese Weise Vermeidungs- und Umgehungsstrategien entwickeln. Auch die Hoffnung *auf* etwas erschafft Bilder, die das Ich verankern können, ihm einen Ort geben, ein Gegenüber, das uns wohlwollend aufnimmt, tröstet, vielleicht zu unserem Recht verhilft. Solche Bilder sind Versuche, ein anderes Subjekt einzuführen, ein Gegenüber, das in der Panik nicht existent ist. Es sind Versuche, Bindung zu »halluzinieren«, denn ein *vor* und ein *um* implizieren immer: Da ist etwas oder jemand – was oder wer auch immer –, es ist nicht nichts. Sowohl die Hoffnung als auch die Angst lassen also einen

Adressaten entstehen, auf den Bezug genommen werden kann, ein Bezug, der in der Panik fehlt und die Wehr- und Ausweglosigkeit darin begründet. So erweist sich die Panik weder als Fortsetzung noch als Steigerung und Ausweitung der Angst, sondern als das grundsätzliche Fehlen eines anderen, eines zuständigen anderen.

Alle Gefühle stürzen in diesen leeren Raum und werden in ihrer Verlorenheit, in der Panik ersticken. »Ich muss den Atem anhalten, um nicht zu ersticken«, beschreibt mir ein Patient seine Verbindungslosigkeit in der Panik. Oder: »Da ist nichts, und auch mein Ich ist nicht, und das, was davon geblieben ist, muss ich erbrechen.« Diese Leerstelle ist das Fehlen einer Beziehung. Nicht einer *abwesenden* Beziehung, die durch Tod oder Wegzug verursacht sein könnte, sondern einer *abweisenden*. Die Panik verweist auf eine Selbstobjekt-Beziehung, in der das Kind nicht als Subjekt anerkannt wird, sondern der Mutter, dem Vater oder beiden als Selbstobjekt dient: In der Panik fehlt die Wahrnehmung seiner selbst – in Wiederholung der mangelnden Wahrnehmung als Subjekt.

Erst die Erfahrung einer intersubjektiven Beziehungsstruktur wird ermöglichen, diese Leerstelle zu erkennen, erst die Möglichkeit eines vertrauensvollen Verlasses auf ein anderes Subjekt. Und erst in diesem Gewebe der Anerkennung als Subjekt wird sich die Panik legen und der Diskurs ändern. Daher braucht es in der therapeutischen Beziehung den anderen, den Therapeuten, und zwar nicht als den anderen, der es besser weiss, sondern als anwesendes Subjekt, das die Abwesenheit eines verlässlichen Subjekts erst erkennbar machen kann. Denn die Leere ist nicht aus der Leere heraus erkennbar, so wie die Anerkennung von Wert und Dasein nicht aus dem Ich geschöpft werden kann.

Es bedarf eines anderen Subjektes und eines intersubjektiven Raumes, um die Leerstelle benennen und aushalten zu können. Wäre da niemand oder wäre da niemand gewesen, würde sich das Problem anders stellen. Die Subjektwerdung und Ich-Konstituierung dieses Kindes erschwert sich. Wird ihm die Anerkennung als Subjekt verweigert, sucht sich das Kind Möglichkeiten, um dieser Vernichtung zu entkommen. Mit Schuldgefühlen, der Angst *vor* und der Hoffnung *auf* kann es diese Form der Ablehnung zeitweise überbrücken und aushaltbar machen. So ist da nicht mehr nichts, sondern etwas, *vor* dem es Angst haben kann, auf das es hoffen kann und das es besser machen kann. Die Falltüre zum Abgrund der Bedeutungslosigkeit kann mit diesen Notmassnahmen zwar nicht verriegelt, aber doch zeitweise kontrolliert und die Not vorübergehend entschärft werden. Solche Massnahmen bieten zwar keinen Ausweg, schützen jedoch vor noch grösserem psychischem Elend, gar vor dem Wahnsinn.

Wenn die Kinder »Eltern« werden

Zu diesem Sturz in die Leere sagt Frau Bühler: »Ich warte ständig auf den Aufprall unten im Abgrund.« Dieser Abgrund wäre für sie eine Kündigung ihres Arbeitsverhältnisses. Die Angst davor lässt sie noch mehr arbeiten – sie arbeitet, um sich zu beruhigen. Die Umwandlung der Panik in eine Angst *vor* bietet ihr Schutz vor der Haltlosigkeit, vor dem Abgrund der Panik, weil sie damit Möglichkeiten beruhigender Handlungen erhält. Das Burnout, das sie zu einer Therapie führt, erweist sich als eine Erschöpfung am Funktionieren, einer Erschöpfung an der Angst. Es ist eine Erschöpfung der Abwehr und eine Erschöpfung an der Abwehr.

Werden die Beziehungsbestrebungen eines Kindes nicht intersubjektiv beantwortet, kann sich im Inneren seines Ich keine Instanz bilden, die den eigenen Wert und das eigene Dasein bestätigt, wahrnimmt und würdigt. So ist das Kind später darauf angewiesen, die Anerkennung seines Ich ausserhalb seiner selbst zu suchen. Denn das Subjekt, das bestätigt werden will, kann nicht Ich sein. Der Mangel an einer inneren Referenz macht es angreifbar und verletzlich, weil es schutzlos der Aussenwelt ausgeliefert ist, sich immer wieder in der Funktion als Selbstobjekt verliert, das heisst, seine Anerkennung darin findet, die Erwartungen eines anderen Subjekts zu erfüllen. Das kann bei Kindern zu einer Parentifizierung führen.

Die Parentifizierung
bedeutet, dass das Kind die Rolle und die Funktion der Eltern, der *parents*, übernehmen muss. Es hat den Eltern eine gute Mutter, ein guter Vater zu sein. Einerseits wird ihm damit eine gewisse Anerkennung zuteil, die es sonst entbehren müsste, andererseits kann es damit eine Familiendynamik stabilisieren, die ohne seine Hilfe vermutlich noch prekärer wäre.
Für das Kind selber ist diese Funktion immer eine Überforderung, weil es einem Kind gar nicht möglich ist, elterliche Funktionen zu übernehmen, da es sie selber benötigt. Es ist ein Missbrauch, der die Entwicklungsmöglichkeiten des Kindes einschränkt oder gar wegnimmt. Kindsein bedeutet für dieses Kind, Partner zu sein, Freundin zu sein, Ehefrau zu sein, stets *parents* zu sein.

»Ich musste immer ruhig sein«, erzählt Frau Bühler, »damit meine Mutter auch ruhig wurde.« Oder: »Ich musste immer glücklich sein, denn wenn es mir schlecht gegangen wäre, wäre meine Mutter zerbrochen. Das wusste ich. Ich habe als Kind sehr lange eine grosse Angst verspürt, am Abend ins Bett zu gehen und nicht zu wissen, was morgen ist. Ob morgen noch alles so ist wie heute. In der Nacht konnte ich die Mutter nicht beruhigen, da ich geschlafen habe.« Die ständige Rücksichtnahme auf das elterliche Befinden bleibt als innere Instanz zurück.

Die Parentifizierung beinhaltet ausgesprochene und unausgesprochene Verpflichtungen, die gerne den Mädchen zugeordnet werden. Gibt es kein Mädchen, werden auch Buben verpflichtet. Hinzu kommen die Sanktionen, falls das Subjekt sich weigert, die ihm zugewiesene Rolle zu übernehmen, oder dazu nicht imstande ist. Bestraft wird mit Ablehnung und Liebesentzug, die das Kind beschämen und es zurück in eine Rolle führen sollen, die nicht die seine und daher immer überfordernd ist. Das kindliche Subjekt wird zum Dienst an einem anderen genötigt, ein schwerer psychischer Missbrauch, eine Vergewaltigung gar, die es in Panik und Verzweiflung stürzt.

Um die lebenswichtige Verbindung zu den Eltern zu erhalten oder überhaupt erst zu ermöglichen und um in der Familie nicht verloren zu gehen, bedient dieses Kind das Bedürfnis seiner Eltern nach elterlicher Fürsorge. Diese Funktion wird es später auf alle wichtigen Beziehungen übertragen, und als Erwachsener wird es deshalb in Beziehungen keinerlei Entspannung finden geschweige denn für eine intersubjektive Beziehung bereit sein. Der intersubjektive Raum ist zerstört, sodass oft keinerlei Ich-Abgrenzung mehr möglich ist, weil das Ausleben des Ich in diesem Diskurs Verantwortungslosigkeit gegenüber einem oder beiden Elternteilen bedeutet. Die Differenz zu einem anderen Ich ist aufgehoben, und das führt zu Einsamkeit, weil die Erfahrung eines Gegenübers fehlt, eines Du, welches das Subjekt als Referenz in Anspruch nehmen kann. Es gibt viele Frauen und Mütter, die an dieser Parentifizierung leiden, sie als Rolle übernehmen und an ihre Töchter weitergeben. Sie gelten als sehr tüchtig und aufmerksam, ohne dass ihnen bewusst ist, dass sie damit ihre eigene Anerkennung herstellen, bewirten und sich so schützen können vor der Feststellung, dass sie selber etwas brauchen und selber bedürftig sind.

»Da ist jemand, für den bin ich jemand« ist die Kurzformel der intersubjektiven Beziehung, die es ermöglicht, die Differenz nicht als Ausschluss und Schuld zu erfahren, sondern als Freiheit und Autonomie. Damit bleiben die Panik und die Angst *vor* der Schuld aus. Solange die Panik als eine individuelle, ganz private neurotische Störung diagnostiziert wird, ohne nach den gesellschaftlichen Hintergründen zu fragen, solange akzeptieren wir Gewalt.

»*Ich habe all die Morde gedacht ...*

... und habe dann mich selbst zerstören wollen, mich selbst, also die Welt«, sagt Friedrich Glauser in seinem autobiografisch geprägten Roman *Gourrama* von 1940. Der Schweizer Schriftsteller hat die Wucht eines Selbstmordes als Mord an der Welt erkannt. Ein Schlag gegen sich ist ein Schlag gegen die Welt, und ein Schlag gegen die Welt ist ein Schlag gegen sich. Ein Mord ist auch ein Selbstmord, und ein Selbstmord ist auch ein Mord. Weil die intersubjektive Terminologie die Schuld nicht kennt, wird der Suizident in diesem Diskurs die Verantwortung für seine Tat übernehmen. Damit entfällt der Reiz, an der Welt, also am anderen, Rache zu nehmen, weil das Subjekt sein eigenes Leben über die Lust an der Vernichtung des anderen stellt. Im Fall eines Suizids würde diese Tat postum nicht totgeschwiegen und den Angehörigen die Schuld daran aufgebürdet, sondern als eigenverantwortliche Entscheidung des Suizidenten respektiert.

Im intersubjektiven Diskurs ist die Tote also nicht Opfer, sondern Subjekt ihrer Tat. Damit könnten die von Schuld entlasteten Kinder eine Wut auf die Mutter entwickeln, die sie so früh alleine gelassen hat, eine Wut, die im Dienst des Ich steht. Ohne diese Wut wird das in Schuld verwickelte Kind ohnmächtig, sprachlos, schweigsam; es wird sich zurückziehen, nicht aus Trauer über den Verlust, wie das gerne gedeutet wird, sondern aus Angst *vor* der Schuld, die ihm verunmöglicht, seine konstruktiven Aggressionen zu nutzen. Findet diese Wut kein Ventil, wird sie zur Depression implodieren, zu Panikattacken, sie wird Einsamkeit nach sich ziehen, deren Ursachen niemand mehr auf den Opferdiskurs der Suizidentin zurückführen wird, auf jenen Moment, in dem die Kraft der konstruktiven Aggression dem Kind entrissen wurde, diesem Kind, das dann als Erwachsene mit einer psychiatrischen Diagnose fertig werden muss.

Wenn die nunmehr toten Mütter von Frau Becker und Frau Kohler fähig waren, ihr Kind in die Verantwortung an ihrem Tod zu ziehen, dann waren sie auch fähig, diese Verantwortung selber zu tragen. Deshalb ist der Suizid ein Akt der Zerstörung des anderen, ein Akt des Hasses. Damit generierte die Mutter eine Erhöhung ihres Selbst, und auf dieser Höhe bleibt sie unantastbar und unfehlbar – und unvergesslich. Unvergesslich für die Angehörigen, die sich nur schwer von der Bürde der Schuld zu lösen vermögen. Unvergesslich und unfehlbar, wie die Mutter es sich zu Lebzeiten gewünscht hatte.

Wer in sich eingeschlossen ist, wurde zuvor ausgeschlossen

Es ist der erste Schultag. Alle Eltern sind anwesend. Auf die Frage der Lehrerin, wer welches Tier sein möchte, verkündet Roland: »Ein Bakterium. Dann kann ich töten.« Umgehend wird der Junge an den schulpsychologischen Dienst verwiesen, der seine gewalttätigen Absichten abklären soll. Obwohl es sich nur um Phantasien handelt, wird Roland von den anderen Kindern fortan gemieden und von ihnen ausgeschlossen; er bleibt in sich eingeschlossen und wird zusehends depressiver. Die Tiger und Panther, Löwen und Bären dieser ersten Klasse bleiben verschont von psychologischen Abklärungen und verbünden sich, alle Raubtiere zusammen, gegen das Bakterium. Mit der Romantisierung der Raubtiere und ihrer Umwandlung in Kuscheltiere aus Stoff werden ihnen die scharfen Zähne gezogen und wird ihr aggressives Potenzial in eine Einschlafhilfe umgewandelt. Die Möglichkeit zu töten haben wir alle, ob wir davon Gebrauch machen, ist eine andere Frage. Dieses Beispiel lässt uns auch erkennen, wie durchgehend die Aggressionen im Dienste des Ich entschärft werden, bis hinein ins Kinderbett. Roland wird schuldig, obwohl er nur ausgesprochen hat, was wir alle hätten sagen können. Alleine deswegen wird er prophylaktisch in die Psychotherapie geschickt.

Das Töten als mögliche Handlung und als Ausdruck der Aggressionen im Dienste des Ich wird sofort in einen Schulddiskurs gewendet. Das mag uns vor Augen führen, wie enorm die Kräfte sind, die solche Aggressionen sofort als destruktive bezeichnen. Denn das eigentlich aggressive Moment ist, dass einem Subjekt die Verantwortung über den Gebrauch seiner Aggressionen entzogen wird, indem sofort der Opferdiskurs bestimmend wird. Roland soll geschützt werden vor sich selber, vor seinen aggressiven Tendenzen, damit nicht andere und er selber Opfer davon werden. Jetzt, wo er noch klein sei, so das Argument der Lehrerin, könnte das wohl noch korrigiert werden. Diese Auslegung des Wunsches, ein Bakterium zu sein, konsolidiert den Schuld- und Opferdiskurs, in dem die konstruktiven Aggressionen eines Subjekts in destruktive gewendet werden, alleine, um sie am Dienst am Ich zu hindern. Die Schuld an einem möglichen Opfer wird Rolands Identitätsbildung massgeblich bestimmen und ihm den Weg eines eigenverantwortlichen Subjektes verwehren: Seine Aggressionen werden in die Schuld verwiesen und müssen korrigiert werden. Der Kanon der Schuld verdrängt die Tatsache, dass ein Subjekt die Möglichkeit hat zu töten. Ausgehend von seiner Schuld, gemessen an möglichen Opfern, wird Roland zukünftig gemieden.

> **Die Schuld ist ein Messwert,**
> auch wenn keine besteht. Der Diskurs der Schuld erfordert ein Gegenüber, an dem Schuld gemessen werden kann. Es ist das Opfer, das die Schuld messbar macht und damit die Beziehung hierarchisiert. Das Opfer steht im Fokus dieses Narrativs, das andere Subjekt ist der Täter. Der »Beschädigte« definiert das Bezugssystem, der »Schädiger« wird ausserhalb dieser Zuweisung nicht als eigenverantwortliches Subjekt beachtet. Als Schuldiger verliert er sowohl seine Subjektivität als auch seine Souveränität.

Wichtig ist in diesem Fall vor allem die Tatsache, dass einem Subjekt die Eigenverantwortung über seine Aggressionen nicht abgesprochen werden kann, ohne dass gerade dieser Akt zur Gewalttat wird. Es gibt keinen Grund, Roland von der Eigenverantwortung zu entlasten und die Regulierung seiner Aggressionen zu übernehmen. Als Verantwortlicher für sich selbst wird er es vermutlich bei der Phantasie belassen, um nicht in den Kreislauf der Selbstdestruktion zu geraten. Mit der Antizipation einer möglichen Gewalttat hingegen geraten Rolands Aggressionen unter die Kontrolle anderer und wird sein Leben eingeschränkt – dies ist die eigentliche Gewalttat.

Das Argument der Angst ist hier nicht haltbar, weil die Angst *vor* einer möglichen Gewalttat Rolands eine Hypothese ist und nur dazu dient, den Schuld- und Opferdiskurs aufrechtzuerhalten. Die Pathologisierung des Jungen bedeutet die Entwertung eines Subjekts, das durchaus imstande ist, eigenverantwortlich zu handeln. Allenfalls bräuchte das siebenjährige Kind Hilfe, um die Übergriffe zu entlarven, die es dazu bringen, Tötungsphantasien zu entwickeln, um sich zu retten und den anderen zu töten, damit es nicht selber getötet wird. Roland ist als eigenverantwortliches und nicht als verantwortungsloses, destruktives Subjekt ernst zu nehmen. Stattdessen stigmatisiert der bestehende Diskurs den Jungen als *möglichen* Täter, verfestigt damit seine *mögliche* Schuld, und die Therapie erhärtet seine Identitätsbildung als *möglicher zukünftiger* Täter. Der Ausschluss aus der Gemeinschaft ist für Roland unerträglich, er beginnt sich mit seiner

»Täter«-Rolle zu identifizieren, prügelt sich mit anderen Kindern, plagt sie hinterhältig und zieht sich noch mehr in sich zurück. Jeder in sich Eingeschlossene ist ein zuvor Ausgeschlossener.

Die Macht des Einverständnisses

Roland wird als Subjekt einer *möglichen* Schuld zum Objekt einer gemeinsamen Projektion. Die Gemeinschaft findet sich zusammen in der stillschweigenden Übereinkunft, dass mögliche Opfer geschützt werden sollen, letztlich auch der »Täter« vor sich selbst. So erweist sich die »Hilfe«, die Roland zukommt, als eine Beruhigung seiner Umgebung. Eltern und Lehrerschaft sind nun beruhigt, ihn nun in guten Händen versorgt und aufgehoben zu wissen. Sie sind beruhigt, weil sie ihre auf Roland projizierten Aggressionen los sind und auch diese in guten Händen wissen, nämlich bei Roland, der darüber verzweifeln wird. Mit seiner »Widerspenstigkeit« bietet der Junge auch Anlass zur Beruhigung: Die Projektionen können weiter auf ihn gerichtet werden, und es muss kein neues Objekt dafür gesucht werden. Die Angst *vor* der Eltern und Lehrer erweist sich bei genauem Hinsehen als ihre eigene Aggression, die in Roland ein Depot findet und hier behandelt wird. Die ausgelagerten Aggressionen *erzeugen* erst das Zielobjekt, das *vor* diese Angst gestellt wird. Sobald sich Roland nicht mehr als Projektionsfläche eignet, sobald er die Projektion zu entlarven vermag, wird die Suche nach einem neuen *Objekt der Angst* beginnen, und wir wissen, dass die Angst *vor* immer ein Objekt zu finden vermag.

Ich möchte diesen Mechanismus als eigentlichen Wahnsinn bezeichnen – und nicht den Wahnsinn, der als psychiatrische Diagnose gängig ist. Es ist ein Wahnsinn, dass Aggressionen auf ein Subjekt/Objekt projiziert werden können und als Angst *vor* was auch immer eine gesellschaftliche, allgemeingültige Verankerung finden. Fernab von denjenigen, welche die Aggressionen projizieren. Obwohl Roland nichts mit diesen Projektionen zu tun hat, sind sich die Lehrerschaft und die Eltern in der vermeintlichen Angst *vor* seinen *möglichen* Gräueltaten einig, ihn auszuschliessen und psychiatrisch zu behandeln. Sie meinen damit etwas Gutes zu tun. Der Wahnsinn ist: Je mehr sich diese gemeinsamen aggressiven Projektionen als Angst *vor* zu tarnen vermögen, umso mehr können sie als Instrument der Gewalt bedient werden.

Tatsächlich können solche Einverständnisse zu einer Mächtigkeit heranwachsen, die gewalttätiger nicht sein könnte. Dass solche Bündnisse für sich jeweils beanspruchen, recht zu haben, und die Angst als Legitimierung von Gewalt, Ausschluss, Therapien und Gefängnissen benutzen, spielt dabei eine wichtige Rolle. Der Sündenbock-Diskurs, der sich so etabliert, muss als eigentlicher Wahnsinn bezeichnet werden: Die Angst *vor* unterstellt Roland destruktive Absichten und legitimiert damit, ihn als möglichen Täter zu verorten und vorbeugende Massnahmen zu ergreifen. Die Projektion der eigenen Aggressionen, auf denen die Angst *vor* gründet, vervielfältigt – geteilt mit vielen – im gleichen Verhältnis genau diese Aggressionen. Es ist also nicht die Angst, die Bündnisse hervorruft, um die Angst zu vertreiben, sondern es sind die projizierten Aggressionen.

Während des Balkankrieges Anfang der 1990er Jahre hat das Schweizer Radio eine Sendung ausgestrahlt, in der direkt ins Studio angerufen werden konnte. Alle konnten telefonisch ihre Meinung zum Krieg äussern, anzugeben hatten sie ausschliesslich ihren Beruf. Unter anderen rief eine Frau an, die von Beruf Kioskverkäuferin war. Daraus schloss ich auf eine bildungsferne Person. Zum damaligen Staatspräsidenten Milosevic meinte sie:»Die beste Art, seine Angst loszuwerden, ist, sie anderen einzujagen.« Diese Aussage hat mich so beeindruckt, dass ich mich noch 25 Jahre später daran erinnere. Die beste Art, seine Aggressionen loszuwerden, ist, sie auf andere zu projizieren, um dann vor den anderen Angst zu haben und so die Rechtfertigung zu erhalten, sie zu töten. Das Subjekt, das tötet, übernimmt keine Verantwortung für seinen Gewaltakt, sondern rechtfertigt ihn mit dem Status als Opfer einer Bedrohung. Ich gehe davon aus, dass ein Subjekt, das die Verantwortung für seine Tat übernimmt, weniger schnell tätlich wird, weil es sich letztlich nicht auch noch selber gefährden will. Wenn es jedoch die Verantwortung für seine Gewalttätigkeit nicht übernimmt, sondern in einen Opferdiskurs auslagert, erschliesst es sich eine Art Freibrief, um seine Aggressionen in Destruktion umzuformen und deren Ziel als gerechtfertigt zu erachten. Wir sind aber Subjekte unserer Aggressionen, auch der destruktiven, und handeln nicht als Opfer, die aus Angst vor etwas oder jemandem zu destruktiven Handlungen gezwungen werden.

Die Wertung der eigenen Aggressionen darf nicht überantwortet werden, weil der Schuld- und der Opferbegriff äusserst variabel und den bestehenden, ebenfalls sehr variablen Machtstrukturen unterworfen ist.

Die Mutter – das dritte Geschlecht

Herr Kühn zieht, obwohl erst Ende vierzig, mit seiner Mutter in ein Altersheim. Er hatte panische Angst davor, ohne seine Mutter leben zu müssen, bis ihm bewilligt wurde, auch im Altersheim mit ihr zu wohnen. Die Familie Kühn lebte seit seiner Geburt in einer kleinen Dreizimmerwohnung in kleinbürgerlicher Enge. Der Sohn hat eine Lehre abgeschlossen. Er verliess und verlässt die Wohnung nie, ausser um zur Therapie oder einkaufen zu gehen, und zwar das, was ihm seine Mutter auf den Einkaufszettel schreibt. Herr Kühn ist normal intelligent. Ab und zu spielt er auf seiner Handorgel, was ihm sichtlich Spass macht. Sein Alltag spielt sich immer gleich ab: essen und schlafen, auch der Haushalt muss gemacht werden.

Herr Kühn ist eine Art Diener des kleinen Haushaltes, er geht der Mutter zur Hand und versucht sich kleine Nischen der Freiheit zu erobern, die aber nie ganz ausserhalb ihrer Reichweite liegen. Ab und zu treibt er Sport, doch plötzlich fehlt ihm die Energie dafür, er bekommt Angst, er fühlt sich einfach nicht wohl ohne die Mutter. Das Handorgelspiel hat er sich selber beigebracht, in eine Handorgelstunde oder einen Gruppenunterricht will er nicht gehen, weil er vor lauter Angst nicht mehr wird sprechen können und schon gar nicht mehr spielen. Der Vater sitzt den ganzen Tag vor dem Fernseher und brummt in sich hinein. Ab und zu ärgert er sich über das Geräusch des Staubsaugers oder das Essen.

In der Kleinheit dieser Wohnung und der ständigen Bezugnahme aufeinander verliert Herr Kühn die Verbindung zum aussen. Als Kind, so erzählen es ihm die Eltern heute, hätten sie immer auf ihn aufpassen müssen, weil er waghalsig Bäume bestiegen habe, unvorsichtig und draufgängerisch gewesen sei. Scheinbar grundlos habe er sich auf dem Pausenplatz mit anderen Jungen geschlagen, bis die Eltern aufgefordert wurden, ihren Sohn besser zu erziehen und ihm Anstand und Zurückhaltung beizubringen. Herr Kühn hat sich im Laufe seines 48-jährigen Lebens mit den elterlichen Strukturen und den ihm auferlegten Einschränkungen identifiziert, seine Ängste wurden dementsprechend immer grösser, der Rückzug immer stärker, bis ihm das Leben ausserhalb der kleinen Welt der Familie unerträglich wurde.

Wie die in Gefangenschaft geborenen Raubtiere im Zoo sich in der freien Wildbahn nicht mehr zu behaupten wissen, so wurde die Welt ausserhalb der elterlichen Kontrolle für Herrn Kühn mit der Zeit nur mehr schwer zugänglich. Und wie ein Zootiger sein Gehege selbst bei offenen Türen nicht verlassen würde, hat auch Herr Kühn keinen Wunsch mehr nach etwas anderem als dem Käfig, weil seine Aggressionen im Dienste des Ich nicht mehr verfügbar sind und damit die Aussenwelt nur noch als bedrohlich erlebt werden kann. Die Möglichkeit einer Alternative zu seinem aktuellen Leben bleibt ausgeschlossen, weil er sie nicht einmal mehr zu denken vermag. Er rechnet sein Leben, seine Zukunft aus der vorherrschenden und alles beherrschenden Empfindung der Angst hoch, und so werden diese Ängste als schlimm und dann endgültig als unerträglich *voraus*geahnt.

Herr Kühn muss den Zug nehmen, um zu mir in die Praxis zu kommen. Da im Hauptbahnhof Zürich auf drei verschiedenen Etagen Züge verkehren, hat er immer wieder grosse Mühe, den Weg zu mir zu finden. Manchmal nimmt er die Handorgel mit und spielt mir etwas vor, und plötzlich, während des Spielens, wird sein Blick entrückt, und ich kann nicht mehr davon ausgehen, dass er mich als seine Therapeutin erkennt. Das sind unheimliche Augenblicke, da ich nicht weiss, wen er jetzt vor sich zu haben und wo er zu sein meint. Herr Kühns Vater stirbt noch vor dem Umzug ins Altersheim, fast unbemerkt verschwindet er aus dem Leben von Mutter und Sohn. Nun haben sich die beiden allein. Der Alltag sei jetzt einfacher und ungestörter, sagt Herr Kühn, weil sie keine Rücksicht mehr auf ihn zu nehmen bräuchten.

Herr Kühn kommt zu mir, weil er eine gerichtliche Massnahme hat. Er muss sich einer psychotherapeutischen Behandlung unterziehen, weil er mehrmals wegen Exhibitionismus verurteilt worden ist. In der Enge der elterlichen Kontrolle, in der Ausweglosigkeit, die begründet wird durch einen Vater, der den Sohn ganz der Mutter überlässt, wie auch einer Altersheimleitung, die ihm einen Platz zuweist und so die Bindung an die Mutter bis zu ihrem Tod besiegelt, sucht sich seine Triebhaftigkeit eigentümliche Wege. Herr Kühn ist ungefährlich, er hat selbst zu viel Angst, um gefährlich werden zu können, er *ist* Angst. Er hat keine Aggressionen mehr, er ist das Anhängsel seiner Mutter, ihr Selbstobjekt, das und sonst nichts mehr.

Wir müssen uns diese Mutter nicht als resolute Frau vorstellen, die ihren Sohn mit grossem psychischem Druck in die Unterwerfung und in die Selbstauflösung zwang. Ihre Dominanz war und ist der unscheinbare, aber unentwegte Druck ihres merkwürdigen Leidens an dieser Welt, dieses Leidens an allen und allem. Klein und übergewichtig, sog sie gleichsam jeden in ihre Schuld, in ihren Schlund, und der Ehemann opferte dazu seinen Sohn, um sich gewissermassen frei vor den Fernseher setzen und das Recht nehmen zu können, die Frau von da aus herumzukommandieren. Ein

Kind kann sich diesem mütterlichen Sog nicht entziehen, zumal der Vater zulässt, dass es hineingesogen wird, um sich selber davor zu bewahren. Um seine Sexualität nicht inzestuös zu verwirklichen, wählt Herr Kühn dafür den Wald und seinen Mantel, die Gebüsche hinter dem Personalhaus eines Spitals und die Dunkelheit der Nächte. Mit seinem Exhibitionismus bleibt er der Mutter treu: Er hat keine Frau, er rührt keine an, er kann auch kein Bordell besuchen und auch die Selbstbefriedigung gelingt nicht. Gleichzeitig verwirklicht er, auf seine Art, sexuelle Autonomie. Der Schrecken, den er bei den Frauen auslöst, wenn er seinen Mantel öffnet und sein Geschlechtsteil zeigt, erkennt ihm ein Geschlechtsteil und damit ein Geschlecht überhaupt zu.

Dass Herr Kühn nun in eine Therapie muss, um seinen Exhibitionismus zu behandeln, ist ein schwieriges Unterfangen, weil diese Perversion eine tragische Nebenerscheinung eines viel grösseren Dramas ist. Dem Drama, dass er das Elternhaus nie verlassen hat und jetzt noch mit seiner Mutter ins Altersheim ziehen wird, wurde bisher, ausser Schulterzucken, keine Aufmerksamkeit geschenkt. Vermutlich wird er im Altersheim sogar der »Hahn im Korb« sein, und viele andere Mütter werden diese Mutter beneiden, weil der Sohn ihr so treu und ergeben ist. Das kann ich nur vermuten, denn Herr Kühn hat nach dem Einzug ins Altersheim mit der Therapie aufgehört. Die Mutter war nicht mehr einverstanden damit, erachtete die Behandlung als überflüssig und nicht zuletzt als gefährlich, weil ihr Sohn angefangen hat, wütend zu werden und sie sogar einmal beschimpft hat. Herr Kühn teilte die Meinung seiner Mutter: Er wollte ja nicht wütend werden auf sie, und er habe Angst davor, noch wütender zu werden; er habe sie doch gern, und sie tue alles für ihn. So sei er gut aufgehoben, und auch die Mutter sei zufrieden. Aus diesem Grund wird er sie nie verlassen. Damit wird Herrn Kühns Exhibitionismus erstaunlicherweise zu einer autonomen Möglichkeit, weil die Schuld an der Mutter uneinlösbar ist, ohne das Inzesttabu zu brechen. Seine Angst *vor* dieser Schuld bindet ihn paradoxerweise an die Mutter und an diese Perversion. Damit stabilisiert sich Herr Kühn. Eine Therapie würde dieses Setting destabilisieren und ihm noch mehr Angst machen, vermutet er.

Die aufopfernde Mutter, die so besorgt ist um den Sohn, dass sie ihn noch mitnimmt ins Altersheim, wird für diese Mutterliebe bewundert und erhält dafür Anerkennung. Diese Anerkennung wird zum doppelten Verrat an ihrem Sohn; so bleibt sie weiterhin befugt, ihn in ihre Schuld, in ihren Schlund zu ziehen und als Selbstobjekt zu missbrauchen. Ihre aufopfernde Mutterliebe verdeckt deren antreibende Gier. Damit entzieht sie sich der

Verantwortung, ihr Begehren eigenständig zu regulieren. Sie wird zu einer Art »drittem Geschlecht«, sowohl ihre sexuelle Identität als auch ihr sexuelles Ziel bleiben undefiniert, schwammig und spielen sich in unfassbaren Räumen und genauso unfassbaren Handlungen ab – so wie die exhibitionistischen Handlungen des Sohnes.

Die primäre Perversion ist folglich diejenige der Mutter, die sich ihren Sohn als Objekt der »Mutter-Liebe«, als Subjekt ihres Begehrens schnappt. Sie muss nicht um ihn werben, ihn nicht verführen und umgarnen, damit er sich in ihre Wünsche einbindet – er steht in ihrer Schuld und damit vollumfänglich zu ihren Diensten. Sie formte ihn zum Selbstobjekt, und wenn er autonome Gelüste hat und wütend wird, dann bricht *sie* die Therapie ab. Seinen Exhibitionismus beklagt sie nicht, bleibt sie damit doch konkurrenzlos und die wichtigste Frau in seinem Leben. Keine andere Frau schiebt sich zwischen sie beide; der Sohn ist beschäftigt mit seiner Strafe und seinen erneuten nächtlichen Versuchen, auf seine Rechnung zu kommen. Seit langem hat er keine Wünsche mehr. Sie werden überdeckt von der sich aufopfernden Mutterliebe, einer Schuld, die niemals einzulösen ist, nicht zuletzt, weil das Inzesttabu das Begehren der Mütter nach ihren Söhnen verbietet. Eine körperliche Nähe zum Sohn kann in der Mutterliebe, zumindest einseitig, erreicht werden. Sie wird jedoch nicht als mütterliches Begehren gelesen werden. Damit kann die mögliche Schuld der Mutter, den Sohn in ihr Begehren einzubinden, abgewiesen werden und gleichzeitig ihr sexuelles Begehren nach ihm bestehen bleiben.

Das Inzesttabu verbietet die Vereinigung von Mutter und Sohn. Nicht weil lange Zeit die Annahme vorherrschte, dass Inzeste zu Degenerierungen führen, sondern um das Begehren der Söhne nach anderen Frauen zu befreien, um ihnen eine eigenständige Potenz, getrennt vom mütterlichen Begehren, zu ermöglichen. Das Inzesttabu ist ein »Männerschutz«. Solange die Ödipusgeschichte psychoanalytisch einseitig aus der Perspektive des begehrenden Sohnes gelesen oder das Inzesttabu als Vorkehrung gegen degenerative Schäden verstanden wird, solange bleibt am Sohn etwas hängen, das ihn an die Mutter bindet. An seinen Schuldgefühlen wird es ablesbar bleiben, an seinen allfälligen sexuellen Ängsten und allgemeinen Ängsten vor Frauen auch.

Sicherheit, Schutz und das Recht auf Differenz muss einem Heranwachsenden gewährt werden, ohne dass er in die Schuld verpflichtet wird, der Mutter ihren Verzicht auf das Begehren zurückzuerstatten. Die Pflicht der Mutter gegenüber ihrem Kind darf nicht vermischt werden mit einer Schuld, die dem Sohn nun als *seine* Verpflichtung gegenüber der Mutter übertragen wird. Auch nicht als sexualisierte Pflicht: Die Mutter muss ihr Begehren eigenverantwortlich regulieren, und ihre »Liebe« zum Kind darf kein sexuelles Begehren sein. Dann wird Herr Kühn seine sexuellen Wünsche nicht mehr auf Subjekte richten müssen, die ihm keine Erfüllung gewähren. Er wird keine exhibitionistischen Handlungen mehr vornehmen müssen, um überhaupt eine geschlechtliche Identität erfahren zu können. Der mütterliche Missbrauch in seiner frühen Kindheit und auch später verlangte von ihm, kein Geschlecht zu haben, weil er der Phallus seiner Mutter sein sollte: *Ihr* begehrtes Objekt mitsamt den ihm zugeordneten Attributen von Macht und Stärke. Um diese Auflage zu erfüllen, ist ihm eine eigene geschlechtliche Identität mit eigenem Begehren nur hinderlich, weil sie der mütterlichen Kontrolle entschwinden würde. Zudem soll auch er – so wie sie mit ihrer Aufopferung – auf die Erfüllung seiner Sexualität verzichten. Der Exhibitionismus verhilft ihm – über den Schrecken der Frauen – zu einer Anerkennung seines Geschlechtes und der geschlechtlichen Differenz. Er kennt das »unschreckliche« Begehren gar nicht. Vermutlich ist seine Mutter einmal erschrocken, als sie bei ihm eine sexuelle Erektion entdeckt hatte, weil er ihr von da an nur noch schwerlich als *ihr* Phallus dienen konnte. Seine exhibitionistischen Momente bleiben ihm ein kleines Aufatmen in der Anerkennung seines eigenen Geschlechtes.

Es sind, statistisch gesehen, vorwiegend Männer, die exhibieren, Söhne von Müttern. Dass Mädchen als Phallus missbraucht werden, ist deswegen nicht weniger üblich, die Symptome zeigen sich hingegen anders. Die Ursachen dafür werden auch hier nicht gesucht. Als eines der möglichen Symptome habe ich im vorhergehenden Kapitel die Magersucht erwähnt. Wenn wir die Mutterliebe auch als ein mögliches sexuelles Begehren lesen, können wir die Symptome ihrer Kinder, der Söhne und Töchter, besser oder überhaupt erst als erstrebte Autonomieversuche verstehen. Der Exhibitionismus, um nur ein Extrem der Möglichkeiten zu nennen, und die Magersucht als eine Auswahl unter vielen sind Auswege, um sich Autonomie zu ermöglichen, oder zumindest ein Versuch. Es bleiben Versuche, mögliche Auswege, die letztendlich keine sind. Das Gemisch aus Pflicht und Schuld bleibt bedrohlich und lässt zudem sexuelle Perversionen entstehen, die dem Subjekt den Weg zu einer erfüllten Sexualität versperren.

Wachsen Kinder in einem hierarchischen Diskurs auf – und das ist bei den meisten der Fall –, haben sie keine andere Wahl, als sich als Objekt der Wünsche eines anderen zu situieren und darin Identität und Anerkennung zu suchen. Die Entmachtung beginnt meistens sehr früh in der Kindheit und entfaltet sich, sofern niemand einschreitet, kontinuierlich. Das Kind wird sich schrittweise anpassen, vielleicht hilft ihm die Hoffnung auf bessere Zeiten, diesen Zustand auszuhalten. Als Erwachsener wird es sich die Unterwerfung zunutze machen, um zu Wertschätzung zu kommen, jedoch stets auch versuchen, in dieser Beziehungsform Autonomie und Selbstbestimmung zu erlangen.

Wir wissen zum Beispiel (siehe: *Strukturierte Verantwortungslosigkeit*, Suhrkamp 2010), dass es im internen System der Finanzpaläste kein Privatleben mehr gibt. Der Banker stellt sein Leben oft bis hin zur Selbstaufgabe der Finanzwelt zur Verfügung, und das wird auch von ihm erwartet. Dass er damit seine Identität konstituiert, erscheint folgerichtig und logisch. Ebenso logisch ist innerhalb dieses Diskurses, dass er diese Identität bei einem Finanzcrash nicht über- und neu denkt, sondern sofort alles unternimmt, um solche Gedanken zu verdrängen und sich wieder in den Dienst des Wachstums zu stellen. Ein der konstruktiven Aggressionen beraubtes Subjekt sucht sich eine neue Instanz, ohne die sein Ich verloren zu gehen droht. Das Problem, Identität als Objekt eines anderen zu suchen und zu finden, unterscheidet die im Buch interviewten Banker nicht von Herrn Kühn.

Die Sorge wird zu Gift

Sich aus der Schuld am anderen zu lösen wird erst möglich, wenn man mit den Versuchen aufhört, sie abzutragen. Dann kann sich das Subjekt seiner Aggressionen im Dienste des Ich wieder bemächtigen. Die Schuld als Beziehungskitt, der die Aggressionen im Dienste des Ich domestiziert, verursacht Angst. Die Schuld ist eine Formgebung für Ängste, die in Beziehung eingebunden und zu Verstrickungen wie auch Arbeit an Verstrickungen führen. Die Ängste werden aus- und eingelagert, verschoben und verrückt – die Beschäftigung mit ihnen definiert Beziehung und definiert einen in sich geschlossenen Raum, der nunmehr massgeblich bestückt ist mit Sorgen, Kummer und Befürchtungen. Die Schuld und mit ihr die Angst wird zur Handelsware, mit der hantiert werden kann. Die gemessen werden kann, die Sprache bekommt, die Angst einbindet in Beziehung, die Beziehung sichert.

Die Schuld als Umsetzungsfaktor von Angst entreisst die Angst dem Diffusen, gibt ihr Struktur und damit die Möglichkeit, auf sie einzuwirken, sie lenkt den Blick aber auch weg von dem hierarchischen Gefälle, das die Angst erst erzeugt. Im Schuld- und Opferdiskurs sind wir mit Schuld-

Sorgen beschäftigt und entbehren so des vollständigen Zugriffs auf ein innovatives und kreatives Potenzial und damit auf die Möglichkeit, gestalterisch und konstruktiv auf die Welt einzuwirken.

Auf einem Kinderspielplatz habe ich einmal einer Mutter zugeschaut und zugehört, deren etwa zweijähriges Kind auf der Schaukel sass und von ihr angestossen wurde. Bei jedem Schubs ermahnte sie das Kind: »Halte dich fest.« Jedes Mal mit derselben monotonen, leerlaufenden Stimme. Es war nicht nur für die Umstehenden, sondern sicher auch für das Kind unerträglich. Es war kein angenehmer Singsang, der das Kind in ein Aufgehobensein wiegt, sondern eine sägende, beziehungslose Monotonie, der man sich innerlich versperrt. Es schien, als ob ihr das Schaukeln des Kindes eine lästige Aufgabe war; sie wiegte es nicht in den Genuss, sie schob es, auch bildlich, von sich weg. Mit der ständigen Ermahnung schien sie eher sich selber beruhigen als einer möglichen Verletzung des Kindes zuvorkommen zu wollen. Es ging ihr vielmehr um ihre Schuld an einem Sturz von der Schaukel, die sie von sich weisen könnte mit der Aussage: »Ich habe es dir ja gesagt – du bist selber schuld.«

Mit ihrem Verhalten entzieht die Mutter dem Kind seine Selbstsicherheit, sein Vertrauen in sich selbst, dass es die Schaukelkette nicht einfach loslassen wird. Stattdessen gibt sie ihm – nicht zuletzt durch die unermüdliche Wiederholung der Warnung – die Gewissheit, dass es sich nicht mehr festzuhalten wüsste, wenn die Mutter mit ihren Mahnungen aufhören würde. Dass es die Sorge der Mutter brauche, um nicht herunterzufallen. So ist es das Kind der Mutter schuldig, das Richtige zu tun, um sie nicht zu beunruhigen und nicht in Gefahr zu bringen, die Schuldige an einem allfälligen Sturz zu sein.

Diese Beziehung verunmöglicht dem Kind, auf der Schaukel in den Himmel zu fliegen, das Tempo zu steigern und an Höhe zuzulegen, bis am höchsten Punkt die Schaukel zurückschwingt und das Kind rückwärts fliegt, um einen neuen Anstoss zu erhalten. Sie verweigert dem Kind den Genuss am Schaukeln, diesen Raum des Neuen und Spannenden und Unerwarteten. Die Beziehung wird bestückt mit Befürchtungen, Sorgen und einer allfälligen Schuld, der mit Ermahnungen zuvorzukommen ist. Die Sorge der Mutter wird zur Angst des Kindes, das fortan davon ausgehen wird, dass es ohne die Mutter herunterfiele, damit ihre Sorge bestätige und an dieser schuld sei. Es lernt, sich festzuhalten wie verrückt, um die Sorgen der Mutter zu zerstreuen, um sie und sich von einer möglichen und antizipierten Schuld zu entlasten.

Zugleich wird das Kind eine prägende Erfahrung seiner antizipierten Unzulänglichkeit machen, die ihm eine Nähe zur Mutter und die Abhängigkeit von ihr verschafft: Alleine kann es nicht schaukeln. Ohne Mutter fällt es herunter. Die gegenseitige Verkettung in Schuld hindert die beiden an der Freiheit des Genusses und bindet sie in Sorge aneinander, nicht in geteilter Freude. Die Sorge wird zum Gift.

Eine 24-jährige Frau erzählt mir, dass sie sich am Wochenende von der Arbeit erholen müsse, dass sie die ganze Freizeit zur Erholung brauche, zu Hause bleibe, fernsehe und den (kleinen) Haushalt besorge. Sie arbeitet als Sachbearbeiterin bei einer Versicherung, die weder Überzeit noch Sonderleistungen fordert. Eigentlich bräuchte sie in ihrem Alter für diese Arbeit keine Erholungszeit. Doch sie sorgt sich um ihre Gesundheit, sie hat sich zu schonen, um einer allfälligen Krankheit oder Überanstrengung zuvorzukommen. Das Vergnügen, das die Freizeit in diesem Alter bescheren kann, ob nun im Ausgang oder bei der gemeinsamen Unternehmung einer Gruppe, wird von der Sorge und von Schuldgefühlen geschluckt, ohne Erholung am Montag vielleicht nicht arbeitsfähig zu sein und ihre Pflicht erfüllen zu können.

Die junge Frau sorgt sich um sich selber, weil sie in der Schuld einem anderen gegenübersteht, von dem sie finanziell abhängig ist. Diese Verquickung, die sie dazu verleitet, sich zu schonen und auf ihre eigenen Bedürfnisse zu verzichten, zeugt von Erfahrungen in Beziehungen, denen sie ihr autonomes Leben schuldete, ihr ganzes Leben. Löst sie diese Schuld nicht ein, verliert sie die Stelle und damit die Existenzgrundlage. Davon geht sie aus. Der Arbeitsvertrag wirkt sich bis tief in das Privatleben dieser Frau aus, die sich in ihrer Freizeit dem Leben entzieht, um die Stelle nicht zu verlieren. Diese Schuld einzulösen, ist ihre Beziehungs- und Lebensgrundlage. So viel Strafe für so viel Ich – so viel Entbehrungen für die Sicherung der Existenz.

Hier wiederholt sich die Beziehung zu der Primärperson, von der das Kind abhängig war, und die Dynamik einer in sich abgeschlossenen Kleinfamilie (Sippen kennen andere Beziehungsformen). Hier wird Beziehung erfahren und erprobt. In der als wohlmeinend verstandenen Sorge *um* jemanden, auch um sich selber, verbirgt sich eine Schuld, die eingelöst werden will. Diese Frau schuldet ihrem Arbeitgeber ihr eigenes Leben. Dann wird er ihr das monatliche Salär ausbezahlen und damit ihre Existenz sichern. Genauso hatte sie als Kind und Jugendliche auf ihre autonomen Bestrebungen zu verzichten, um die existenziell wichtige Primärbeziehung nicht zu gefährden.

Die Sorge *um* ist eine Aggression, mit der ein Subjekt ein anderes Subjekt kontrollieren will. Wird diese Sorge vom »Subjekt der Sorge« nicht beruhigt, droht ihm der Verlust der existenzsichernden Beziehung und damit gerät es in Not. Ist das Kind auf der Schaukel nicht unentwegt mit Aufpassen beschäftigt, sondern schwingt sich gen Himmel und kostet das Fliegen aus, wird es, sollte etwas passieren, nicht getröstet, sondern mit vorwurfsvollen Anschuldigungen dahin zurückverwiesen werden, wo es sich zukünftig nie mehr solchen Genüssen hingeben wird. Solchen Strafen für so viel Unbeschwertheit wird es zukünftig zuvorkommen. »Selber schuld« ist eine Strafe, ein Liebesentzug, ein Bruch der Beziehung, die das verweigert, was angebracht wäre: nämlich Trost und Schutz zu spenden. Das wird mit der verdeckten Aggression »selber schuld« verweigert, dieser Aggression, die nur eine einzige Funktion hat – die Lebendigkeit zu bestrafen.

Die Sorge *um* ist eine Verbindung in Schuld. Das »Subjekt der Sorge« schuldet dem sich Sorgenden Zurückhaltung, um ihn nicht zu beunruhigen und um sich selber vor einer möglichen Strafe in Form eines Liebesentzugs (»selber schuld«) zu schützen. Es schuldet ihm seinen autonomen Raum, um die Beziehung nicht zu gefährden. Später wird das »Subjekt der Sorge« diese Beziehungsform auf die Arbeitsstelle übertragen, weil auch diese die Existenz sichert. Und auf die weiteren für das Subjekt wichtigen Beziehungen.

Warum es die Sorge nicht braucht

Die Sorge wird zum Bindemittel der Beziehung und verschliesst den intersubjektiven Zwischenraum, in dem die Freude geteilt und das Leid halbiert wird. In der Sorge wird die Differenz nicht anerkannt, das jauchzende Kind wird an die (Schaukel-)Kette gebunden und damit seine autonome Lebendigkeit in einer möglichen Schuld verortet. Die Sorge meint, im Dienste des anderen zu stehen, meint Fürsorglichkeit und Schutz – sie bleibt aber eine Maskierung destruktiver Aggressionen, die das Gegenüber in seiner Ausdehnung einzuschränken wissen. Es ist gefährlich, wenn die autonomen Schritte eines Kindes als Antwort Sorge erfahren und diese als Geste einer *wohlwollenden* Mutter oder eines *wohlwollenden* Vaters unantastbar bleibt. Damit übernimmt die Sorge die Kontrolle über das Geschehen und verdrängt den Genuss und die Lust an der Autonomie. Im Kind setzt sich die Angst fest und auch die Abhängigkeit von einem Gegenüber, das es in die Schranken weisen will, um Schlimmes zu verhindern.

So verankert sich die Sorge als Bindemittel für Beziehung. Sie kann ganze Familien zusammenkitten, gar zum einzig Verbindenden werden: Alle kümmern sich schuldbewusst um ein Familienmitglied, das krank oder leidend ist und bleibt, und dieses wird, um die Bindungen nicht zu gefährden, *seine* Schuld, »Sorgenkind« zu sein, aufrechterhalten. Innerhalb von Familien und Ehen werden so Kontrollen eingeführt, welche die Autonomie einschränken, um Familie zu verwirklichen. Dieses Konzept von Familie wird gemeinhin als erstrebenswert erachtet. Doch die Sorge hat hier nichts mit Liebe zu tun, sondern ist vielmehr eine verdeckte Aggression, eine Form der Beraubung der Potenz, eine Verhinderung von Differenz.

So könnte die Mutter des schaukelnden Kindes folgendermassen denken: »Auch wenn meine Worte sorgenvoll sind, so denke ich doch fortwährend an deinen Sturz. Ich habe keine anderen Gedanken im Kopf als dein Fallen. Nie denke ich an dein Glücksgefühl, wenn du mit der Schaukel gegen den Himmel fliegst. Denn was wäre, wenn du frei und glücklich schaukeln würdest? Mich würde es nicht mehr brauchen, ich wäre überflüssig, ich, deine Mutter, die sich um dich sorgt, damit dir nichts passiert, die dich liebt, mich würdest du nicht mehr brauchen. Wenn du dich selber auf der Schaukel festhalten kannst und mich dazu nicht mehr brauchst, dann ist es mir lieber, dass du runterfällst als in den Himmel fliegst. Ich möchte, dass du runterfällst, deshalb versuche ich ständig, dich davor zu bewahren. Dein möglicher Sturz gibt mir wieder Sinn im Leben; jetzt brauchst du mich wieder, jetzt lässt du mich nicht mehr alleine zurück. Wenn du dich aber selber festhalten kannst, lässt du mich nicht mehr teilhaben an deinem Leben, und ich werde die Kontrolle über dich verlieren.«

Die Sorge kann eine giftige Liebe sein. Oft ist sie Eigenliebe und schert sich nicht um den anderen. Auch ist sie immer da, wo sie nicht gebraucht wird, und da, wo sie gebraucht wird, wird sie nicht sein. Oftmals ist sie ein verführerisches Angebot für die Rückkehr in eine regressive und abhängige Beziehungsstruktur.

Eine echte Anteilnahme zeigt sich nur im intersubjektiven Raum, wo sie sich nicht auf einen Schulddiskurs stützt und zu einer wirklichen Lösung eines Problems beitragen kann. Ausserhalb dieses Raumes stellt die Sorge eine Abwehr wahrer Anteilnahme und Hilfe für den Betroffenen dar.

Die Sorge als Machtinstrument der Frau

Viele Männer versuchen, auf keinen Fall das zu sein, was wir Frauen als patriarchalisch bezeichnen. Sie stülpen sich ein Schonverhalten über wie ein Kondom. Die Angst vor einer möglichen Verletzung der Frau bewegt sie dazu, es »richtig« machen zu wollen, um sich nicht für eine mögliche Täterschaft verantworten zu müssen. Das ist ihre Sorge, die sie mit demselben Schonverhalten wie die 24-jährige Frau, die sich in ihrer Freizeit von der Arbeit erholt, zu beruhigen versuchen.

Die gegenseitige Kontrolle wird mit Sorge und Schuld erwirkt. Ein beachtlicher Teil der Frauen bezieht zudem ihr weibliches Selbstverständnis aus dem Spektrum der Entmächtigung des Mannes. Solche Frauen verharren in einer Opfernische, in der Rolle eines Opfers seiner möglichen Täterschaft; sie orientieren sich daran, organisieren sich darin und erwirken damit die Kontrolle über das männliche Begehren. Diese Rolle erwirkt auch, dass die Frauen die Verantwortung für das eigene Begehren nicht zu übernehmen haben. Wir müssen die Gleichstellung der Frau, die als selbstverständlich vorauszusetzen ist, unterscheiden vom Machtdiskurs, der ebenfalls unter dem Zeichen der Frauenbefreiung ausgefochten wird. Dass die Frau ihr bevorzugtes heterosexuelles Subjekt als möglichen Täter antizipiert, verunmöglicht ihr gleichzeitig, dieses Subjekt zu begehren. Wenn sie Mutter wird, kann sie ihr Begehren in der »Mutterliebe« versickern lassen. So wird die liebevolle Sorge der Mütter zum Schmerz der Kinder, zur Kontrolle des Begehrens der Kinder und damit ihrer Eigenständigkeit.

Sie meint es nicht gut, die Sorge. Das zeigt sich auch im Umstand, dass das Sorgenkind diese Sorge nur mit einer teilweisen oder totalen Aufgabe seiner Autonomie beruhigen kann. Mit Stillhalten, mit einer Anpassung an die bestehenden Machtverhältnisse. Im intersubjektiven Raum hingegen bedarf die Bedeutung, die ein Subjekt für das andere hat, keiner Reduktion der Autonomie, keiner Aufhebung der Differenz. Das Subjekt bleibt in der Differenz getragen und gibt keinen Anlass zur Sorge. Es ist die Erwartung eines Kontrollverlustes, die gerne in eine »fürsorgliche Sorge« umgewandelt wird, um ein Subjekt wieder in eine kontrollierbare Verbindung zu verpflichten.

Drogen, eine Wiederholung kindlicher Abhängigkeit

Im Hauptbahnhof Zürich beobachtete ich eine Szene, in der ein zirka 70-jähriger Vater auf der einen Rolltreppe hochfuhr und sein Sohn auf der zweiten Rolltreppe runter. Der junge Mann machte mir den Eindruck, schwer drogenabhängig zu sein. In dem Moment, als sie sich kreuzten, forderte der Vater den Sohn eindringlich auf, doch nach Hause zu kommen, seine Mutter mache sich grosse Sorgen. Unten angekommen wechselten sie die Rolltreppen, fuhren einander wieder entgegen, und der Vater versuchte ein weiteres Mal, seinen Sohn zu überreden. So ging das mehrere Male, keiner der beiden verliess die Rolltreppe, keiner verliess die Szene, sie blieben aneinander hängen und kamen sich doch nicht nahe. Es war erschütternd zuzuschauen.

Die Sorge der Mutter war für den Sohn offensichtlich kein Grund, nach Hause zurückzukehren. Vielleicht war es gerade diese Sorge, die ihn davon abhielt? Was sich im Drogenkonsum oder in anderen Abhängigkeiten wiederholt, ist eine destruktive Beziehung zu sich selber und gleichzeitig ein autonomer Versuch, sich in dieser Destruktion zu beruhigen. Der von Drogen oder anderen Substanzen Abhängige übersetzt eine erfahrene Beziehungsform in eine Beziehung mit Drogen: von ihnen ist er abhängig, um sie dreht sich sein Leben, mit ihnen entfernt er sich von sich selber, von seinem Ich. Die Drogen haben, entsprechend seinen Beziehungserfahrungen, die Kontrolle über ihn. Er überantwortet sich einer Substanz. Die Selbstbeschädigung, die eine Abhängigkeit mit sich bringt, ist Ausdruck einer Leerstelle in der Beziehung, in der die Anerkennung als Selbstobjekt und nicht als Subjekt erfolgte. Mit anderen Worten: Die Selbstbeschädigung dieses jungen Mannes ist eine Wiederholung seiner Beschädigung als Subjekt. Mit der Droge versucht er, diese Form der Destruktion aushaltbar zu machen, und zugleich wiederholt die Droge genau diese Zerstörung des Ich. Die Droge ist die Wiederholung einer Beziehung, die Halt und Schutz verspricht in der Auflösung von Ich, in der Destruktion von Ich.

Wir können nur vermuten, was den jungen Mann auf der Rolltreppe dazu bewog, sich diesen Substanzen zu verschreiben. Das Giftige an den Drogen ist ihre ich-vernichtende Wirkung: Sich »Gutes« tun, bedeutet die Zerstörung des Ich. Auch die Mutter will ihrem Sohn, also sich, »Gutes« tun, sie will ihn zurück, sie vermisst ihr Selbstobjekt, ein zerstörtes Subjekt.

Die Droge ist ferner ein Versuch, dieses Ich mit seinen Bedürfnissen und Wünschen zum Schweigen zu bringen. Ihm den Raum zu nehmen für Expansion und Wachstum. Das Ich bleibt gebunden an die Substanz, gebunden an die Abhängigkeit von ihr und gebunden an ihre Beschaffung. Die Mutter, die sich so sehr sorgt, dass sie den Vater ausschickt, um den Sohn zur Rückkehr zu bewegen, der Vater, der als Handlanger der Mutter den Sohn zur Rückkehr zu überreden versucht – sie beide übergehen die Bestrebungen des jungen Mannes, eine eigene Subjektivität zu erlangen. Er sucht sie, ohne Zweifel, doch er sucht sie am falschen Ort. Er reproduziert die Beziehungsstruktur – auch er bleibt auf der Rolltreppe. Er ist verloren in seiner Sucht, genauso wie seine Mutter ihn als Selbstobjekt verloren hat und ihren Mann dazu drängt, es ihr doch zurückzuholen. Auch der Vater versucht die Mutter zufriedenzustellen und seinen Sohn dafür zu instrumentalisieren. Doch der lässt sich nicht mehr instrumentalisieren, er will nicht zurück.

Die Leerstelle, die er als verlorenes Selbstobjekt bei seiner Mutter hinterlässt, wird ihn jedoch nachhaltig belasten. Sie ist nun zu seiner Schuld geworden. Der Versuch, diese Schuld mit Drogen zu beruhigen, wird niemals gelingen, da sie nur mit seiner Selbstaufgabe einzulösen ist. Die Abhängigkeit der Mutter von ihm als Selbstobjekt ist zu seiner Abhängigkeit von Drogen geworden. Die Drogen sollen ihm helfen, seine Schuld an der Mutter auszuhalten, um sie nicht mit seiner Selbstaufgabe einlösen zu müssen. Doch die Selbstaufgabe findet im Drogenkonsum statt, der sein Ich an der Entfaltung und am Genuss hindert. Es bleibt dasselbe Drama.

Wenn die Schuld dieses Ich auffrisst, wenn die Identifikation mit dieser Schuld und damit die Selbstdestruktion so weit fortgeschritten ist, dass die Drogen zu Hilfe genommen werden, um die Schuld zu beruhigen, dann können wir nur ahnen, in welcher Not so ein Kind aufwachsen musste, wie es eingezwängt war in ein sich sorgendes Elternhaus, das auf der Rolltreppe im Hauptbahnhof Zürich einen sichtbaren Ausdruck bekommt.

Die Hilflosigkeit des Vaters, dessen Bitten nicht erhört wurde, wie auch jene des Sohnes, der vermutlich wegen seiner Schuldgefühle diese Szene nicht verlassen konnte, war berührend. Die beiden konnten sich nicht annähern und konnten sich nicht trennen. Die Trennung aus einer Selbstobjekt-Beziehung ist letztlich nicht möglich, weil die Schuld als Haftung bleibt. Die Schuld, einem anderen als wichtigstes Objekt abhandengekommen zu sein, die Schuldgefühle des jungen Mannes, weil er die Verantwortung für die Befindlichkeit seiner Eltern nicht mehr übernehmen will, nun für sich selbst schaut und die Mutter wie auch den Vater entbehren kann. Diese Verstrickungen machen es ihm schwer, sich innerlich abzulösen und sich selber zu verwirklichen, denn seine Autonomie wird zur Sorge seiner Mutter, zur Leerstelle in ihrem Ich.

Der Missbrauch einer Substanz, die Abhängigkeit von einer Substanz wiederholt einen bestehenden Missbrauch und eine bestehende Abhängigkeit. Der Versuch des Sohnes, mit Hilfe der Drogen aus dieser missbräuchlichen Beziehung auszusteigen, wirft ihn in diese zurück. Mangels der Erfahrung, als Ich anerkannt zu werden, fehlt ihm die Alternative, sich ausserhalb eines Schuld- und Opferdiskurses zu denken. Er hat die Differenz, die ihn der Verantwortung für seine Mutter entheben würde, nie erfahren. Hätte er sie erfahren, wäre sein Vater gekommen, um ihm auf der Rolltreppe zuzurufen, er sei frei, seine eigenen Wege zu gehen, die Mutter und er würden ohne ihn zurechtkommen. Und wenn er etwas bräuchte, seien sie für ihn da. Und dann wäre der Vater gegangen, weggegangen von der Rolltreppe.

Erst wenn dieser Vater sich als eigenständiges und differentes Subjekt positionieren würde, erhielte der Sohn seine Bedeutung zurück, die Freiheit, eigene Wege zu gehen, ohne in Schuld verstrickt zu sein. Dass diese Eltern ihre Bedeutung als Subjekte erst wiedererlangen würden, wenn er sie ihnen zugestände, verursacht in diesem jungen Mann eine Ohnmacht, gerade weil ihm die Macht über die Eltern übergeben worden ist. Für ein Kind ist es ausgeschlossen, die Eltern zu Subjekten zu machen, um selber als Subjekt anerkannt werden zu können. Es bleibt ein aussichtsloser Kreislauf, ein Rolltreppenlauf.

Vielleicht ist Anerkennung Liebe

Im intersubjektiven Diskurs ist dem Subjekt nicht an der Zerstörung des anderen gelegen, weil nur *mit* ihm ein Raum eröffnet werden kann, in dem die Entfaltung beider Subjekte möglich ist. Die Wichtigkeit des einen ist die Wichtigkeit des andern. Vielleicht ist es das, was wir als Liebe bezeichnen können. Dann bräuchte der junge Mann auf der Rolltreppe keine Droge, um seine Bedeutungslosigkeit auszuhalten, er bräuchte sie nicht mehr, um in der punktuellen Betäubung punktuelles Wohlbefinden zu erwirken, und er bräuchte sie nicht mehr zur Selbstzerstörung.

Kinder über die Wirkung von Drogen aufzuklären, ist eine vernünftige Massnahme, um einem allfälligen Konsum vorzubeugen. Wichtiger scheint mir jedoch, das Kind nicht seiner Aggressionen im Dienste des Ich zu berauben und sie in den Dienst eines anderen zu stellen. Wird die Verbindung des Kindes mit sich selber nicht unterbrochen, lassen sich zerstörerische Kräfte abwenden. Die Beziehung zu sich selber entsteht in der Beziehung zu und mit anderen, die sich als Subjekte in diese Bindung einbringen und zusammen mit dem anderen den intersubjektiven Raum öffnen, der für jedes Subjekt Entfaltung und Innovation ermöglicht. Eine solche internalisierte Beziehung ermöglicht zum Beispiel dem Placebo, seine Wirkung zu entfalten.

Das Placebo oder »Der Mensch ist des Menschen Medizin«

Es hängt nicht von der Leichtgläubigkeit oder Manipulierbarkeit eines Patienten, gar seiner Dummheit ab, ob ein Placebo wirkt. Es ist vielmehr seine Fähigkeit, in Beziehungen zu vertrauen. »Der Mensch ist des Menschen Medizin«, sagte Paracelsus, und meinte damit die Beziehung. Eine intersubjektive Beziehung, in der die Gesundheit und das Wohlbefinden des Patienten nicht angestrebt werden, damit er seine Verpflichtungen und Funktionen – zum Beispiel als Arbeitnehmer oder als Selbstobjekt – wieder erfüllen kann, sondern einzig damit er wieder in der Lage ist, autonom und eigenständig sein Leben zu bewältigen.

Die intersubjektive Beziehung gibt eine Art Erlaubnis, gesund zu werden, gesund im Dienst am Ich. So wird im Placebo letztlich die Anerkennung des Leidens, die Anerkennung der Differenz zum anderen wirksam. Es geht also nicht um die Frage, warum das Placebo *wirkt*, sondern warum es *nicht wirkt*. Im letzteren Fall müssen wir Rupturen in den Beziehungsstrukturen vermuten, die behoben werden sollten, um in der Folge Heilung zu ermöglichen. Die Tragfähigkeit einer intersubjektiven Beziehung, das Vertrauen in sie und ihre Verbindlichkeit verleihen dem Placebo seine Wirkung und letztendlich auch das Vertrauen in sich selbst.

Wunschlos glücklich?

Immer wieder erscheint in unserer Vorstellung das Paradies als Metapher für einen Ort der Aufgehobenheit. Es ist aber auch ein Ort der Bedürfnislosigkeit, ein Ort, in dem das Begehren nicht mehr stattfindet, ausgelöscht ist, inexistent. Ein Ort, in dem das, was das Leben, seine Vitalität ausmacht, nicht mehr vorhanden zu sein hat. Doch was kann denn anderes aufgehoben sein, wenn nicht die Bedürfnisse und Wünsche eines Subjektes? Aufgehoben, also anerkannt in einer intersubjektiven Beziehung? Die Bedürfnislosigkeit bedarf nicht der Aufgehobenheit. Vielmehr ist der Verzicht auf die eigenen Wünsche ein Tribut, der bezahlt wird: Die Aggressionen im Dienste des Ich werden nicht mehr bedient, im Gegenzug übernimmt ein anderer für dieses Ich die Verantwortung. So wird das Paradies, oder im Buddhismus das Nirwana, zum Ort, in dem weder Wünsche noch Bedürfnisse bestehen – sie sind auf-gehoben. Diese Vorstellung mag manchen verführen, den Garten Eden als Ort, auch als inneren Ort anzustreben, um im Verzicht Ruhe zu finden. Sie nährt unsere Hoffnung, dass dieses Paradies erreichbar ist, doch letztlich bleibt nichts als die Erschöpfung an der Abarbeitung seiner Unerreichbarkeit. Denn ein Subjekt bedarf nicht der Wunschlosigkeit, sondern vielmehr der *Anerkennung* seiner Wünsche.

In einem Narrativ wie diesem zeichnen sich die bestehenden Machtverhältnisse besonders gut ab: Das Aufgehobene ist Auf-gehobenes. Die Aggressionen im Dienste des Ich, die den Wünschen und Bedürfnissen ihre Durchsetzungskraft verleihen, verlieren ihre Funktion. Die Wunsch- und Bedürfnislosigkeit eines Subjektes machen es anfällig für Manipulation und Unterordnung.

Eine weitere Metapher, die in diesem Zusammenhang gerne herbeigezogen wird, ist der Säugling als ein mit der Mutter verschmolzenes Ich, das sich – so der gängige Diskurs – nur ungern von ihr ablöst, weil das Aufgehobensein so schön ist. Der Sohn einer meiner Freundinnen wollte als kleines Kind immer wieder zurück in den Mutterleib, mit einem Bein voran, mitsamt Schuhen und Hosen. Weil es ihn interessierte, wie es da so war, wie es da so ausschaut. Er wolle nicht dort bleiben, sagte er jeweils, nur schnell sich umsehen. Es gibt keinen Hinweis darauf, dass ein Kind *nicht* in einer intersubjektiven Beziehung auf die Welt kommt. Keinen Hinweis, dass es mit der Mutter verschmolzen ist und sich langsam als eigenständiges Ich herausschälen, von ihr ablösen wird.

Diese Vorstellung setzt eine übermächtige und übergrosse Mutter voraus – die sie keineswegs ist. Zwischen Mutter und Säugling besteht ursprünglich kein Gefälle. Sie ist, zusammen mit dem Vater, dafür verantwortlich, dass ein intersubjektiver Raum geschaffen wird, der dem Kind Entwicklung und Wachstum ermöglicht. Die Eltern müssen sich in dieser neu entstehenden Beziehung als Subjekte immer wieder neu verorten, genauso der Säugling. Diese Beziehungen unterscheiden sich in keiner Weise von denjenigen, in denen wir alle stehen, um Ich konstituieren zu können. Der Unterschied besteht ausschliesslich darin, dass die Bedürfnisse des Kindes andere sind als diejenigen von Erwachsenen. Die Frage der Ablösung und Pubertät verliert in der intersubjektiven Beziehung an Bedeutung, weil keine Verschmelzung stattgefunden hat, welche die Ablösung erschwert. Das Kind muss nicht erst zum Subjekt gemacht werden oder zum Subjekt heranwachsen, es *ist* Subjekt. Vor diesem Hintergrund erscheint mir die Säuglingsmetapher vielmehr ein Ausdruck der regressiven Wünsche eines träumerischen Erwachsenen zu sein. Die Idee des Aufgehobenseins, das keiner Sprache, keiner Form der Kommunikation mehr bedarf, um Wünsche und Bedürfnisse kundzutun, in dem man keine Eigenverantwortung mehr tragen muss.

Auch die Paradiesmetapher erscheint mir als Ausdruck einer Verweigerung von intersubjektiver Arbeit. Denn in einer intersubjektiven Beziehung ergeben die sich permanent ändernden Wünsche und Bedürfnisse eines Subjektes Bewegungen, die ständig neue Verortungen des Ich erfordern. Und weil das Ich nicht statisch ist, wird es sich immerzu bewegen und neu situieren. Im Paradies fällt diese »Arbeit« weg, die Paradiessubjekte sind der Bedürfnisse und Wünsche enthoben, der Raum der Kreativität, der Lust und des Genusses wird umgewandelt in eine Oase der Ruhe vor den Bedürfnissen. Es ist nicht das Leiden, welches das Paradies erstrebenswert macht, es ist auch nicht das Leiden, das Antrieb ist für Kreativität, sondern es ist die Kraft der Wünsche und des Begehrens, die der Innovation und der Kreation Schub verleiht, welche ihrerseits auf der Tragfläche der intersubjektiven Beziehung zur Entfaltung gelangen.

»Wenn du nicht aufpasst, überfährt dich der Lastwagen!«

Ich erinnere mich, wie ich zusammen mit einer Mutter und ihrem zirka fünfjährigen Sohn vor einem Fussgängerstreifen stand und mitbekam, wie sie ihn anschrie: »Wenn du nicht aufpasst, überfährt dich der Lastwagen!« Das Kind erschrak, es suchte sofort die Nähe zur Mutter, und wie zusammengeklebt überquerten sie die Strasse. Die Mutter sagte in anderen Worten: »Wenn du nicht aufpasst, dann wirst du sterben, und daran bist du selber schuld.« Das Kind wird sich unter seinem Totsein etwa Schreckliches vorstellen, vermutlich vor allem das Getrenntsein von seiner Mutter. Es wird dieses Getrenntsein als Strafe erachten für seine allfällige Unaufmerksamkeit. In dieser wohl alltäglichen Szene geht es nicht in erster Linie um die Unversehrtheit des Kindes als vielmehr um die Verortung von Schuld.

Auf uns wirkt die Äusserung dieser Mutter etwas überdehnt, jedoch fürsorglich. Wir anerkennen sie als Liebesbeweis, sorgt sie sich doch um ihr Kind. Sie hat Angst um ihren Sohn und möchte nicht, dass ihm etwas

Schreckliches passiert. Die Formulierung sei vielleicht etwas ungeschickt, würden wir sagen, so sage man das einem Kind nicht. Das mag wohl stimmen, doch was mich in diesem Fall interessiert, ist der Diskurs der Schuld, der unsere Haltung und unsere Sprache grundlegend bestimmt. Diesen Diskurs möchte ich auf seine Gewalttätigkeit hin entziffern.

Hört ein Kind diesen Satz, dann bekommt es Angst. Angst *vor* der Schuld und Angst *vor* der *Strafe* für diese Schuld, das heisst, Angst *um* sein Leben. Dies im Gegensatz zu einem Befehl: »Du gibst mir jetzt die Hand und daran gibt es nichts zu rütteln.« Sollte diese Anweisung auch harsch ausfallen – sie wird dem Kind keine Angst machen. Sie ermöglicht dem Kind Widerspenstigkeit, und es wird sich diesem Befehl widersetzen wollen. Seine Aggressionen im Dienste des Ich bleiben also intakt, es wehrt sich gegen die »Einschränkung« des Händchenhaltens, es ist gross genug, um alleine über die Strasse zu gehen. Die Mutter bleibt jedoch die Stärkere, ihrem Griff ist nicht zu entkommen, hat sie doch ihre Erfahrungen mit Hauptstrassen und Lastwagen. Weder die Schuld noch die Angst spielen in dieser intersubjektiv geprägten Szene eine Rolle. Am anderen Ende des Fussgängerstreifens hat der Sohn zwei Dinge erfahren: Erstens, dass er noch zu klein ist, um die Strassensituation richtig einzuschätzen, zweitens, dass er später, wenn er einmal gross ist, sein Anliegen auch durchsetzen kann, ohne in die Schuld zu geraten, den anderen damit zu beschädigen. Der Junge ist nicht beschädigt, sondern nur wütend. Er weiss, dass die Mutter seine Wut in Kauf nimmt und nicht fürchtet, und er weiss, dass am Ende des Fussgängerstreifens seine Hand wieder losgelassen wird.

Die Zurückhaltung vieler Eltern, wenn es darum geht, Befehle zu erteilen und durchzusetzen, ist ein Versuch, nicht in die Schuld an den Kindern zu geraten, könnte dabei doch deren Autonomie beschädigt werden. Die Angst, den anderen zu beschädigen, die Angst, schuldig zu werden und nicht mehr geliebt zu werden, durchdringt unseren Alltag, unsere Sprache und unsere Handlungen.

Mit der Drohung »Wenn du nicht aufpasst, überfährt dich der Lastwagen« gerät der Lastwagen als Ursache einer tödlichen Gefahr in den Hintergrund. Stattdessen wird dem Kind seine mögliche Schuld und deren Bestrafung mit dem Tod vor Augen geführt. So wird es mit sich und der Schuld, mit sich und der Angst beschäftigt sein, und nicht mit den Gefahren des Strassenverkehrs. Es wird nicht den Lastwagen als Bedrohung fürchten lernen – hier eröffnen sich ihm Auswege –, sondern die Angst vor der Strafe für die Schuld. Aus dieser Angst gibt es fast keine Auswege, weil die Aggressionen im Dienste des Ich als potenziell tödlich gespiegelt werden. Die Interpretation dieses einschüchternden Satzes liegt nahe: Die *Strafe* für die Schuld ist tödlich – und nicht der Lastwagen. So wird die Wahrnehmung des Kindes verdreht und verfehlt die Idee, es zur Vorsicht gegenüber dem gefährlichen Strassenverkehr zu erziehen. Es geht nicht an erster Stelle um das Wohlbefinden des Kindes, sondern darum, ihm Schuldgefühle und Angst vor Strafe einzuflössen.

Doch an wem wird das Kind schuldig und warum? An der Mutter, weil es ihr nicht gehorcht? Eigentlich unterstellt sie ihm ja, dass es nicht gehorchen wird. »Wenn du mir jetzt nicht gehorchst, was du ja vermutlich tun wirst, dann bist du tot. Dann bist du selber schuld an deinem Tod und nicht ich, denn ich habe es dir ja gesagt.« Erklärt sie mit ihrer Drohung nicht *seine* autonomen Bestrebungen als tödliche Gefahr? Für die dann letztlich sie als Mutter, als Verantwortliche die Schuld zu übernehmen hat? Eine Schuld, die sie vorauseilend abwehrt? Wie soll sich das Kind nun im Strassenverkehr verhalten? Gut aufpassen, um nicht überfahren zu werden? Das Richtige tun und nicht das Falsche? Wie passt man auf sich selber auf, wie macht man das richtig, um nicht getötet zu werden? Um nicht schuldig zu werden?

Die Schuld ist einerseits das Bindemittel der beiden, und gleichzeitig trennt sie – zusammen mit der Angst – das Subjekt von seinen eigenen Gefühlen. Schrecken, Angst und Schuld beherrschen diese Szene. Und das sind keine Gefühle. Gerade in dieser gefährlichen Situation kommen die Gefühle abhanden. Hier, wo es genau dieser Gefühle – zum Beispiel einer Wut auf den Lastwagen – bedarf, um sich und sein Kind zu schützen, wird das Subjekt von ihnen getrennt. Die Schuld schiebt sich wie ein Keil zwischen das Ich und seine Gefühle.

Im intersubjektiven Diskurs schürt der mütterliche Befehl die Widerspenstigkeit des Kindes, und seine Wut auf die Mutter ist ein adäquates Gefühl für diese Situation. Das Kind wird später vermutlich den Adressaten wechseln und nicht mehr auf die Mutter, sondern auf den Verkehr wütend sein. Das sind gute Voraussetzungen, um sich im Strassenverkehr behaupten zu lernen. Bessere jedenfalls als Angst *vor* der Schuld und der Strafe. Ängste sind kein Instrument, um sich schützen zu lernen. Zumal sie das Kind in einer Abhängigkeit belassen: Es wird den Schutz der mütterlichen Nähe suchen und den Wunsch und das Bedürfnis nach Eigenständigkeit im Strassenverkehr zurückstellen. Die Mutter wiederum bestätigt in diesem Diskurs, dass die Unabhängigkeit von ihr tödlich enden kann. Dass der Sohn dann für immer getrennt wäre von ihr. Dass sie dann nicht mehr für ihn da sein würde.

Im Schuld- und Opferdiskurs wird der Verlust eines Selbstobjektes als kränkend erlebt. In der bedrohlichen Äusserung der Mutter an ihren kleinen Sohn wird diese Kränkung deutlich erkennbar: Sie »tötet« ihr Kind in ihren Worten, in ihrer Phantasie. Die ungeheure Aggression, die in diesem Bild steckt, sagt uns etwas über die Aggression, die diese Mutter packen wird, falls ihr Kind für sie nicht mehr verfügbar sein sollte. Dann soll es doch tot sein. Wenn schon. Und selber schuld.

Ein Krieg wird immer auch gegen sich selber geführt

Im Internet habe ich zum Thema »Islamischer Staat« verschiedene Texte gelesen, darunter Briefe zwischen Müttern und ihren Söhnen, die sich einer Terrororganisation angeschlossen hatten. Ein Refrain, den alle diese Briefe enthalten, ist: »Komm nach Hause.« Ich vermute jedoch, dass die Söhne gerade von da wegwollten. Hinaus in die grosse Welt, in der Werte wie Kampf, Heldenmut, Manneskraft, Würde und Ehre zu Attributen geworden sind, die hier – und eben nicht zu Hause – verwirklicht werden können. Es sind phallische, destruktive Attribute, die auch viele Frauen mittragen: Kampf und Gewalt ist Macht und Macht ist sexy. Nicht nur Terrororganisationen bedienen sich dieses Vokabulars, die Idee, den anderen im Kampf zu besiegen, um zu eigener Grösse zu gelangen, ist politischer und gesellschaftlicher Alltag.

Doch was für einem Alltag entfliehen diese jungen Männer, um zu Bedeutung und Wichtigkeit zu gelangen? Welcher »Kleinheit« versuchen sie zu entrinnen mit ihren Vorstellungen von Grösse und Wirksamkeit? Sind es Lebensbedingungen, in denen ihre Bedeutung als Ich mit Gefühlen, mit Wünschen und Bedürfnissen im Dienste des Ich, verloren gegangen ist? Kann ihr Ich nur noch über die Entfaltung von Allmachtsphantasien zu Anerkennung gelangen? Im Dienste einer Ideologie und nicht am Ich? Wollen sie ihrem Leben mit dem Tod, mit ihrer Selbstaufgabe für die grosse Idee, Bedeutung verleihen? Welche Ohnmacht gebiert solche Allmachtsphantasien, welche Struktur lässt den Phallus als Waffe zu, um zu Bedeutung gelangen?

Nur ein Mann mit einem »kastrierten« Phallus, der als Täter und nicht als Beglücker identifiziert ist, versucht, seine Bedeutung mit genau dieser Identifikation zu verwirklichen. Hier ist der Phallus dem Subjekt enteignet worden und »steht« im Dienst einer Ideologie. Er hat seine Bedeutung für das Ich als Subjekt mit Gefühlen, Bedürfnissen und Wünschen verloren. Er wird zur Waffe, zum Täter. Im Gegensatz zum Drogenabhängigen weitet hier das Subjekt die Selbstdestruktion auf die Zerstörung eines Feindes aus, der eigens zu diesem Zweck eingerichtet worden ist.

Täter ohne Schuld

Die Identifikation mit einer »phallischen« Täterschaft ist es, die einen Märtyrer-Diskurs eröffnet und ermöglicht. So ist der grosse Krieg immer auch ein kleiner Krieg beziehungsweise die Auslagerung des kleinen Krieges, den ein Opferdiskurs angezettelt hat: Der Opferdiskurs definiert einen Täter, der am »unschuldigen« Opfer schuldig geworden ist. Das Opfer spiegelt in seiner »Unschuld« und in seiner (vermeintlichen) Beschädigung diese Täterschaft. Wenn die autonomen phallischen Bestrebungen eines Sohnes an einer Mutter *vorbeiführen*, einer Mutter, die sich aufopfert, dann gerät dieser Sohn in eine Schuld an ihr. Seine als schädlich gespiegelten Aggressionen im Dienste des Ich werden, nun in destruktive gewandelt, nicht gegen die Mutter gerichtet, sondern weit weg von ihr. Der Mann wird diese Aggressionen als Täter, als offizieller gefürchteter Täter in den Dienst einer grossen Idee stellen. Hier erhält seine »Täterschaft« eine Legitimation, hier kann er schuldfrei agieren, steht er doch im Dienst einer grossen Idee.

Mit der Ausweitung auf eine grosse Idee versucht sich dieses Subjekt schuldfrei zu halten, zur Anerkennung seiner Phallizität zu gelangen, zu Macht und Ansehen, Bedeutung und Wirkung – und dennoch bleibt die destruktive Spiegelung bestehen und wirkt immer auch selbstdestruktiv. Der »Täter« entspricht dieser Spiegelung, handelt übereinstimmend mit ihr, obwohl er ihr, so nehme ich an, entfliehen wollte. Gerade ihr wollte er entfliehen. Doch er bleibt Gefangener dieser Identifikation. Was ihn zeitweise beglücken wird in diesem Krieg der grossen Ideen, ist die Anerkennung seiner Taten, bei denen er schuldfrei Täter sein konnte, eine Anerkennung als Held und Märtyrer. Was ihm bleibt, ist die Erfahrung, dass die Auseinandersetzung mit dem anderen tödlich ist, ich-vernichtend. Was ihm ebenfalls bleibt, ist seine Anerkennung der Mutter als Unschuldige und die Gewissheit, dass er nicht zum Täter an ihr wird. Letztendlich bekämpft er sein Elternhaus, genau wie einst Ödipus, der auszog, um gerade dieses zu schützen.

Die Rolle des Helden und Märtyrers bietet in diesem Kampf einen willkommenen Ausweg: Der »phallische« Täter hat seine Potenz von Schuld befreit und ist sogar bereit, dafür zu sterben. Er setzt die Destruktion in eine heldenhafte Tat um, in einen Kampf *gegen* einen Feind, auf den man sich zuvor gemeinsam geeinigt hat. Der Mythos des starken und omnipotenten Mannes, manchmal mit und manchmal ohne Waffe, mit oder ohne gewaltige und gewalttätige Worte, bereit zum Kampf und Tod, ist letztlich die Tradierung des Versuches, Täter zu sein, ohne schuldig zu werden. Da die Betroffenen seiner Täterschaft nicht als Subjekte anerkannt werden, dürfen sie schuldfrei, in seinem Narrativ sogar »verantwortungsvoll« vernichtet werden. Nicht zu vergessen ist, dass solche Täter immer davon ausgehen, dass sie »Gutes« tun. Dass Gutes tun einhergeht mit Zerstörung, zeigt ihr Dilemma auf. Zerstören, um Gutes zu tun, ist die Grundlage eines jeden Fanatismus. Und auch die »gutgemeinte« Absicht, diesen Fanatismus zu zerstören, wiederholt dieses Narrativ.

Die Verlagerung der konstruktiven, aber als schädlich gespiegelten Aggressionen in einen Kampf, gar einen Krieg bringt mit sich, dass diese Männer ihre Potenz nicht mit einer Frau teilen, sondern in Destruktion umwandeln. Dabei bleiben die Mütter dieser Kämpfer konkurrenzlos, und nicht wenige beginnen auch, ihre Söhne als Helden zu verehren, zumal sie ebenfalls als Mütter von Helden verehrt werden. Die politische, religiöse oder ethnische Ausrichtung des Kampfes ist nicht relevant, denn das Heldentum nährt sich von der Möglichkeit, männliche Potenz *schuldfrei* erleben zu können. Der eigene Genuss an dieser Potenz bleibt aus, weil ihr eine Wertschätzung ausserhalb des Opferdiskurses abgeht.

Der feministischen Bewegung der 70er Jahre liegt dasselbe Narrativ zugrunde: Es gilt, die Vormachtstellung einer destruktiv-männlichen Phallizität zu bekämpfen. So argumentiert ein Teil des feministischen Diskurses in diesem Schuld-/Opfernarrativ, das damit eine Konsolidierung erfährt.

Der Phallus
ist ein Bild für Macht und Stärke, ein mit diesen Attributen ausgewiesenes »Objekt«. Da es sich um eine Projektion handelt, kann dieses Bild auch auf Mädchen und Frauen übertragen werden. Dem Penis wird, in Abgrenzung zum Phallus, keines dieser Attribute zugesprochen. Dass Phallizität dennoch hauptsächlich mit dem Mann in Verbindung gebracht wird, könnte damit zusammenhängen, dass die Frau sich so der »phallischen« Verantwortung, der Einlösung des Versprechens von Macht und Stärke, entziehen kann. Und damit auch der Ohn(e)macht und Schwäche.

Der »phallische« Auftrag

Die Versuche, männliche Potenz ausserhalb von Schuld zu verwirklichen, um zu »Grösse« zu kommen, bedeuten in diesem Diskurs stets die Zerstörung des anderen. Um »Gutes« zu tun, bleibt die Destruktion ihr Instrument. Die angestrebte Erweiterung des Raumes (ein Begriff aus dem Dritten Reich) geht einher mit einer Selbstüberschätzung, mit einer Selbstüberhöhung in die Omnipotenz. Diese Omnipotenz steht in einem direkten Verhältnis zur Impotenz, zu einem Ich, das überfordert ist vom Auftrag, Verantwortung für jemanden übernehmen zu müssen, der eigentlich grösser und mächtiger ist als dieses Ich. »Ich hatte so viel Macht über meine Mutter«, sagt die 36-jährige Frau Bucher, »dass ich mich ganz ohnmächtig fühlte. Ich musste immer glücklich sein, das wusste ich, sonst wäre meine Mutter zerbrochen. Ich musste immer funktionieren, dann hat auch sie funktioniert.« Ähnliches sagt Herr Huber, der seiner Mutter beim Abschied mehrmals »ich liebe dich« sagt, um sie bis zu seinem nächsten Besuch, zur nächsten Liebeserklärung zu stabilisieren. Angesichts dieser Verantwortung, dieser Macht über die Befindlichkeit der Mutter, die dem Kind – auch dem erwachsenen Kind – eingeräumt wird, leuchtet es ein, dass dieses Gefühle der Ohnmacht entwickelt.

Mit dem Versuch, Omnipotenz zu verwirklichen, wird angestrebt, diesem überfordernden Auftrag gerecht zu werden und die Impotenz, die Ohnmacht, wieder in die Mächtigkeit zurückzuführen. Verantwortlich zu sein für das Befinden der eigenen Mutter, des eigenen Vaters, für ihre Stabilität und ihr Lebensgefühl, ist ein zu grosser Auftrag für ein Kind und – es ist ein Missbrauch. Die Grösse des Auftrages entspricht der Grösse der Überforderung. Gleichzeitig werden damit aber auch die eigenen Grössen- und Machtphantasien und deren Möglichkeiten geweckt und bedient. Ob es sich nun um die Beziehung zwischen zwei Personen handelt oder grössere soziale Einheiten betrifft, macht keinen Unterschied: Diesen Auftrag zu erfüllen, erfordert Omnipotenz. Die Überforderung bleibt und der Versuch, ihr auf diese Art und Weise zu entrinnen, wird immer scheitern.

Wenn das Kind als phallisches Selbstobjekt einer Mutter dient, dann muss das Selbstobjekt, also der Phallus, immer gross und aufgerichtet sein, sonst fällt die Mutter in sich zusammen. Ihrer Grösse entsprechend, einer viel grösseren Grösse, als sie das Kind hat, muss dieses Kind ein Gegengewicht schaffen, um die Mutter zu halten, um ihr Halt zu geben. Das ist der Auftrag. Und nicht umgekehrt. Das Kind wird alles tun, was es als nötig für das Wohl, die Zufriedenheit der Mutter erachtet. Weil ein »Opfer« aber nie zufriedenzustellen ist, denn Gier kann nie gesättigt werden, laufen die Bemühungen der Selbstobjekte ins Uferlose.

So versuchte Frau Bucher bereits als Kleinkind, stets glücklich zu sein. Sie konnte sich keine emotionalen Schwankungen leisten, weil die Mutter damit destabilisiert worden wäre und folglich auch sie als Kind. Sie selbst hat sich keine Bedürftigkeit zugestanden, die den Halt der Mutter erfordert hätte, weil sie selber deren Halt war. Das Bild eines Phallus entspricht genau diesem Auftrag: Er ist Halt. Immer. Auch der Sohn wird, obwohl mit einem Phallus geboren, diesen Auftrag nicht erfüllen können. Er ist beides, ein Selbstobjekt und ein »männliches Objekt mütterlichen Begehrens«, ein Objekt inzestuöser Wünsche der Mutter. Wie will er nun seine Potenz verwirklichen, *sein* Begehren, wenn er den omnipotenten Auftrag hat, als Halt zu dienen? Zudem als sexualisierter Halt? Wenn er zugleich Selbstobjekt und sexuelles Objekt ist? Wenn er *sich* in den Dienst der Mutter zu stellen hat?

Das vorherrschende Ideal einer Familie hat den Mann und Vater als Familienoberhaupt. Er ist der Halt. Dies aufgrund einer anatomischen Differenz, die dem Mann die Attribute der Stärke zuordnet. Die Familie ist hierarchisch geordnet, und dementsprechend werden alle Familienmitglieder ihre Rollen zu erfüllen versuchen – und damit auch scheitern. Diese festgelegten Rollen verlangen von jedem Familienangehörigen einen mehr oder weniger grossen Verzicht auf die Entfaltung des eigenen Ich und schränken dementsprechend die Möglichkeiten der Subjekte ein. Die Einhaltung der Rollen ist von Bedeutung, und nicht die Entfaltung von Ich und Gemeinschaft in einem intersubjektiven Raum.

An der Geburtstagsfeier einer Freundin beobachtete ich deren Eltern und den zirka 50-jährigen Bruder, der zwischen Vater und Mutter sass. Die Mutter flirtete ganz offensichtlich mit ihrem Sohn, drückte ihn an sich, küsste ihn. Der Vater bezeichnete seinen Sohn als wunderbaren Menschen, rufe er die Eltern doch täglich an und lasse ihnen Lebensmittel nach Hause schicken. Ausserdem ziehe er als guter Ehemann die Kinder seiner Frau gross, obwohl sie nicht die seinigen seien. Der Vater strahlt, die Mutter strahlt, und der Sohn isst in sich hinein, was ihm die Mutter auf den Teller häuft. Ich frage ihn, ob er auch eigene Kinder haben möchte, und er antwortet: »Wir versuchen es.« Diese Antwort, so scheint mir, hat er sich seit langem zurechtgelegt. Die Mutter schlingt ihren Arm um ihn, drückt ihm ihren Busen entgegen, der Vater strahlt. Der Sohn wird seine Potenz ausserhalb seiner Funktion als haltendes und sexualisiertes Selbstobjekt schwerlich verwirklichen können. Identifiziert als Selbstobjekt, gehört ihm diese Potenz nicht mehr. Identifiziert als »Halt«, wird er eine gebührliche Anerkennung und Wertschätzung erhalten. Nur, sie gilt nicht ihm als Subjekt, sondern gerade seiner Leistung, seine Subjektivität aufgegeben zu haben. Sein Genuss wird die Anerkennung dafür sein, dass er seine Schuldigkeit getan hat.

Sein eigenes Begehren kann ob diesem herkulischen Auftrag nahezu ganz verdrängt worden sein, oder aber es findet seinen Weg in die Perversion. Die Perversion ist, aus dieser Perspektive gesehen, zuerst als Ausweg, als Notausgang zu lesen, den das Begehren ausserhalb seiner Schuldigkeit als Selbstobjekt sucht. Verbleibt das Subjekt/Selbstobjekt in diesem Diskurs, wird es sich in eine neue Schuld verstricken, diesmal vor dem Gesetz, falls sich seine Not in Gewaltakten und Missbrauch niedergeschlagen hat. Ein annehmbarer Kompromiss kann in einer exzessiven Onanie liegen. Mit der Perversion kann der Auftrag, die Mutter oder/und den Vater zu stabilisieren, eingehalten werden. Letztlich ist ein erlösender Ausweg aus diesem Diskurs der Schuld nicht zu erreichen. Auch nicht mit der Perversion.

Dem Penis als sichtbarer Körperteil kann das Bild des »Aufrichtigen«, des »Aufrechten«, des »Grossen und Starken« eher zugeordnet werden als dem anatomisch Verborgenen. Da der Penis mehrheitlich jedoch diese Attribute nicht einlöst, weil die Erektionen zeitlich begrenzt sind, muss es sich hier eher um eine weibliche, sexuelle Phantasie handeln: Der Penis des Sohnes vemag die heterosexuellen Wünsche einer Mutter zu beflügeln. Versehen mit all diesen Attributen, wird er nicht zuletzt von ihr als übermächtig und sehr bedeutend gespiegelt. Seine »Grösse« entspricht der Phantasie ihres Begehrens und den von ihr angestrebten Machtattributen. Sie phantasiert den Phallus des Sohnes zu einer Grösse, die der tatsächlichen Anatomie nicht entspricht; er ist überhöht. Ein anatomisches Merkmal wird benutzt, um daran Bilder von Hierarchie, Macht und Allmacht zu hängen. Das wirklich Manifeste daran ist hingegen nur das Scheitern der Subjekte, die diese Idee teilen.

Der Phallus des Sohnes ist auch ihrer, so die mütterliche Phantasie. Er gehört ihr, sie pflegt ihn, den Sohn und seinen Phallus. Sie braucht den Ehemann nun nicht mehr. Sie muss sich keine Mühe geben, um diesen in einem intersubjektiven Diskurs zu begehren, ihn zu verführen, ihre Wünsche zu realisieren in der Auseinandersetzung mit den Wünschen eines anderen, der vielleicht lieber vor dem Fernseher sitzt und Fussball schaut. Denn der Sohn oder die Tochter stehen ihr als Selbstobjekt zur Verfügung, sie vervollständigt sich mit ihnen, sie hat keine Wünsche mehr. Sie hat Macht.

Der Machtdiskurs zielt an jedem Subjekt mit seinen Wünschen, Bedürfnissen und seinem Begehren vorbei. Das Subjekt verwickelt sich in ein hierarchisches Gefälle und erfährt sowohl eine kontrollierbare als auch kontrollierende Domestizierung. Gespielt wird im selben Theater, in dem Macht und Reichtum als Ideal angestrebt werden, Hand in Hand mit dem Verzicht auf eine Entfaltung als begehrendes Subjekt. So spiegelt sich der Sohn in der Erfüllung der mütterlichen Wünsche. Er identifiziert sich als einer, der die Mutter mit Sinn und *wunschlosem* Glück füllt. Der die »Grösse« und die Macht dazu hat. So hat Ödipus seine Mutter Iokaste beglückt, hat sie zur Mutter und Königin gemacht. Man stelle sich das vor: *Ihr* Sohn, eine Generation jünger, *ihr* Kind macht sie mächtig. Es hat seinen Auftrag erfüllt. Nach der Enthüllung der tatsächlichen Verbindung zu Iokaste sticht Ödipus sich, zumindest in der Version des Sophokles, die Augen aus. Vielleicht wird ihm damit sein blindes Handeln vor Augen geführt?

Die Opferrolle ist eine Position des Neides

Der Penisneid ist nicht der Neid der Frau, weil sie *keinen* hat. Sie will ihn nicht als anatomisches Geschlechtsteil besitzen. Sie will die Macht, die ihm zugeordnet wird, ohne die Verantwortung für diese Rolle übernehmen zu müssen. Mit dem Phallus als Selbstobjekt kann sie sich diesen Wunsch erfüllen. Das bringt ihr etliche Vorteile: Sie hat die Kontrolle über ihn; er steht ihr zur Verfügung und bringt ihr Macht ein; sie hat diese Macht, ohne dafür belangt werden zu können, eine Macht, die ihr auch nicht streitig gemacht werden kann; sie muss sich nicht auseinandersetzen mit Differenz; ihr Begehren bleibt auf das Selbstobjekt gerichtet und wird hier mit dessen Beherrschung »erfüllt«. Die »Aneignung« des Phallus mittels der gewalttätigen Bemächtigung des anderen als Selbstobjekt erscheint einfacher als die Mühen eines intersubjektiven Diskurses. Tatsächlich bleiben viele Söhne ihren Müttern in irgendeiner Form treu, und sei es auch nur in den Schuldgefühlen, die sie ihnen gegenüber haben. Oder manchmal auch in ihren Phantasien von Sex mit den Müttern.

Herr Wiederkehr kommt zu mir, weil er den Alkohol und sein Onanieren satthat. Er hat es satt, als gutaussehender und begabter junger Mann keine Frau zu finden. Aufgewachsen ist er in einem Frauenhaushalt mit der Mutter und deren Schwestern; andere Kinder gab es nicht. Die Schwestern gingen arbeiten, die Mutter besorgte den Haushalt, bis sie – als er Mitte 20 war – vor Kummer starb, wie er mir sagte. Der Vater hatte sie während der

Schwangerschaft verlassen, sie wollte ihn stets zurückhaben und sei ihm deswegen treu geblieben.

Herrn Wiederkehrs Angst *vor* Frauen ist seine Angst, ihnen als Selbstobjekt dienen zu müssen. Seine Erfahrung war, dass er als Halt und Phallus zu dienen hatte. Als Objekt für das weibliche Begehren, eingebettet in die Mutterliebe mehrerer Frauen, als Objekt für die auf ihn projizierte Rolle als männliches Oberhaupt. Er befürchtet, zu Recht, den Verlust seiner Potenz, denn die Auflagen der »Mütter« rauben ihm diese. Seine Potenz wird zum Dienst an anderen Interessen verpflichtet und hat zudem die Familienbande zu stabilisieren und zu »halten«. Als Selbstobjekt ist er der Mutter wie auch den Tanten den Phallus mitsamt seinen Attributen schuldig. Mit der aufopfernden Mutterliebe dieser Mütter – er hat davon gleich mehrere – wird deren Verzicht auf ihr eigenes Begehren unausweichlich zu seiner Schuld. Die »Macht«, die ihm die Grösse dieses mehrfachen Auftrages zuweist, überfordert ihn und macht ihn »impotent«. Der Alkohol beruhigt sein Gefühl der Ausweglosigkeit, beruhigt seine Verzweiflung, und seine exzessive Onanie ist der Versuch, Sexualität ausserhalb von Verpflichtung und Schuld zu verwirklichen.

Der Penisneid ist ein fester Bestandteil im Selbstverständnis des weiblichen Subjekts. Den Phallus zu kontrollieren bedeutet, ihn mitsamt seinen Attributen zur eigenen Verfügung zu haben. Es ist der Versuch, sich selbst zu vervollständigen, der Versuch, die Differenz auszuschalten und damit Macht zu erhalten. Das eigentliche Begehren jedoch ist das Begehren nach der Differenz. Wird diese Differenz »einverleibt«, braucht es kein Gegenüber mehr, das verführt werden und mit dessen Wünschen und Bedürfnissen ein Umgang gefunden werden muss.

Auch die Tochter kann mit phallischen Attributen besetzt werden. Sie ist jünger und schöner als die Mutter, sie hat das Leben vor und nicht hinter sich, sie zieht die Aufmerksamkeit der Männer auf sich. So kann sie mit Leichtigkeit an »phallischer« Macht partizipieren. Als ich mit einer Freundin und ihrer Tochter durch Zürichs Strassen spazierte, wurde mir bewusst, was den Neid einer Mutter mit einer erwachsenen Tochter hervorrufen kann. Die Mutter wird nämlich überhaupt nicht mehr beachtet; sie fällt aus der Wahrnehmung der Männer fast vollständig heraus. Da die Absicht beider Frauen dieselbe ist, nämlich beim anderen Geschlecht Aufmerksamkeit zu erregen und Bedeutung zu erlangen, wird diese neidische Mutter versuchen, die Konkurrenz zu beseitigen. Es geht ihr dabei nicht um die Verwirklichung von Lust und Genuss mit dem differenten Geschlecht, sondern vielmehr um Kontrolle und Macht. Davon erzählt

Schneewittchen, die von der neidischen und missgünstigen (Stief-)Mutter getötet wird: Der Spiegel spricht die Differenz der beiden an, das Alter und die Jugend. Der küssende Prinz wird derjenige sein, der das Königreich übernehmen wird, mit Schneewittchen an seiner Seite. Die (Stief-)Tochter wird die Mutter »entthronen«, ihre Macht übernehmen, zusammen mit demjenigen, dem die phallischen Attribute per se zugeordnet werden, dem Mann.

Manche Frauen sehen das Ziel der Frauenbewegung darin, die Männer – im bestehenden Diskurs die Inhaber von »phallischer« Macht – gemeinsam zu bekämpfen. Dabei geht es ihnen nicht in erster Linie um Gleichberechtigung, die – ausser Frage – gesetzlich verankert werden *muss*. Vielmehr wird angestrebt, den Mann als Täter an der Frau zu verorten. Es geht den Frauen darum, in der Opferposition andere Verbündete zu finden, um den Mann als von ihnen begehrtes Subjekt auszuschliessen und damit die anderen Frauen als mögliche heterosexuelle Konkurentinnen. Das von der heterosexuellen Frau begehrte Subjekt, der Mann, wird so zum »falschen« Subjekt. Lässt die Frau von ihm dennoch nicht ab, verrät sie eine ganze Frauenbewegung.

Das Ablegen des Schleiers als Auflehnung gegen die Mütter

Entfernt sich ein Selbstobjekt aus dem Radius der mütterlichen Kontrolle, weckt das bei der Mutter den Neid auf das »verlorene Objekt«, das sie zu ihrer Ich-Konstituierung gebraucht/missbraucht hat. Um es sich wieder aneignen zu können, greift sie zum Schulddiskurs. Zum selben Diskurs, der teilweise auch in der Frauenbewegung benutzt wird, um sich im Kampf um die Macht als Opfer zu verorten.

So schieben *wir* auch den Druck auf viele Frauen, sich zu verschleiern, in einen Opferdiskurs, ohne dabei dem weiblichen Neid Rechnung zu tragen. Wer den Schleier verweigert, lehnt sich aber in erster Linie gegen die Mütter auf und richtet sich erst danach gegen patriarchale Strukturen. Dass die Schleier tragende Frau als Opfer positioniert wird, erweist sich als rettende Nische für den mütterlichen Neid, der damit nicht entlarvt zu werden braucht. Vielmehr kann der Neid so weiterbestehen und sich mit Hilfe des Opferdiskurses festigen. Solange der allgemeine Konsens davon ausgeht, dass die *Männer* das Tragen des Schleiers fordern, solange wird sich der Opfer-/Schulddiskurs der Frauen halten. Gleichzeitig verschleiert jener Teil der Frauenbewegung, der sich als Opfer patriarchaler Hierarchien und Strukturen sieht, den Neid auf die Söhne, die im Besitz eines Phallus sind, und den Neid auf die Töchter, denen ein Phallus nunmehr schneller zur Verfügung steht als ihnen selbst. Kurz: Der Penisneid ist der Neid, der entsteht, wenn eine Frau keinen Penis im Sinne »phallischer« Macht zu ihrer alleinigen Verfügung hat. Als ihr Selbstobjekt hingegen vermag sie diesen Phallus zu kontrollieren, ohne die Auflagen seiner Attribute erfüllen zu müssen. Die Opferposition ist eine neidische Position.

Das »phallische Objekt« der Mutter, ihr Selbstobjekt, erfährt sich also entsprechend ihren Spiegelungen als wichtig und omnipotent, grossartig und unentbehrlich. Manchmal sogar als unsterblich. Hat es sich mit dieser Rolle ganz oder teilweise identifiziert, kann ihm dies zum Antrieb werden, Herrschaftsverhältnisse einzurichten und auszuweiten. Sämtliche imperialen und kolonialen Absichten und Handlungen, seien sie politischer, kriegerischer oder dogmatisch-ideologischer Art, zeugen vom Versuch, diesen Auftrag zu verwirklichen. Die grandiose Funktion und Bedeutung für das Leben der Mutter überträgt sich auch auf den Alltag; das Selbstobjekt wird hier ebenfalls versuchen, sich in der Omnipotenz einzurichten. Es wird die Identifikation mit seiner »Vergrösserung« in die Bindungen ausserhalb der Familie tragen, indem es sich hier wieder als Selbstobjekt zur Verfügung stellt und auf diese Art für das Gegenüber invasiv und beherrschend werden kann.

Als Eva in den Apfel biss

Mit der Kontrolle über das Begehren der Männer erfährt die Frau zwei grosse Einschränkungen: Erstens als *Subjekt seines* Begehrens, weil ein in Schuld verkettetes männliches Begehren domestiziert und unfrei ist. Zweitens als *Subjekt ihres* Begehrens, weil ein domestizierter Phallus nicht mehr attraktiv ist. Begehren entsteht nur in der Anerkennung der Differenz und des anderen als Nicht-Ich. Um es umzusetzen, haben wir die Mittel der Verführung, mit denen es beiden Geschlechtern gelingen kann, den jeweils anderen in die eigenen Wünsche hinein zu verführen. So wird die Vorstellung vom Paradies nicht mehr re-gressiv sein, es wird keine Sehnsucht nach einer Verschmelzung mit der Mutter geben, keine Sehnsucht, im Mutterleib aufgehoben zu sein, das Ich aufgelöst und die Eigenverantwortung abgelegt. Vielmehr wird mit der Umsetzung des Begehrens in der Progression, im Gegensatz zur Re-gression, »Glück« möglich, punktuell, zeitlich eingeschränkt, jedoch über die Verführung wiederholbar.

Es ist die Verschmelzung in der Differenz, die lockt. Diese bedingt keine Ich-Auflösung, denn Hin-gabe ist nicht mit Auf-gabe zu verwechseln. Das Glück findet in der Vereinigung statt, in einer geschlechtlichen und nicht in einer geschlechtsauflösenden.

Es stellt sich die Frage, warum die Geborgenheit im Mutterleib, die Entbehrung des Begehrens, immer wieder und immer noch als erstrebenswert erachtet wird. Warum wird dieser Zustand mit paradiesischen Vorstellungen aufgeladen? Der Zustand, in dem der Fötus noch nicht Ich ist? In dem es keine Differenz gibt? In der die Abhängigkeit die Beziehung ist? Die Arbeit an der Differenz, die zu jeder Zeit geleistet werden muss, erscheint hier als eine Mühsal, der es auszuweichen gilt. Vielleicht sind unsere hierarchischen gesellschaftlichen Strukturen auf diese Trägheit zurückzuführen? Warum ist es erstrebenswerter, Macht zu verwirklichen und nicht die Lust an der Differenz? Warum ist es erstrebenswerter, im hierarchischen Gefälle nach oben zu streben, anstatt ausserhalb dieses Systems zu Genuss zu kommen?

Es scheint ein Bekenntnis zur Lustlosigkeit, zur Unlust zu sein. Der jüdische und christliche Paradiesmythos erzählt von der Differenz, die Adam und Eva erkennen, nachdem sie den Apfel gegessen haben. Solange sie die geschlechtliche Differenz nicht wahrgenommen haben, war Gott der Alleinherrscher. Er gab ihnen das Paradies, genug zu essen, genug Sonne – ein Zustand der Geborgenheit im Mutterleib. Adam und Eva müssen nicht arbeiten, nicht pflanzen und ernten, sie können im Paradies die ganze Zeit genüsslich spazieren gehen. Nachdem sie aber das *andere Geschlecht* als begehrenswert erkannt haben und Kinder zeugen, zerfällt die bisherige hierarchische Machtstruktur. Der bislang alleinherrschende und kontrollierende Gott gibt diese Macht jedoch nicht ohne bestrafende Massnahmen auf: Die Kinder sollen unter Schmerzen geboren, der Akker unter Schweiss bewirtschaftet werden, zwischen den Eltern und ihrem Nachwuchs wird gar Feindschaft gesät. Die Verwirklichung von Begehren über die Anerkennung der Differenz wird bestraft. So scheint es einsichtig, dass der Mensch den indifferenten paradiesischen Zustand nicht aufgeben will, denn so entgeht er der Bestrafung. Gleichzeitig bleibt das Paradies aber auch erstrebenswert, weil dort alle Wünsche erfüllt werden, weil es keine Entbehrungen gibt, weil die Differenz wie auch das Begehren danach hier nicht ausgehalten werden muss.

Sigmund Freud sagte dazu: »Es ist einfach das Programm des Lustprinzips, das den Lebenszweck setzt. An seiner Zweckdienlichkeit kann kein

Zweifel sein, und doch ist sein Programm im Hader mit der ganzen Welt«
(Sigmund Freud: *Das Unbehagen in der Kultur*, 1930).

Der Penisneid ersetzt das Begehren

Ein als Selbstobjekt identifiziertes Subjekt wird sich zu seiner Sicherheit und zu seinem Halt seinerseits Selbstobjekte aneignen. Damit wird die hierarchische Beziehungsform tradiert, werden einmal mehr Macht- und Besitzverhältnisse etabliert. Der andere muss nicht begehrt werden, weil das Selbstobjekt die Lücke der Differenz füllt. Genauso ersetzt der Penisneid das Begehren: Der Penis/ Phallus wird in die Verfügbarkeit als Selbstobjekt der Mutter/Frau geholt. Sein Besitz ist erstrebenswert, um Macht zu verwirklichen, an ihr zu partizipieren und nicht, um Lust und Begehren zu realisieren. Solche Macht- und Besitzverhältnisse sind jedoch fragil, weil Selbstobjekte ihrer Funktion als Objekt des anderen immer wieder zu entfliehen und Autonomie zu verwirklichen versuchen.

Der Neid geht davon aus, dass der Besitz des Phallus – sprich: von phallischer Macht – das Begehren ablösen kann, und dass damit Ruhe ist. Ruhe vor dem Begehren, Ruhe vor der Auseinandersetzung mit der Differenz, Ruhe vor Konflikten, Ruhe vor der Unruhe der Lust, Ruhe vor der Welt und dem Leben. Angestrebt wird eine Entlastung, die ihren Niederschlag findet in der regressiven Sehnsucht nach einer Ich-Aufgabe in der Verschmelzung mit der Mutter. Das Ich versucht sich als Ich zu entlasten. Die Sehnsucht nach dem paradiesischen Zustand ist ein regressiver Wunsch, der *vor* der Erkenntnis der Differenz von Mann und Frau zu verorten ist, *vor* dem Begehren. Im Paradies findet kein Begehren statt, da die Differenz fehlt.

Diese Entlastung »erlöst« uns vom Begehren. Sie »erlöst« vom Leben, das immer eine nach vorne fortschreitende Richtung aufweist. Das Erkennen der Differenz weckt nicht nur Begehren, sondern verortet uns auch als Sterbliche, als *ein* Subjekt unter vielen anderen, das intersubjektiv als Subjekt bestehen und sich verwirklichen muss, bis es als *ein* Subjekt unter vielen anderen aus dem Leben scheiden wird. Ohne die Anerkennung des anderen als different sieht sich das Subjekt, zusammen mit seinem Besitz, dem Selbstobjekt, gerne in einer unerreichbaren Grösse und in einer zeitlichen Dimension, welche die Sterblichkeit oft nicht berücksichtigt. Das Streben nach Omnipotenz sucht mit seinen Grössenphantasien und den entsprechenden Handlungen nicht zuletzt eine Verewigung, die das Subjekt sich selber als unsterblich denken und erleben lässt.

Die mit dem Neid angestrebte Aneignung des differenten anderen als Selbstobjekt bedeutet die Zerstörung der Differenz. Die Aneignung des Phallus – im Penisneid als Selbstobjekt – ist seine Zerstörung als differentes und begehrenswertes Objekt, ist die Zerstörung des Mannes als Träger dieses Penis. Die Aneignung ist eigentlich eine Enteignung. Der Mann verliert seine Bedeutung als differentes Subjekt, das begehrt werden will. In der Entbehrung des Begehrens entstehen Grössenphantasien, weil nicht mehr davon ausgegangen wird, dass es zur Ich-Konstituierung ein anderes Subjekt braucht. Vielmehr soll dieses andere Ich, in den eigenen Besitz und damit unter Kontrolle gebracht, zur eigenen Vervollständigung führen – mit anderen Worten: zu Macht.

Im intersubjektiven Diskurs ist die angestrebte Verschmelzung nur genital möglich. Weil der andere ein autonomes Subjekt ist, wird diese Verschmelzung zeitlich begrenzt sein und mit dem Begehren immer wieder angekurbelt und angestrebt werden. Eine andere Art der Verschmelzung ist in diesem Diskurs nicht möglich, weil es des anderen als Nicht-Ich bedarf. Diese Form der Verschmelzung unterscheidet sich von der regressiven Sehnsucht nach der Ichlosigkeit im Mutterleib. Sie ist genital-progressiv und hat, weil die Aggressionen im Dienste des Ich stehen, die Möglichkeit, den Penis für die Verwirklichung ihrer Wünsche zu begehren.

Die Strafe der Götter

Der Verlust der Kontrolle über ein Selbstobjekt ist oftmals kränkend und kann destruktive Aggressionen auslösen mit dem Ziel, das Selbstobjekt wieder unter Kontrolle zu bekommen. Dem verloren gegangenen Selbstobjekt wird Böses gewünscht, Böses angedroht: Unter Schmerzen sollen sie leben, gebären und arbeiten.

Erobert sich ein Subjekt das eigene Ich zurück und stellt seine Aggressionen wieder in den Dienst am Ich, vermag das auch Götter zu erzürnen. Ihr Neid ist zu befürchten, und auch ihre Rache. Um den Neid als treibendes Motiv aufzudecken, möchte ich die Ballade *Der Ring des Polykrates* von Friedrich Schiller, geschrieben 1797, näher untersuchen (das vollständige Gedicht ist im Anhang zu finden). Dieses Gedicht hat mich besonders interessiert, weil es einerseits vielerorts zum obligatorischen Schulstoff gehört und weil andererseits seine Rezeption über zwei Jahrhunderte hinweg unhinterfragt dieselbe geblieben ist. Gemäss dieser gängigen Interpretation zieht Hochmut das Unglück nach sich. Doch Schiller spricht in diesem Gedicht nicht von Hochmut, sondern von Glück. Von gewonnenen Schlachten, bezwungenen Feinden ohne eigene Verluste. Vielleicht war es seine Absicht, den Hochmut mit dem Glück zu maskieren? Umso genauer müsste die Analyse des Gedichtes ausfallen und auf dessen sittlich-moralische Aussage, die heute noch tradiert wird, hinweisen.

In Schillers Gedicht erleidet Amasis, Pharao und Herrscher über Ägypten, Freund und Verbündeter von Polykrates, im Unterschied zu Polykrates einen bitteren Verlust: Er verliert seinen Sohn und Nachfolger. Polykrates wiederum hat den Thron von Samos nicht geerbt, sondern durch einen bewaffneten Überfall erobert. In der Rezeption des Gedichts ist er ein »Emporkömmling«, der seine »Grenzen« überschritten hat.

Ich lese die Ballade vor dem Hintergrund eines Narrativs, in dem der menschliche Neid auf die Götter projiziert wird, die Polykrates mit Unglück bestrafen und ihn in seine Grenzen zurückweisen sollen. Dass die gängige Rezeption des Gedichtes nicht zum selben Schluss kommt, hat vielleicht etwas mit einer immer noch geltenden erzieherischen Absicht zu tun: Demnach soll der Mensch das »Glück« nicht anstreben, um die bestehenden Machtverhältnisse nicht zu gefährden.

Als König Polykrates zusammen mit seinem Freund Amasis über sein Reich blickt, sagt er:

»Dies alles ist mir untertänig«,
Begann er zu Ägyptens König,
»Gestehe, dass ich glücklich bin.«

Der Pharao weist ihn auf drei grosse Gefahren hin, die sein Glück zerstören könnten. Doch kaum sind diese Warnungen ausgesprochen, werden sie entkräftet. So spricht der Pharao zu seinem Freund:

»Mir grauet vor der Götter Neide,
Des Lebens ungemischte Freude
Ward keinem Irdischen zuteil.«

Er rät Polykrates, seinen kostbarsten Schatz ins Meer zu werfen, damit die Rachegöttinen ihm sein Glück verzeihen und um »dem Glück seine Schuld zu bezahlen«. Doch der wertvolle Ring, den Polykrates opfert, wird anderntags in einem gefangenen Fisch gefunden und ihm wieder geschenkt. Darauf verlässt Pharao seinen Freund Polykrates mit den Worten:

»So kann ich hier nicht ferner hausen,
Mein Freund kannst du nicht weiter sein.

> Die Götter wollen dein Verderben,
> Fort eil ich, nicht mit dir zu sterben.«
> Und sprachs und schiffte schnell sich ein.

Der Inhalt der Ballade ist an die Beschreibung des griechischen Geschichtsschreibers Herodot angelehnt, der Polykrates gekannt und geschätzt hat. Bei ihm erfahren wir, dass Polykrates' Herrschaftsgebiet von der Grossmacht der Perser eingenommen und er selber ermordet wurde. Wie der ägyptische Pharao Amasis starb, ist nicht überliefert. Beide waren Herrscher über Grossmächte.

In Schillers Ballade nimmt das Glück des Polykrates kein Ende. Auch der Pharao hat, was sein Herz begehrt, ausser dass er seinen Sohn verloren hat. Sein Reich wird nicht unter seinem männlichen Nachkommen weiterexistieren und seine Macht nicht über seinen Tod hinaus konsolidiert werden. Um nicht den Neid des Pharaos zu evozieren, soll auch Polykrates einen Verlust erleiden. Doch der entsprechende Versuch scheitert, der ins Meer geworfene Ring findet seinen Weg zurück zu Polykrates. Der Pharao fürchtet nun die Rache der Götter: »Die Götter wollen dein Verderben, / Fort eil ich, nicht mit dir zu sterben.«

Der Opferdiskurs, der hier bedient und rezipiert wird, maskiert den – tödlich ausgehenden – Neid: »Wenn du schon alles hast, dann kannst du auch alleine für dich schauen, dann brauchst du mich nicht mehr!« Der Pharao Amasis »leidet« unter dem Erfolg seines Freundes und verlässt ihn aus »verständlichem« Selbstschutz. Die Differenz, dass der andere zeitweilig mehr Glück hat, wird mit einem Beziehungsbruch bestraft; Polykrates wird nicht mehr mit Amasis' Beistand rechnen können, wenn feindliche Mächte vorrücken.

Folgen wir der gängigen Rezeption, dann bewegen wir uns in einem Diskurs, der den – im Gedicht antizipierten und in der Realität eingetretenen – Fall des Polykrates (laut Herodot wurde er ermordet) als eine gerechte göttliche Strafe für Hochmut sieht und nicht als aggressiven Akt eines neidischen Menschen. Mit der Projektion auf die Götter oder auf eine göttliche Allmacht soll die aus Neid und Missgunst entstandene Rache als *gerechte* Strafe rezipiert werden, die den *gerechten* Fall des »Hochmütigen« verursacht: die Strafe für seine Differenz. Die Strafe für seine Eigenständigkeit und seine Weigerung, dem anderen nicht mehr als Selbstobjekt zu dienen. In der Ballade erscheint der Pharao als Opfer seines hochmütigen Freundes, er nimmt jedoch aus Neid Rache und überantwortet diese den Göttern.

Verbleibt die Rezeption der Ballade im Opferdiskurs, kann die Rache weiterhin als strafende Gerechtigkeit tradiert werden und wird nicht als das gelesen, was sie ist: der Wunsch, der andere möge in seiner Differenz zugrunde gehen, zu Fall kommen. Der Pharao will das Verderben seines Freundes Polykrates, nicht die Götter. Der König von Samos kann dieses Verderben nur abwenden, wenn er einen dem Pharao ebenbürtigen Verlust erleidet. Die in freundschaftliches Wohlwollen gekleidete Missgunst des Pharaos ist Ausdruck seiner Kränkung angesichts der Differenz zu seinem Freund. Weil diese Differenz nicht ausgeglichen werden kann – der Ring gelangt wieder in die Hände des Besitzers –, kann die Strafe nur noch der Beziehungsbruch sein. So ist der Verlust auch aufseiten von Polykrates garantiert.

Wir alle haben schon einmal auf Holz geklopft, um ein »Zuviel« an Glück nicht zu verlieren, um Neid zu beschwichtigen, um nicht den Sturz in die Tiefe befürchten zu müssen, den Entzug von Liebe und Beistand. Die als gerecht bezeichnete Strafe für Hochmut ist in Schillers Ballade die Rache für die Differenz: »Möge es dir schlecht gehen, mögest du in die tiefsten Tiefen fallen, dann bin ich endgültig wieder obenauf, und du wirst mich wieder brauchen, du wirst wieder zu mir zurückkommen, am liebsten auf den Knien.« Schutz und Aufgehobenheit wird mit der *Aufhebung* der Differenz versprochen und nicht mit deren Anerkennung. Die gängige Rezeption der Ballade entspricht dem Herrschaftsdiskurs, einem Diskurs, der die Differenz mit einem ähnlichen Verlust zu egalisieren versucht. Der Neid erhält seinen Ausdruck, indem Polykrates von seinem Freund verlassen wird, und die Rache wird sein, dass er von den Persern ermordet und Samos eingenommen werden wird (Herodot 3, 125), nicht zuletzt weil ihm sein alter Bündnispartner, der Pharao, fehlte. Somit wird auch seine Macht nicht weiterbestehen, genauso wenig wie die Macht des Pharaos, der seinen Nachfolger verloren hat.

Die Schuld schluckt das Begehren

Die Befürchtungen, die wir mit dem Klopfen auf Holz zu beruhigen versuchen, kennen wir alle. Genauso wie die Kränkung und den rächenden Gegenschlag, der dem anderen eben das wünscht, wofür er gerade auf Holz klopft. Schillers Ballade kann dabei als Identifikation mit beiden Figuren gelesen werden, dem Neidischen und dem, der sich fürchtet vor diesem Neid und ihm sein Opfer darbringt, um sich zu schützen und die

Differenz zu egalisieren. Diese Deutung liegt viel näher als jene, die das Gedicht als eine höhere Form der ausgleichenden Gerechtigkeit versteht. Diese »ausgleichende Gerechtigkeit« bleibt immer eine Projektion, die in diesem Sinne die bestehenden Herrschaftsverhältnisse untermauert und konsolidiert.

Die Differenz lässt sich aber nicht nur über einen Verlust egalisieren – dass nun nämlich beide etwas *nicht* haben –, sondern auch über die Schuld: Jener, der etwas hat, schuldet es dem anderen. Davon spricht auch der Penisneid, der Neid der Frau/Mutter auf die phallischen Attribute der Macht. Diese Attribute möchte sie nicht in Form eines Penis besitzen, sondern sich den Phallus als Selbstobjekt aneignen. Dann hat sie beides und braucht das andere Subjekt nicht mehr zur Ich-Konstituierung; sie ist erhaben über das »Angewiesensein« auf ein anderes Subjekt. *Das* wäre die Hybris.

Die Schuld ersetzt den Neid auf die Differenz und das Begehren nach der Differenz. Im Schuld- und Opferdiskurs wird die Differenz vereinnahmt und damit zerstört. Wir haben die Möglichkeit, die Differenz mittels eines gemeinsamen Verlustes aufzuheben: Beide sind verschmolzen im Verlust – oder in der Vereinnahmung des anderen über die Schuld, beide verschmelzen als Selbstobjekte des jeweils anderen und vermissen nichts mehr. Die Anerkennung der Differenz bleibt in beiden Fällen aus, und damit auch das Begehren. Der Herrschaftsdiskurs bewegt sich in diesen wechselnden Machtverhältnissen innerhalb derselben Begrifflichkeit. Diese »Ausgleichung« ist fragil und anfällig, weil Selbstobjekte immer wieder nach Autonomie und Anerkennung ihrer Subjektivität streben. So muss die Egalisierung stets neu hergestellt werden, um Neid und Rache zu besänftigen.

Um Omnipotenz zu verwirklichen, ist ein sich unterwerfendes Subjekt, das Selbstobjekt, nötig. Verweigert es sich seinem Auftrag, wird es in der Schuld stehen und mit der Einlösung dieser Schuld wieder in die Nähe der Allmacht und des Schutzes rücken. Damit kann es dem Neid und der Rache des Allmächtigen ausweichen. Ein sich verweigerndes Selbstobjekt destabilisiert die Allmacht. Die Androhungen seiner Bestrafung, falls es sich seiner Funktion entledigt, sind mannigfaltig, äusserst zerstörerisch und – wie die Geschichte von Adam und Eva zeigt – bereits im Buch der Bücher verankert.

Unerwartete Erfahrungen im Bordell

Frau Wyss, 18 Jahre alt, hat gleichzeitig mit dem Beginn der Therapie angefangen, in einem Bordell zu arbeiten. Was ihr dort besonders gut gefällt, ist das Zusammengehörigkeitsgefühl unter den Frauen, die Verlässlichkeit und Zuständigkeit unter- und füreinander. Auch lerne sie hier, sagt sie, zum ersten Mal Massstäbe für die Hygiene und die Pflege ihres eigenen Körpers kennen. Darauf seien alle Frauen im Bordell bedacht, und auch auf ihre Sicherheit. Ausserdem machten die Prostituierten Zeichen ab, falls sie in Gefahr seien und Hilfe bräuchten, und nach riskanten Situationen sprächen sie miteinander. Die Frauen würden keinerlei Gefährdung einer anderen dulden, der gegenseitige Schutz und die Zuflucht seien gesichert.

Frau Wyss sagt, sie liebe jeden Freier. Sexbesessen stürze sie sich auf jeden Kunden, und ihn zu befriedigen, bereite ihr Lust. Frau Wyss unterscheidet nicht zwischen dem Begehren des Mannes und ihrem eigenen. Sie identifiziert sich mit seinem Begehren, ihm ist sie alles schuldig: Ihr Ich ist sie ihm schuldig, ihr Begehren nach ihm ist sie ihm schuldig, sein Begehren nach ihr ist sie ihm schuldig. Zurück bleibt eine depressive, suizidale junge Frau, die ihre Not mit Drogen – einem weiteren Missbrauch – auszuhalten versucht. Die Drogen zerstören ihren Körper genauso wie das Bordell, muten ihm so viel Schädliches zu. Dabei hat dieser Körper doch eben gerade gelernt, dass auch ein fürsorglicher und pfleglicher Umgang mit ihm möglich ist.

Wenn auch im Dienste eines anderen, erfährt Frau Wyss doch zum ersten Mal etwas *Eigenes, ihren* Körper. Das Bordell wurde für sie wegen etwas wichtig, das für mich völlig unerwartet war. Sie sprach nicht über die Freier oder über ihre Arbeit, den schlechten Verdienst, sondern erkannte zum ersten Mal, dass sie einen eigenen Körper hat. Und in der Gemeinschaft mit den anderen Prostituierten, den anderen Frauen, lernte sie diesen Körper zu pflegen. Sie erlebte, dass Zusammenhalt und füreinander Sorgen möglich ist. Bald darauf verliess sie das Bordell. Denn die Erfahrung, einen *eigenen* Körper zu haben, führte zur Anerkennung seines Wohlbefindens und seiner ganz eigenen Bedürftigkeit, die sie nicht mehr mit dem Bordell vereinbaren konnte.

Doch wie so oft, wenn die miserablen eigenen Erfahrungen zum ersten Mal verglichen werden können, wird dieser einzigartige Ausblick auf etwas anderes, besseres eingeholt von den internalisierten Erlebnissen. Erfahrungen, die Frau Wyss als Selbstobjekt gemacht hat, als sie sich diesem Auftrag zu entziehen versuchte, um Subjekt zu werden. Die Wucht der destruktiven Aggressionen, die sie damals auf sich zog, versucht Frau Wyss mit noch mehr Drogen und Alkohol zu dämpfen bis hin zu einem Abschiedsbrief, den sie mir in die Hand drückt. Danach rennt sie davon. Es kommt zu einer Verfolgungsjagd auf dem Velo quer durch die Stadt, bis ich ihrer habhaft werde und sie in die Klinik bringe. Sie wird dort ein halbes Jahr verbringen, während wir die Therapie fortsetzen, und sie wird sich allmählich der Kunst zuwenden und ihre ersten Erfolge haben. Die Angst *vor* der Strafe für ihre autonomen Bestrebungen jedoch, vor der Rache und dem Neid, werden ihr immer wieder die Kraft nehmen, künstlerisch weiterzuarbeiten und die Drogen zu meiden.

Die Zerstörung vernichten

Frau Wyss war lebenswichtig für ihre Mutter, für deren Stabilisierung und Sinngebung. Der Vater verstarb, als sie 15 Jahre alt war. Im Bordell suchte sie Anerkennung, die Anerkennung als Ich in seiner erfahrenen Funktion. Sie versuchte ihre Identität in den männlichen Wünschen einzurichten, sich als Objekt eines anderen zu bewähren, nicht nur bis hin zur Erfüllung der Wünsche des anderen, sondern bis diese Wünsche die ihrigen wurden. Sobald diese Wünsche erfüllt waren, meldete sich *ihre* eigene Bedürftigkeit und damit auch die Leere.

Frau Wyss wird in dieser Funktion zwar anerkannt, doch würde sie eigentlich die Anerkennung als eigenes Subjekt brauchen. Ihr ist dieser Unterschied nicht bewusst. Die Leere, die sich in ihr auftut, verdeckt sie mit einem besessenen Sprung in die Arme des nächsten Freiers, in die Drogen oder in Suizidgedanken. Im Moment dieser Leere, in dem das nicht eintrifft, was sie sich erhofft – nämlich als Subjekt anerkannt und bestätigt zu werden –, wird sie keinen Halt mehr haben. Gerade hier, wo sie sich als Objekt des anderen völlig verausgabt hat und gerne eine Anerkennung als Subjekt hätte, das seine Rolle als Selbstobjekt gut erfüllt hat. Hier bleibt es still. Nur die anderen Prostituierten geben ihr ausserhalb ihrer Funktion Anerkennung. Eine wohltuende Anerkennung als Frau mit einem Körper, der ihr gehört und für den sie sorgen kann.

An dieser Leerstelle wird sie sich der Zerstörung ihres Ich als Subjekt gewahr. Die Wahrnehmung des Subjekts ist quasi *eins* mit der Erfahrung seiner Zerstörung. Die Suizidabsichten geben dieser Not Ausdruck: Der Suizid soll die Zerstörung vernichten. Eigentlich möchte Frau Wyss nicht sterben, das sagt sie mir immer wieder, sie möchte nur dieses Gefühl der

Vernichtung, des Vernichtetseins nicht mehr. Als Fortsetzung ihrer eigenen Erfahrungen bleibt ihr als einziger Ausweg, sich selbst zu zerstören – um der Zerstörung zu entgehen. Solche Ausweglosigkeiten kommen nicht nur aufgrund einer einzigen missbräuchlichen Beziehung zustande, sondern durch die Mitwirkung aller. Die Mittäterschaft beschliesst letztlich die Ausgrenzung und Einsamkeit eines Subjektes.

Frau Wyss kennt die Expansion des Ichs nicht, die in einer intersubjektiven Beziehung ermöglicht wird, sie weiss nur von der Strafe, die ihr droht, sollte sie sich von ihrer Funktion als Selbstobjekt befreien. Eingezwängt in dieses Korsett, sucht sie im Gedanken an einen Suizid einen Ausweg aus dem zerstörerischen Neid und der Rache, indem sie das Subjekt der Rache selber zerstört – sich. Letztlich bleibt ihr »Ausweg« identisch mit den zerstörerischen Wünschen des anderen. Wenn sie sich umbringt, kann sie damit gleichzeitig das Gegenüber, hier die Mutter, beachtlich kränken: Das Selbstobjekt hat sich deren Kontrolle entzogen. Nimmt sie ihr das Selbstobjekt endgültig weg, gelingt der Suizid, beschädigt sie auch die Mutter endgültig – das wäre *ihre* Rache, die Rache der Tochter.

Beschädigt wird jedoch einzig das Bild, die Idee, wonach mit Schuld und Hierarchie Beziehung gesichert werden könne. Aus dieser Logik heraus ist der Bruch einer Beziehung oftmals Teil von Neid und Rache: »Wenn du mich als Selbstobjekt verlässt und Subjekt werden willst, dann verlasse ich dich.« Auch der Pharao bricht die Beziehung zu Polykrates: »Mein Freund kannst du nicht weiter sein.« Die hierarchische und hierarchisierende Beziehung kann an dieser Stelle nicht mehr weitergehen, sie greift nicht mehr. Dennoch wird kein Wechsel in den intersubjektiven Diskurs gewählt. Einerseits aufgrund mangelnder Erfahrung solcher Beziehungen, andererseits weil die Beziehung auch mittels einer gegenseitigen Verstrickung in Kampf, Schuld und Destruktion aufrechterhalten werden kann – und auch wird. Manchmal ein Leben lang. Damit erübrigt sich der Schritt in die Anerkennung der Differenz, die Beziehung verbleibt im Kampf und entbehrt der Ich-Entfaltung in einem kreativen und fruchtbaren intersubjektiven Raum.

Der Halt ist das Halten

Frau Wyss befürchtet, dass sie den Halt verliert, wenn sie sich aus ihrem Dienst am anderen entfernt. Ihr Halt ist das Halten des anderen. Und wenn sie das Halten des anderen nicht mehr aushält, dann sucht sie ihren

Halt in den Drogen und im Alkohol. Doch diese geben ihr genauso wenig Halt wie die Erfahrungen mit ihrer Mutter. Ein Selbstobjekt findet keinen Halt in seiner Funktion, weil es *selbst* der Halt ist. Der Halt des anderen. Halt findet sich einzig in der Anerkennung der Differenz des Nicht-Ich.

Frau Wyss erhofft sich im Bordell Anerkennung. Sie erhält diese auch, allerdings in ihrer Funktion als Objekt eines anderen und nicht als Ich. Ihre eigenen Wünsche sind ihr in der Identifikation mit den Wünschen des Freiers abhandengekommen, sie sind für sie nicht mehr greif- und denkbar. Auch der Freier sucht die Anerkennung seines Ich, seines Begehrens, das er frei von Schuld verwirklichen möchte. Schuldfrei möchte er begehrt werden und schuldfrei möchte er begehren können: Er hat die Prostituierte und damit seine Schuld bezahlt. Wir erkennen daran die Sehnsucht der Beteiligten, Begehren ohne Schuld und in der Anerkennung der Differenz zu realisieren. In der hierarchischen Struktur der konventionellen Bindungen drängt sich die Schuld wie eine undurchdringliche Wand zwischen das Paar, besetzt den »Zwischenraum«, der damit nicht mehr frei ist für die Entfaltung des Ich in der verbindenden Differenz zu einem anderen Ich. Diese Wand *trennt*, und Mann und Frau treffen nicht auf sich, sondern auf die Schuld.

Wer ist hier der Täter und wer ist das Opfer? Diese Frage dominiert auch die gesellschaftliche Diskussion um die Prostitution. Sie kann nicht gelöst werden, indem die »SexarbeiterInnen« mit einem Subjektstatus versehen und von der Stigmatisierung befreit werden, sondern es gilt, den allgemeinen Herrschaftsdiskurs offenzulegen, der immer auch in der Sexualität seinen Niederschlag findet.

Frau Wyss schuldet ihren Freiern vermeintlich ihr Ich, das sich in deren Wünschen und in der Identifikation mit ihnen auflösen soll. Ihre Idee von Zweisamkeit ist die Idee der Selbstauflösung, die sie auch von ihren Freiern erwartet. Doch mit der Ich-Auflösung lässt sich Begehren nicht verwirklichen, kann gar nicht verwirklicht werden. Nur die Schuld kann eingelöst werden, die Schuld der Selbstaufgabe für einen anderen, um ihn in die Beziehung zu bringen und darin zu halten. Es sind Versuche, Anerkennung und Aufgehobenheit zu erreichen, aber auch Versuche, aus solchen Verstrickungen herauszukommen.

Die idealisierte Mutter

Ich besuche Frau Stein am Wochenbett im Spital. Ihr neugeborenes Kind ist ein paar Tage alt. Es liegt in seinem Bettchen und hört mir aufmerksam zu, ich plaudere mit ihm und wende mich dann an die Mutter, die um meinen Besuch gebeten hat. »Gell, du möchtest von Frau Fischer in die Arme genommen werden?«, sagt sie zu ihrem kleinen Mädchen und beantwortet auf diese Weise meine Frage nach ihrem Befinden. Ich nehme den Säugling auf den Arm, und während ich mich mit dem Kind befasse, beginnt sie zu klagen: Dass ihre Schwester nicht mehr mit ihr spreche und ihre Nichte nicht zu Besuch komme; dass selbst ihre Mutter das Kind noch nicht gesehen habe und ihr Vater sowieso nicht, der ja, wie ich wisse, im Ausland lebe; dass sie nicht mehr ein und aus wisse. Ihr Mann habe schon versucht zu vermitteln. »Sie fühlt sich sichtlich wohl auf Ihren Armen«, wirft sie zwischendurch ein.

Derlei Streitigkeiten in Frau Steins Familie sind üblich, nur der Säugling als Streitpunkt ist neu, und ich verstehe nicht, warum ich so dringlich kommen musste. Nach mehr als einer Stunde beginne ich mich langsam vom Kind zu verabschieden, die Mutter erschrickt, wird für einen Augenblick sprachlos, wirkt verloren und verwirrt und bleibt dann wie angewurzelt stehen. So kenne ich sie nicht. Sie ist es gewohnt, dass eine Therapiesitzung nach fünfzig Minuten zu Ende ist, doch plötzlich erscheint ihr die Trennung wie ein Schock. Während ihrer ganzen Erzählung hatte ich das Kind im Arm gehalten, wobei sie mehrmals darauf hingewiesen hatte, wie wohl es sich fühlte. Es war dann eingeschlafen, aber wieder erwacht, als ich es ins Bettchen zurücklegte. Frau Stein selber hat ihr Kind kein einziges Mal berührt.

Nach diesem Besuch im Spital kommt sie wieder regelmässig in die Therapie, doch bleibt sie dabei abwesend und lächelt verloren. Es dauert Wochen, bis sie aus diesem Zustand heraus und langsam wieder zu sich kommt. Schliesslich beginnt sie über ihren Zustand zu sprechen und erzählt, wie sprachlos und verzweifelt sie nach der Geburt gewesen sei – bis heute. Sie fühle sich vernichtet, habe diese Gefühle auch ihrer Tochter gegenüber gehegt und hege sie zeitweise heute noch. Deshalb würde sie ihr Kind gerne weggeben, um es vor ihr zu schützen, vor ihren mörderischen Aggressionen. Ihre Vernichtungsgefühle seien so stark, dass sie Angst habe, dem Kind etwas anzutun, es zum Beispiel aus dem Fenster zu werfen, zu erwürgen, oder sich selbst etwas anzutun oder gar beiden zusammen.

Aus diesem Grund hatte sie im Wochenbett einerseits versucht, ihr Kind vor ihren Aggressionen zu schützen, indem sie es so wenig wie möglich berührte, indem sie es in meine Arme gab, weg von ihr, weg von ihrer Verantwortung. Andererseits konnte sie sich selber als gewiegter Säugling fühlen, geschützt und aufgehoben, und sich gleichzeitig mit mir in der Mutterfunktion identifizieren.

Die Geburt eines Kindes macht die Frau zur Mutter, ein Paradigmenwechsel in ihrem gesellschaftlichen Status. Gleichzeitig ist es ein eigenartiger Wechsel ihrer Geschlechtlichkeit. Die Geburt eines Kindes gilt als wichtige »Errungenschaft« im Leben einer Frau. Sie wird an Wichtigkeit und Bedeutung zulegen, sie wird unangreifbarer, ob sie nun ihre fürsorgliche Funktion für das Kind erfüllt oder nicht. Und sie wird idealisiert. Diese Idealisierung bietet ihr einen gewissen Schutz als unangefochtenes Subjekt. Der Schutz hat nichts mit ihrer Funktion für das Kind zu tun, sondern ausschliesslich mit ihrer Transformation von der Frau zur Mutter. Das Kind könnte ihr weggenommen werden oder sterben – Mutter würde sie dennoch bleiben. Die Idealisierung der Mütter, die bereits in der Jungfrau Maria ihren religiösen und damit kulturhistorischen Niederschlag findet, gründet auf einer hierarchischen Vorstellung. Die Schwängerung Marias geschah, ohne dass sie gefragt wurde und ohne sexuellen Akt, war also hierarchisch bestimmt. Gleichzeitig bietet ihr die unbefleckte Empfängnis innerhalb dieses Diskurses die Möglichkeit, zu *ihren* mächtigen Attributen zu gelangen: Über den Akt des Gebärens zur Mutter geworden, wird sie idealisiert und damit freigesprochen von Begehren und Begehrtwerden. Diese Idealisierung vernichtet ihr Begehren, vernichtet ihr *Frausein*, genauso wie es der Phallus mit seinen Attributen beim Mann tut.

Die Mutter ist im Herrschaftsdiskurs dem Phallus beziehungsweise seinen Attributen gleichgesetzt. Beide Geschlechter können in diesem Narrativ den anderen als dialogisches und intersubjektives Gegenüber entbehren: Über die Attribute der Macht und Stärke sind sie im hierarchischen Diskurs per se in einer idealisierten Position verortet, einer wunschlosen und damit omnipotenten Position, weil die (Er-)Füllung bereits stattgefunden hat. Weil sie den anderen entbehren können, ihn für die Ich-Konstituierung nicht brauchen, weil sie die Differenz überwunden haben. Die Idee, die hinter diesen Idealisierungen steckt, ist die Verwirklichung einer Unabhängigkeit von Gemeinschaft, von anderen Subjekten. Die Idee, die permanente Auseinandersetzung mit der Differenz los zu sein und selbstgerecht und eigenmächtig funktionieren zu können. Es ist die Idee von

Omnipotenz: Solche Subjekte bedürfen des anderen nicht mehr. Das Begehren verkümmert hier zu einer Triebabfuhr im Gefälle.
Doch die Sehnsucht des Subjektes nach Anerkennung in der Differenz bleibt bestehen. Im Herrschaftsdiskurs wird sie aber nicht erfüllt werden und deswegen Gefühle der Einsamkeit und Verlorenheit zur Folge haben. In diesem Diskurs heizt die verweigerte Anerkennung des Ichs als different das Subjekt zu neuen Leistungen an, um sich Anerkennung zu »erkaufen«, nicht zuletzt mit dem Konsum von Gütern und Produkten, mit Kampf und Krieg um Macht. Aber jedes Mittel, um zur idealisierten Grösse und Unabhängigkeit zu kommen, zerstört gleichzeitig die Subjektivität, weil diese nur in der Differenz und nicht in irgendeiner Form der Aneignung realisiert werden kann. Mit Konsum und Machtkampf, mit der Aneignung von Attributen, die – wie der Phallus und das Muttersein – Macht versprechen, wird der hierarchische Diskurs mit seiner Idee der Überlegenheit belebt. Die Differenz wird hier in der Vertikalen realisiert, und das so entstehende Gefälle hat immer eine Entwertung beziehungsweise Überhebung zur Grundlage. Aufspaltungen wie zum Beispiel in Gut und Böse, Schuldig und Unschuldig beschäftigen uns unentwegt, besonders auch, weil wir ein äusseres Objekt/Subjekt finden müssen, auf das wir diese Spaltungen projizieren können, um sie loszuwerden. Das Aufheben dieser Zwiespältigkeit in der Anerkennung der Differenz ist die Voraussetzung, um intersubjektive Beziehungen zu realisieren.

Macht zerstört den Subjektstatus

Ein Subjekt, das sich in der Vorstellung von Phallus oder Muttersein positioniert, von Überlegenheit in der hierarchisch angelegten Differenz, von Macht also, kann nie Subjekt sein und *nie* zu einer Anerkennung als Subjekt gelangen. Es bleibt alleine, weil das einzige Interesse eines Gegenübers eine weitere Überhöhung sein kann oder eine Entmachtung. So wird es eng und einsam in diesen Höhen, in denen die Anerkennung der Differenz zugunsten einer Hierarchie aufgelöst wird.

Macht im Sinne der Idee, das andere Subjekt entbehren zu können – symbolisiert im Phallus und Muttersein –, zerstört den Subjektstatus. Und ein zerstörtes Subjekt hat keine Hemmungen, andere zu zerstören, ist doch die Destruktion dem Diskurs des Gefälles inhärent. Die Verwirklichung von Macht mit Hilfe eines Selbstobjektes ist unser Alltag, der permanente Versuch, möglichst ohne den intersubjektiven Diskurs über die Runden zu kommen, ebenfalls. Den anderen als Selbstobjekt zur Verfügung zu haben und auch selber Selbstobjekt zu sein, »schützt« vor dem Leben, vor der Differenz und auch vor sich selbst.

Frau Stein richtet ihre Zerstörungsphantasien sowohl gegen sich selbst als Mutter wie auch gegen ihren Säugling. Sie hat kein Referenzsystem für diese Beziehung, sie ist verloren in Anbetracht eines Säuglings, auf den sie sich nicht als Selbstobjekt beziehen kann. Sie ist es gewohnt, Verbindungen als Selbstobjekt einzugehen, hier findet sie Sinn, Halt und Schutz. Sie kennt nur die Sicherheit in der Unterwerfung und Anpassung. Und nun ist sie verloren: Ihrem neugeborenen Kind kann sie sich nicht unterwerfen. Ihre Ohnmacht in Anbetracht seiner drängenden Gegenwart wird zu seiner Ohnmacht. Seine Aggressionen im Dienste des Ich, sein Schreien, bringen sie zur Verzweiflung, weil sie darauf nur mit Schuldgefühlen zu reagieren vermag, mit der Überforderung, dieses Kind vom Leben, von ihr als Mutter entlasten zu müssen, für dieses Kind alles sein zu müssen, ohne selber jemand zu sein. Ihre Schuldgefühle verweisen auf dieses Beziehungsnarrativ. Sie hat kein Instrumentarium, um auf das Kind als Subjekt zu reagieren und seine Bedürfnisse als die seinigen zu sehen, Bedürfnisse, die es eigenverantwortlich wahrnimmt und in Kommunikation umwandelt, um zu ihrer Befriedigung zu kommen.

Frau Stein hat keine Erfahrung, als Subjekt zu reagieren, als Subjekt mit eigenen Wünschen und Bedürfnissen, die sich nicht immer mit jenen des Kindes decken und dennoch Bestand haben können. Sie ist verzweifelt, weil sie dem Kind ihre Verfügbarkeit schuldet. Die Anerkennung der Wünsche ihres Kindes bedarf der Anerkennung der eigenen Differenz. Doch sobald Frau Stein selber eine Anerkennung als Subjekt erfährt, wird sie ihrer eigenen Mutter als Selbstobjekt fehlen und deshalb als schädlich gespiegelt werden. Wie soll sie nun ihrem Kind begegnen? Anerkennt sie die Differenz zu ihrem Säugling, bedeutet das gemäss ihrer Erfahrung, dass sie ihm schadet. In ihren Vernichtungsphantasien schadet sie dem Kind nicht nur, sondern tötet es sogar. Wenn sie stattdessen sich tötet, schadet sie dem Säugling nicht mehr. Oder sie tötet beide, dann schadet sie beiden nicht mehr.

Um dem Kind nicht zu schaden und sich nicht zu töten, bleibt ihr aber auch der Versuch, ihr Ich zurückzuziehen, die eigenen Bedürfnisse, die Aggressionen im Dienste des Ich aufzugeben, sich den Wünschen des Kindes zu unterwerfen und sich ihm zur Verfügung zu stellen. So wiederholt sich das Dilemma der hierarchischen Beziehungsformen, in denen Frau Stein die Unterwerfung wählt, um nicht tödlich zu sein. Einen Ausweg aus diesem Diskurs gibt es nicht, zumal in unserer Gesellschaft die Mutter in genau dieser Funktion grosse Anerkennung erfährt; in ihrer Selbstaufopferung gewinnt sie an Grösse. Dass sie mit Schuldgefühlen auf die Bedürfnisse ihres Säuglings reagiert und diese Schuld so schnell wie möglich begleichen möchte, ist somit verständlich. Dass diese Beziehung keine mehr ist, weil die Schuld das Verbindende wird und nicht die Differenz, leuchtet ebenfalls ein. Kurz: Das andere Subjekt wird als Schuld wahrgenommen. Das ist die Vernichtung seines Subjektstatus. Es ist die Vernichtung beider Subjekte, auch des Kindes, weil es in seiner Bedürftigkeit nicht ernst und wahrgenommen wird, sondern seine Wünsche auf ein Subjekt treffen, das mit Schuldgefühlen reagiert und mit deren Tilgung beschäftigt ist.

Die Vernichtungsphantasien von Frau Stein haben zweierlei Ursachen: Einerseits entspringen sie den Spiegelungen eines Opfers, ihrer Mutter, die von ihrem Selbstobjekt, der Tochter, verlassen wird. Dieses Opfer spiegelt die Aggressionen im Dienste des Ich, die Frau Stein für ihre Ablösung und Autonomie einsetzt, als schädlich. Identifiziert sich Frau Stein mit dieser Spiegelung, so erlebt sie ihre konstruktiven Aggressionen als destruktiv.

Andererseits und zusätzlich wird die zerstörerische Wucht einer Person deutlich, der das Selbstobjekt abhandengekommen ist: Sie will dieses vernichten, sich an ihm rächen, genauso wie sie sich selber vernichtet fühlt, weil sie von ihrem Selbstobjekt verlassen worden ist.

Die Geburt eines Kindes ist der Anfang einer Beziehung, vergleichbar mit den Märchen, die in dem Moment aufhören, in dem die Heirat mit dem Prinzen besiegelt ist. Sie hören da auf, wo die Beziehung beginnt. An diesem Punkt ist Frau Stein verloren. Hier wird sie Vernichtungsphantasien entwickeln, die zur Folge haben, dass sie ihr Kind so wenig wie möglich berührt und es in sicherer Distanz von sich hält. Der Halt, den ihr die Unterwerfung als Selbstobjekt gesichert hat, fehlt hier. Das versetzt sie in Verzweiflung, in eine Sprachlosigkeit, die sie mit nebensächlichen und bekannten innerfamiliären Zwisten zu füllen versucht, um die Sprache nicht ganz zu verlieren, um sich nicht ganz zu verlieren. In der Unterwerfung fand sie Schutz auch vor ihren eigenen zerstörerischen Aggressionen. Sie versucht sich als Selbstobjekt des Kindes, doch gelingt ihr das nicht so richtig, weil das Kind ein Subjekt als Gegenüber erfordert, ein Subjekt, welches das Kind als gleichwertig wahrnehmen kann, ohne dabei selber verloren zu gehen. Sonst wäre auch das Kind verloren.

Um die Aggressionen nicht einsetzen zu müssen, die als destruktiv gespiegelt wurden, um als eigenständiges Subjekt nicht in Erscheinung treten zu müssen, wird sie versuchen, die Wünsche des Säuglings im Voraus zu erkennen. So kann sie die Situation umgehen, als Subjekt *auf* etwas reagieren zu müssen, die Differenz zu ihrem Kind wahrnehmen zu müssen, auf dessen Wünsche und Bedürfnisse als Subjekt mit eigenen Wünschen und Bedürfnissen reagieren zu müssen. Das Kind wird seine Wünsche befriedigt wissen, noch bevor es sie überhaupt kundtun kann, später sogar, in der Identifikation mit diesem Vorgang, bevor es sie überhaupt wahrnimmt. Der Wunsch der Mutter, die Wünsche ihres Kindes vorauseilend zu erfüllen, erweist sich als eigentliche Zerstörung seiner Wünsche, weil ihm der Raum genommen wird, diese Wünsche zu entfalten und zu Bedeutung zu bringen.

Eines Tages erzählte mir Frau Stein von einer Fernsehserie, die sie als schrecklich empfunden hat. Darin wurde »ganz gewöhnlichen Leuten« als Überraschung ein lang gehegter Wunsch erfüllt. So konnten sie zum Beispiel mit einem Abendkleid vor Publikum über einen roten Teppich gehen oder mit einem bekannten Fussballspieler dinieren und so weiter. Ich verstand nicht so richtig, was daran so entsetzlich war. Dass der Wunsch *erfüllt* wird, meinte sie, dass er *erfüllt* wird und nicht offenbleiben kann, das sei wirklich fürchterlich. Ein Wunsch müsse offenbleiben, um sich entfalten zu können – mit seiner Befriedigung sei er eliminiert. Das sei wie tot sein, ein Gefühl der Vernichtung. Weg- und abgestellt, mundtot gemacht. Frau Stein hat verstanden, dass ihre Wünsche innerhalb von Beziehung keinen Raum erhalten, ja sogar als bedrohlich empfunden werden. Und sie hat bemerkt, dass ihre Wünsche mit der unmittelbaren Erfüllung die Kraft der Entfaltung verlieren; dass ihr damit der Mund gestopft wurde – auch im Honigtopf kann man ersticken. Ihr geht es jedoch um eine Beziehung, in der sie ihre Wünsche eingebettet und anerkannt sieht, erst in zweiter Linie um die Erfüllung dieser Wünsche.

Das Dilemma des Selbstobjektes findet seine Fortsetzung in der nächsten Generation: Ihr Mädchen braucht ein Subjekt, ein Ich als Gegenüber, erfährt aber eine Mutter, die sich seinen Wünschen so weit unterwirft, dass sie diese gar nicht mehr entstehen lässt. Die Mutter hat damit die Kontrolle über die Wünsche der Tochter, sie definiert sie, sie befriedigt sie im Voraus und stopft dem Kind damit den Mund. Voreilig, wie sie das macht, umgeht sie ihre Schuldgefühle und ihre Ohnmacht, die entstehen, weil sie keine intersubjektive Antwort bereit hat. Ihre schreckliche Not, die sie nicht einmal als solche wahrnehmen kann und die sich im Schildern nebensächlicher familiärer Zwistigkeiten, in ihrer Sprachlosigkeit und in ihrer Erstarrung bei meinem Abschied zeigen, deuten auf eine fundamentale

Ausweglosigkeit hin: Frau Stein ist ihrem Säugling gegenüber verloren. Verloren, weil ihre Unterwerfung nicht mehr funktionieren will, verloren, weil sie mit ihrem Ich einem hilflosen und von ihr abhängigen Geschöpf Schaden zufügen könnte, verloren, weil die neugeborene Tochter ihr den Halt, den sie als Selbstobjekt ihrer eigenen Mutter erfahren hat, nicht geben kann.

Ein Säugling braucht kein Selbstobjekt. Er ist überfordert von und verloren in dieser Macht über die Mutter, die ihm zugewiesen wird. So wird Frau Steins Kind bereits als Säugling Hilflosigkeit und Ohnmacht spüren, weil es ihm gar nicht möglich ist, diese Funktion und Aufgabe zu übernehmen. Die Bedürfnisse der Tochter – zum Beispiel danach, getragen zu werden – wird die Mutter als *ihre* Defizite wahrnehmen. Als eine Schuld. Mit der vorauseilenden Wunscherfüllung kann sie diese Empfindung des Defizites und der Schuld umgehen. Als wunscherfüllende Mutter geniesst sie zudem Anerkennung in ihrer Umgebung; sie kann diese Macht auch zelebrieren, um in der Gesellschaft als aufopfernde und grossmütige Mutter zu bestehen und gewürdigt zu werden.

Beider Wünsche können sich im Diskurs der Schuld nicht durchsetzen. Einer muss verschwinden, *ein* Ich muss sich zugunsten des anderen auflösen, um das andere Ich nicht zu beschädigen, um sich selbst nicht zu beschädigen. So verstehen wir auch die Vehemenz, mit der Frau Stein auf die Fernsehserie reagiert hat: Sie wünscht sich, dass ihre Wünsche bestehen bleiben können, dass ihr *Ich* bestehen kann. Erfüllt die Mutter den Wunsch des Kindes vorauseilend, ist ihr eigenes Ich nicht bedroht. Doch damit vernichtet sie nicht nur die Wünsche des Kindes, sondern auch dessen Kraft der Ich-Setzung und Ich-Behauptung. Obwohl sie davon ausgeht, ihm Gutes zu tun. So tradiert sich diese Beziehungsform.

Die Differenz wird zum Defizit erklärt

Dass der Verlust des Selbstobjektes die Zerstörung des eigenen Ich bewirkt – wie es der Opferdiskurs impliziert –, ist genau besehen nicht möglich. Es handelt sich zwar um eine Zerstörung, jedoch nicht die Zerstörung des Subjektes, welches das Selbstobjekt nun entbehren muss, sondern die Zerstörung seiner Macht und seiner Herrschaft über das Selbstobjekt. Insofern ist es eine »Störung« seines Allmachtgedankens.

Die Vorstellung eines Subjekts, dass es zusammen mit dem Selbstobjekt eine Vervollständigung seines Ich realisieren kann, wie ich sie vorab in der

Mutterliebe und im Phallus dargelegt habe, ist und bleibt das Bestreben, eine Herrschaft zu verwirklichen, in der es das andere unabhängige Subjekt für die Ich-Konstituierung gar nicht mehr braucht. Es braucht zwar ein Gegenüber, jedoch eines, das auf seine Aggressionen im Dienste des Ich verzichtet und sie in den Dienst ebendieser Herrschaft stellt. In diesem Diskurs wird die Differenz aufgehoben und in ein Defizit umgewandelt. Das einzige Ziel ist hier der Aufstieg in der Hierarchie. Die Werbung macht uns Hoffnungen, dass wir gerade mit diesem Auto, mit jener Handtasche an Macht und Reichtum partizipieren können. Auch das Bildungssystem geht nicht von Kindern aus, die voller Neugierde die Welt zu entdecken wünschen. Vielmehr sieht es in den Kindern Defizite, die zu beheben sind. Hier handelt es sich um einen Herrschaftsdiskurs sondergleichen, da es erstens nicht um kindliche Defizite geht und zweitens die Inhalte, mit denen die Kinder nun aufgefüllt werden, von aussen bestimmt werden. Dieses Narrativ verspricht im Sinne eines stetig kleiner werdenden Defizites Erfolg im Kampf um Machtzuwachs.

Der Zustand, der mit der Aufholung des Defizites angestrebt wird, ist in der gängigen Vorstellung ein paradiesischer. In diesem Zustand werden das Begehren und die Wünsche überflüssig. Nicht weil sie erfüllt wären, sondern weil es das Ich gar nicht (mehr) gibt, das nach ihrer Erfüllung streben könnte. Weil es aufgelöst ist in Hierarchie. Weil es der Strafe entgehen muss, die eigenständige Gedanken einbringen können, weil es den Schutz desjenigen verlieren könnte, in dessen Dienst es seine konstruktiven Aggressionen gestellt hat. Der Hierarchiediskurs verspricht einen Zustand frei von Schuld und Angst. Doch genau dieser Diskurs besteht aus den Prämissen von Schuld und Angst, ohne sie liesse er sich nicht realisieren. Der Trugschluss, dank dem Verzicht auf die konstruktiven Aggressionen, dank der unterwürfigen Annäherung an das vermeintlich Erstrebenswerte eine Anerkennung als Subjekt zu erhalten, erzeugt und vergrössert die Angst, die wiederum durch weitere Versuche einer Ich-Auflösung beruhigt werden will. Die Anerkennung von Herrschaft zerstört die Anerkennung von Differenz.

Die Idee des Defizits, des Mangels, gründet auf einer grundsätzlich anderen Idee als jene der Differenz. Wird die Differenz anerkannt, ergibt sich kein Mangel, der in der Folge behoben werden muss. Im Konzept des Defizits hingegen ist das Subjekt per se entwertet, und das ist die Grundlage des Herrschaftsdiskurses. Das hierarchische Gefälle wird hier geordnet, bewertet und durch Gesetze reguliert, um die Machtverhältnisse zu konsolidieren, jedoch nicht, um das Subjekt vor Gewalt und Gefahr zu schützen. Das Konzept des Defizits verschliesst den intersubjektiven Raum, der den anderen als anders voraussetzt und es zulässt, dass die Subjekte Kräfte entwickeln, die sich gerade diesem Ordnungssystem entziehen und damit nicht mehr kontrollierbar sind.

Bei allen Versprechen, die uns im Herrschaftsdiskurs zur Gewohnheit geworden sind, handelt es sich um Zusicherungen, mit der Aufhebung von Differenz beziehungsweise der Auflösung von Ich das Defizit verringern zu können. Jede Möglichkeit, die Karriereleiter hinaufzusteigen, ist mit dem Versprechen verbunden, sich Macht und Reichtum anzunähern und daran zu partizipieren. Die »Werte«, die aus dem Konstrukt des Defizits entstehen, »ordnen« das hierarchische Gefälle in das, was erstrebenswert ist, und das, was nicht erstrebenswert ist. Das Begehren erhält damit eine *Richtung* und verliert seine Absichtslosigkeit. Die Wünsche und Bedürfnisse, die konstruktiven Aggressionen, werden kontrollierbar. Nicht zuletzt, wie wir es bei Frau Stein sehen, mit der voraaeilenden Dringlichkeit, mit der diese Bedürfnisse erfüllt werden. Dabei geht es ihr nicht primär um die Erfüllung der Wünsche ihres Säuglings, sondern um die »Trockenlegung« der Differenz.

Die Wunschlosigkeit – kein paradiesischer Zustand

Wir verstehen Frau Stein, wenn sie sich über die Fernsehshow ärgert: Sie möchte ihre *Wünsche* retten, die Kraft ihres Begehrens. Sie möchte sie nicht erstickt haben durch eine voraaeilende Erfüllung. Sie möchte nicht ohne Wünsche sein. Wunschlos sein bedeutet Ich-Auflösung, Unterwerfung. Wir alle haben Wünsche, wir alle begehren. Nicht um ein Defizit aufzuheben, sondern um die Differenz zum anderen zu erleben, die etwas Spannendes und Kreatives ist, etwas Lebendiges. Wie aufregend ein Wunsch sein kann, wie sehr er Welten und in der Folge weitere Welten eröffnen kann, diese spannungsvolle Freiheit kennt Frau Stein noch nicht. Sie erahnt sie jedoch hinter ihrer eigenen misslichen Erfahrung, in der die Wünsche zugedeckt, gestillt und befriedigt wurden, bevor sie überhaupt entstehen konnten.

Das Paradies ist der Ort der Wunschlosigkeit. Sobald Adam und Eva, das Urpaar, die Differenz erkennen, werden sie sein wie Gott, wissend um Gut und Böse. So steht es geschrieben. Damit wird eine wertende Hierarchie gesetzt – und nicht die Anerkennung der *Differenz*. Das abendländische Narrativ ist in seiner ersten Stunde ein hierarchisches und zugleich ein defizitäres: Die Einteilung in Gut und Böse bestimmt einen Werteverlauf.

Die Strafe des vormals Allmächtigen, seine Antwort auf das Erkennen der Differenz: Sie wird in ein Defizit umgewandelt. Von nun an leiden die Menschen Qualen beim Gebären und bei der Feldarbeit, sie werden morden und ermordet werden, sie werden versuchen, zurück ins Paradies zu finden, um all dem zu entkommen. Jede Differenz kann in ein Defizit umgewandelt werden. Mit dem Defizit werden Wertungen gesetzt, die im Dienste der bestehenden Machtverhältnisse sind.

Das jüdisch-christliche Abbild des Herrschaftsdiskurses gibt uns Aufschluss über die Strukturen einer Selbstobjekt-Beziehung, die Schutz bietet, solange die Subjekte sich unterwerfen und ihr Begehren, ihre Wünsche aufgeben. Das Paradies bedeutet in diesem Diskurs die vollständige Unterwerfung und Ich-Auflösung zwecks Stabilisierung der Macht eines anderen. Die Strafe für die Differenz wird ein defizitäres Leben sein, so der abendländische Paradiesmythos, ein Leben, das Schutz und Wohlbefinden entbehrt. Dass das Leben hier als Strafe postuliert wird, geht immer wieder vergessen.

Über das Konzept des Herrschaftsdiskurses können wir nun gut verstehen, dass Frau Stein immer wieder versucht, ihr Ich zu umgehen, ja nicht Ich zu sagen, um nicht bestraft, aus dem Paradies verstossen zu werden, und auch, um nicht Täterin am Kind zu werden, es zu beschädigen mit zu viel Ich. Wie viel Ich, so fragt sie sich, wie viel Bedeutung kann sie sich erlauben, ohne das Kind zu beschädigen, ohne selber aus dem Paradies, dem Schutz und Wohlwollen ihrer Eltern und Geschwister vertrieben zu werden? Wie viel Schuldigwerden am anderen ist für sie noch erträglich?

Das Misslingen der Anerkennung der Differenz ruft die Schuld als einzig wirksame Verbindungskonstruktion hervor. Die Schuld hat im Narrativ des Defizites einen prominenten Platz. Sie vermag sogar – im Verbund mit der Angst – jegliche Vorstellung einer Alternative zu übertönen. So werden die Angst und die Schuld zur Grundlage des Denkens und Handelns, die Befürchtungen zu ihrem Füllmittel. Die Angst ist ein Bestandteil des Defizits. Diese Wertung kurbelt die Sehnsucht nach der Aufhebung des Defizites an und überlässt das Subjekt dem Mangeldiskurs mit seinen unterschiedlichsten Versprechungen. Das Narrativ des Defizits entwertet die Position des einen und erachtet die andere als erstrebenswert. Einer hat ein Defizit und erhält erst mit dessen Behebung oder zumindest mit der Bemühung darum Anerkennung. Damit wird die Aufhebung des Defizites zu einer Aufhebung des Ich, was wiederum die Macht des Gegenübers erweitert. Im intersubjektiven Diskurs hingegen, in der Anerkennung des anderen als Nicht-Ich, kann eine solche überhebliche Position nicht aufrechterhalten werden.

Die Frustration der Wünsche

Frau Steins Zustand wird oft postnatale Psychose genannt, ohne dass genau beschrieben würde, um was es eigentlich geht. Es ist die Verlorenheit in der vernichtenden Ausweglosigkeit, die sich einstellt, wenn man keine Sprache für und keine Erfahrung von intersubjektiven Beziehungen hat, wenn man nicht mehr als Selbstobjekt wirken kann und wenn das eigene Ich als schädlich empfunden wird. Frau Stein vermag mit den Familienzwistigkeiten, die in unseren Gesprächen nun plötzlich zum Hauptthema werden, Zeit zu gewinnen, um nicht von der Schuld erdrückt zu werden, um nicht der vernichtenden Verlorenheit ausgesetzt zu sein, um langsam die Erfahrung machen zu können, dass ihr Ich nicht schädlich ist für ihre Tochter und dass sie den Schutz, den sie als Selbstobjekt erhalten hat, ausserhalb einer Schuld-/Opferbeziehung gar nicht benötigt.

In der Therapie wird Frau Stein Zeit haben, um zu erfahren, dass die Angst *vor* dem Verlassenwerden und der Verlorenheit erst mit der Entbehrung der konstruktiven Aggressionen entsteht. Sie wird ihr Ich langsam konstituieren, etablieren können und dabei die Angst verlieren, verloren zu sein, sollte sie verlassen werden. Sie braucht die Selbstobjekt-Beziehungen, die sie aus Angst *vor* dem Verlassenwerden unterhält, nicht mehr. Die Schuld und das Verhandeln dieser Schuld ist nicht mehr der Kitt von Beziehung. Denn in einer Schuldbeziehung kann sich ein dritter, ein intersubjektiver Raum nicht entfalten, um Neues und Unvorhergesehenes zu ermöglichen. Die Dynamik der Schuldbeziehung kommt aus der linearen Zweiereinheit nicht heraus, sie bleibt in dieser Umlaufbahn eingeschlossen.

Verbleiben die konstruktiven Aggressionen beim Subjekt, vermag es sowohl sich selbst zu schützen als auch beschützende Beziehungen herzustellen. So wird Frau Stein die konstruktiven Aggressionen ihres Säuglings, sein Schreien und Weinen, nicht mehr als Schuld deuten und seinen angemeldeten Bedürfnissen nicht mehr mit dem Druck begegnen, sie sofort erfüllen zu müssen. Vielmehr wird sie das Schreien als subjektiven Ausdruck eines Wunsches zur Kenntnis nehmen und mit ihrer Subjektivität darauf antworten. So lernt das Kind einerseits, dass es als Subjekt wahrgenommen wird und nicht als jemand, der dem anderen mit seinen Bedürfnissen

Schuldgefühle vermittelt. Es lernt andererseits, dass es weiterhin schreien und seine Wünsche kundtun kann und darf, selbst mit der Möglichkeit, diese Bedürfnisse nicht befriedigt zu bekommen. Es lernt mit Frustrationen umzugehen. Es lernt, sich intersubjektiv zu regulieren, abzuwarten, auszuhalten, sich erneut bemerkbar zu machen und zur Wehr zu setzen.

In der intersubjektiven Beziehung folgen weder eine Trennung noch ein Bruch, wenn ein Wunsch nicht erfüllt wird. In der Schuldbeziehung jedoch schwebt diese Angst immer mit. Hier wird Frau Stein Angst haben, dass sich ihr Kind von ihr abwenden wird, dass sie ihre Tochter emotional verlieren wird, sollte sie ihr die Wünsche – oder was Frau Stein dafür hält – nicht umgehend erfüllen. Sie wird ihre Schuld ganz schnell begleichen, im Voraus am besten, um sich die Beziehung zum Kind zu sichern. Denn sie weiss aus ihrer Erfahrung: Erfüllt sie die Wünsche des anderen nicht, sucht sich dieser umgehend ein anderes Selbstobjekt. Ganz schnell kann sie ersetzt und vergessen werden.

Ihr Anliegen, nicht schuldig zu werden und so die Beziehung zu sichern, hat nichts mit den Bedürfnissen des Säuglings zu tun, nichts mit ihm als Subjekt. Im Gegenteil: Die Not des Kindes wird umso grösser, als es einerseits die überfordernde Verantwortung bemerkt, die es für die Beziehung, die Stabilisierung seiner Mutter hat, und andererseits seine Wahrnehmung und Anerkennung als Subjekt ausbleibt. Es wird sich zwar immer wieder als differentes Subjekt einzubringen versuchen, jedoch vergeblich: Der einzige Ausweg wird die Identifikation mit seiner Funktion als Selbstobjekt bleiben, um zumindest als solches wahrgenommen zu werden und nicht verloren zu gehen. Das ist Frau Steins Dilemma in der Beziehung zu ihrem Kind. Nun sind beide in Not: sich als Subjekte zu etablieren, wird für beide mangels Erfahrung nicht möglich sein. So werden sie sich weiterhin in der Rolle des guten Selbstobjekts üben, ein Selbstobjekt wird zum Selbstobjekt des anderen, und in dieser Komplettierung wird auf Erlösung gehofft. Auf Erlösung von der Angst, verlassen zu werden. Beide wollen die Gewissheit, dass auch der andere – fast magisch – auf das eigene Begehren und Wünschen verzichtet. Institutionen, nicht zuletzt die Ehe, gründen auf diesem Paradigma.

Wo nichts ist, kann auch nichts Böses sein

Wenn wir von Neid sprechen, meinen wir in der Regel den Neid auf den Status, das Haus, das Auto, die Frau des anderen. Doch das sind nur »Stellvertreter«, die einen *sichtbaren* Unterschied benennen, um den *unsichtbaren* nicht erkennen zu müssen: der Neid – er kann bis hin zum Hass gehen – auf die Unabhängigkeit eines zuvor gehüteten Selbstobjektes oder eines Subjektes, das sich nicht zu unterwerfen gedenkt. Diesen Neid kennen wir alle. In der Ballade des Polykrates ist er mörderisch. Er wird den Göttern in den Mund gelegt, doch es bleibt der Neid und der mörderische Hass des Pharaos auf Polykrates, über den er nun keine Macht mehr hat. Er verliert seine Kontrolle über ihn, er verliert seine Omnipotenz, die nur zu verwirklichen ist mit der Unterwerfung des anderen.

Beide partizipieren an diesem Omnipotenzgedanken. Sie formen zusammen Vorstellungen von Herrschaft und versuchen diese zu realisieren. Sie begegnen sich als Selbstobjekte und nicht als Freunde: Die Realisierung von Herrschaft bleibt bestimmend. In der tradierten Rezeption der Ballade wird das Glück des einen als Hochmut bezeichnet, wofür die Götter ihn bestrafen werden. Dieses Narrativ entstammt einem hierarchischen Diskurs, in dem eine »gerechte« Strafe verhängt wird, um Unterwerfung zu erzwingen und damit die Herrschaft nicht zu gefährden. Die monotheistischen Religionen des Abendlandes haben diesen Diskurs in der Paradies-Erzählung übernommen.

Die Selbstobjekt-Beziehung wird also als paradiesisch tradiert und das Leben ausserhalb dieser Beziehung als Qual verortet. Es wird tatsächlich zur Qual, weil der Neid und die Rache hier als bestrafendes Moment ihre Wirkung tun. Dass Frau Stein im Wochenbett weder von der Mutter noch von der Schwester besucht wird, ist Ausdruck dieses Neides. Das Ignorieren ist eine der mörderischsten Waffen: Wo nichts ist, kann auch nichts Böses sein. Dieser Neid macht es Frau Stein schwer, das Kind als *ihr* Kind in die Arme zu nehmen, es zu hätscheln und zu geniessen. Die »Besitznahme« ihres Säuglings birgt die Gefahr des Neides der weiblichen Familienangehörigen, und um sich davor zu schützen, gibt Frau Stein ihr Kind in meine Arme, damit ich es stellvertretend für sie geniesse. Der Verzicht auf das eigene Ich, auf den Genuss des eigenen Ich, ist eine Schutzmassnahme vor dem Neid. Der Neid dieser Frauen, weil sich die Tochter und kleine Schwester nun nicht mehr als Selbstobjekt anbietet, trifft Frau Stein hart. Er ist giftig, dieser Neid.

Das Erlösungsnarrativ

Indem etwas zur Qual erhoben wird wie das Leben ausserhalb des Paradieses, gewinnt das Erlösungsnarrativ an Boden. Verzichtet das Subjekt auf die Aggressionen im Dienste des Ich, entsteht zwar Angst, doch das Paradies verspricht vor dieser Angst zu schützen und garantiert Aufgehobensein im Herrschaftsdiskurs. Aber gerade in diesem Diskurs entsteht die Angst, und sie bleibt auch dort, verbunden mit dem Versprechen, dass das Subjekt von ihr befreit wird. Das ist Teil dieser Werbung. Das Versprechen wird nicht eingelöst werden, denn der Herrschaftsdiskurs braucht als Grundlage die Angst und die Idee des Defizites. Nur das Verlassen dieses Diskurses vermag der Angst und der Idee des Defizites Einhalt zu gebieten.

Dass sich dieser Diskurs hartnäckig hält – aufrechterhalten von Religionen, Institutionen, Ideologien, der Kunst, von uns allen –, mag unter anderem mit unserer *Bereitschaft* zu tun haben, das Leben als qualvoll zu erachten. Ein angstvolles Leben ist qualvoll, ein Leben mit Defiziten ist qualvoll, darüber sind wir uns einig. Religion, Wissenschaft und Technik bieten Möglichkeiten, diese Qual zu verringern, vielleicht sogar – kühn gedacht – sie zu eliminieren. Vieles baut auf dieser Prämisse auf. Vielleicht alles? Grundsätzlich anerkennen wir Hierarchie als unumstösslich und die Sprengung der entsprechenden Grenzen als bedrohlich. Wir sind bereit, einen Preis zu bezahlen, um zumindest teilweise den Qualen entgehen zu können. Wir nehmen die Angst in Kauf mit der Aussicht und Hoffnung auf Veränderung. Wir verzichten auf unsere Aggressionen im Dienste des Ich und überantworten sie einem anderen, der uns Schutz und Sicherheit verspricht.

Das Denken in diesen Kategorien ist so stark verankert, dass ein Subjekt sehr oft mit einer Strafe rechnet, falls es das, was mit »Hochmut« bezeichnet wird, verwirklicht. Diese Strafe kann mit einem vorauseilenden Opfer oder einem Tribut gemildert werden. Zum Beispiel mit einem Geschenk an die Götter, wie es Polykrates mit seinem Ring versuchte, oder aber mit einer – vielleicht auch nur teilweisen – Selbstaufgabe, um den Neid des Pharaos bannen zu können und den Schutz nicht zu verlieren. So hat auch Frau Stein – zusätzlich zur Mühsal, ausserhalb der Selbstobjekt-Beziehung mit ihrer Tochter eine intersubjektive Beziehung zu finden – mit der Schwierigkeit zu kämpfen, den Neid ihrer Familienangehörigen zu entlarven und ihr Ich nicht zurückzustellen, um diesem Neid zu entgehen. Doch letztlich geht es nicht darum, das eine aufzugeben, um das andere zu erhalten. Nicht um das Entweder/Oder. Es geht nicht darum, innerhalb des Herrschaftsdiskurses, innerhalb einer Selbstobjekt-Beziehung die Selbstauflösung zu regulieren. Auf das Begehren und Wünschen zu verzichten, um den »paradiesischen« Schutz nicht zu verlieren. Bedürfnislosigkeit anzustreben, um das Defizit zu umgehen. Es geht nicht um dieses eigenartige Handeln und Verhandeln, sondern darum, die Anerkennung der Differenz und die intersubjektive Auseinandersetzung nicht zu scheuen.

Die Idee des qualvollen Lebens ist ein Narrativ, um dem Ich seine Bedeutung und Wirksamkeit zu nehmen. Um es klein und beschäftigt zu halten in der Verrichtung seiner qualvollen Arbeit; um es in die Erwartung eines Paradieses einzubinden. Auf diese Weise kann sich das Ich nicht als Subjekt verwirklichen. Auf diese Weise kann sich der Herrschaftsdiskurs etablieren und konsolidieren. Und der Erlösungsmythos kann versprechen, das Leben gerade von dem zu befreien, was es lebenswert macht: von der Entfaltung in einem intersubjektiven Raum, von dem Begehren nach der Differenz mit all den Widerspenstigkeiten der Auseinandersetzung, die diesem Diskurs inhärent sind.

Die Anerkennung der Differenz garantiert das aufregende Leben

Das Ich als autonomes Subjekt anerkennt die Hierarchie nicht mehr. Warum sollte es sich bemühen, sich im Gefälle des Herrschaftsdiskurses zurechtzufinden, wenn die Differenz so bereichernd, inspirierend und erregend ist? Warum sich verstricken in hierarchischen Konflikten, wenn die Anerkennung der Differenz einen lebendigen, kreativen Raum eröffnet? Warum sich mit ein- und ausschliessenden Defiziten beschäftigen, die nur im hierarchischen Gedankengut vorhanden sind? Warum an »Defizit« arbeiten, wenn die Differenz und deren Anerkennung das aufregende Leben bringen? Warum das Leben als qualvoll verstehen und nicht als Herausforderung, Ich zu konstituieren, immer wieder aufs Neue?

Hierarchische Strukturen durchziehen unseren gesamten Alltag, bis hinein in die Betten, bis hinaus in die globale Politik. Die Hierarchie schliesst aus: Der Fremde, der andere, bewegt sich zu unabhängig von dem sich »aufopfernden Wirt«, er sollte Selbstobjekt bleiben, auf seine konstruktiven Aggressionen verzichten und sich dankbar für den Schutz erweisen. So lautet der Diskurs, der die Differenz in Defizite umformt und so ein Machtgefälle errichtet. Die Entbehrung der konstruktiven Aggressionen beziehungsweise die Angst als Ausdruck der Ohn(e)macht ist sowohl

Voraussetzung als auch Folge dieses Narrativs. Sobald die Angst auftritt, bewegen wir uns im hierarchischen Diskurs, im Gefälle, im Diskurs des Selbstobjektes. Hier wird das Leben aus dem Gerangel um Machtverhältnisse bestehen, aus dem Streben um Erlösung aus Defiziten. Auf diese Weise ist das Leben kontrollier- und manipulierbar. Den Subjekten fehlen die konstruktiven Aggressionen, das Begehren und die Wünsche, und damit ist ihre Unterwerfung unter die bestehenden Machtverhältnisse gewährleistet. Diese Unterwerfung kann unterschiedlich gestaltet werden, sie aufzulösen ist aber nicht möglich. Als einzige Möglichkeit bleibt, diesen Machtverhältnissen den Rücken zu kehren und die Aggressionen wieder in den Dienst des Ich zu stellen.

Der Neid als Antrieb für Innovation

Das Streben, Defizite zu verringern oder gar aufzuheben, wird zum Antrieb und Motor von Erwartungen und Handlungen und ist gebunden an den bestehenden Herrschaftsdiskurs. Der Neid spielt dabei eine wichtige Rolle. Das hierarchische Gefälle heizt den Neid an und weist ihn in eine Richtung, die auf die Überlegenheit über das andere Subjekt zielt. Dieses Überlegenheitsgefühl ist nur erreichbar über eine Komplettheitsvorstellung, das heisst, das entsprechende Subjekt scheint auch über seine Wünsche und sein Begehren erhaben zu sein, es braucht den anderen nicht mehr. Es kann ohne ihn sein – so die Idee. Auch die Werbung verspricht diese Form der Komplettierung: Genau dieses eine Produkt wird das Begehren befriedigen und das Subjekt in einen *wunschlos* glücklichen Zustand überführen. Zumindest für kurze Augenblicke, zumindest in der Vorstellung.

Diese Überlegenheit kann aber nur in der Zweier-Einheit mit einem Selbstobjekt erreicht werden. Doch sobald sich das Selbstobjekt zu distanzieren beginnt, werden Hass und Neid ausgelöst. Es geht nicht um den Franken, den der andere mehr hat und der vermeintlich glücklicher macht. Nein, es geht um die *Vorstellung*, die der Neider von seinem Gegenüber hat, nämlich dass dieses kein anderes Subjekt mehr braucht, dass es über seine Wünsche und Bedürfnisse erhaben ist. Dass es keine Auseinandersetzung mit einem anderen Subjekt mehr auf sich nehmen, keine Konflikte mehr ausfechten muss, sondern *über* all dem steht und auch dem neidischen Subjekt *überlegen* ist: Er braucht nichts mehr. Auf dieser Grundlage ist eine intersubjektive Beziehung nicht möglich, weil es gerade hier des anderen bedarf, um Ich zu konstituieren. Nichts mehr zu *brauchen* unterscheidet sich von etwas *haben* zu wollen, was der andere hat, der gängigen Vorstellung von Neid. Das Streben nach Überlegenheit wird in diesem Narrativ oftmals nicht beachtet und nicht benannt.

Im Herrschaftsdiskurs ist der Neid fester Bestandteil der Dynamik, auch wenn er mehrheitlich verleugnet wird. Er reguliert die Beziehungen und die Erwartungen, er definiert, was erstrebenswert ist und was nicht. Diese Werte werden geschaffen und damit auch die Defizite, sie sind auswechselbar, trend-, mode- und machtabhängig.

Das idealisierte Defizit

Eine ganz andere Neid-Dynamik entsteht, wenn ein Subjekt gar nicht erst versucht, ein Defizit wettzumachen, sondern es nicht als solches anerkennt. Das heisst, wenn es die Anerkennung der als Defizit definierten Differenz zu umgehen versucht. Im Opferdiskurs wird das möglich, hier wird der entbehrungsreiche Zustand als erstrebenswert gewürdigt, das »unschuldige« Opfer postuliert das Gegenüber als Schuldigen und erhebt sich damit über diesen. Darüber hinaus gibt es eine religiöse Überhebung, die »frei« von Begehren ist und so dem Defizit seine Bedeutung nimmt – das Zölibat wäre eines von vielen Beispielen. Beides sind neidische Positionen. Sie vermitteln ein Bild, in dem das Begehren entbehrt werden kann, das heisst, das Subjekt des anderen nicht mehr bedarf, um Ich zu konstituieren. Dieser Neid zielt darauf ab, eine *Haltung* zu erreichen, in der das Defizit dem Subjekt nichts mehr anhaben kann. Diese Haltung zu verwirklichen, erweist sich jedoch als sperrig, da die Differenz, die jedem und jeder von uns eigen ist, sich niemals endgültig aufheben lässt. Hingegen ist es jederzeit möglich, die Differenz anzuerkennen, um Neid gar nicht erst aufkommen zu lassen.

Der Neid bleibt ein Antrieb, sich ein Selbstobjekt anzueignen, um sich von Defiziten zu befreien: keine Angst und keine Schuldgefühle mehr zu haben, niemanden mehr zu brauchen, wunschlos glücklich zu sein. Das wird einerseits zu verwirklichen versucht, indem der andere als Selbstobjekt einverleibt wird, oder andererseits, indem das Defizit idealisiert, die Entbehrung gar zum Mythos erhoben wird. Das Streben nach Überlegenheit in einer omnipotenten, höchsten Stellung bleibt dem hierarchischen Machtdiskurs vorbehalten. Zu dieser omnipotenten Stellung gehört auch die Idee, dass sich das Ich, unberührt von Störungen, als Konstante etablieren müsste. Denn jeder intersubjektive Diskurs ist eine Irritation des inneren Gleichgewichtes. Wenn diese Irritation als eine Destabilisierung des Ichs, oder besser: einer statischen Ich-Idee wahrgenommen wird, kann sie als Bedrohung verstanden werden. Dass die Idee der Bedrohung und der Angst in persönlichen und öffentlichen Diskursen dominiert, dass die Angst als ernst zu nehmender Faktor gilt, sollte uns nicht davon abhalten, sie zu hinterfragen. Denn der Angst liegt die Idee zugrunde, es gäbe ein fixes Ich, das unter dem Einfluss eines anderen Subjekts destabilisiert werden könnte. Doch destabilisiert werden kann nur die Idee, es gäbe ein solches Fixum – eine »fixe Idee«.

Dem anderen, dem Fremden mit einer abwehrenden Haltung zu begegnen – und ist nicht alles ausser Ich anders? –, ihn als bedrohlich wahrzunehmen, verweist auf ein Subjekt, das sich in seiner *Überlegenheit* angegriffen fühlt. Destabilisiert wird aber lediglich die Hierarchie, und bedroht ist niemand. Die Einverleibung des Anderen, Fremden als Selbstobjekt vergrössert das Ich, stabilisiert die Machtverhältnisse und die Überlegenheit. Die Einverleibung vertuscht jedoch nur den Neid auf ihn, auf diesen anderen, der verlangt, als Subjekt wahrgenommen zu werden. Diese Position wird als Stärke wahrgenommen, weil sie ohne Selbstobjekt auskommt. Damit wird auch die Bedrohung virulent, dass das zur eigenen Verstärkung benötigte Selbstobjekt sich als eigenständiges Subjekt zu verorten beginnt und aus der Kontrolle entschwindet.

Mit dem Falschen beschäftigt

Herr Huber ist ein junger Opernsänger. Obwohl seine Eltern vorher nie die Oper besucht hatten, sind sie jetzt ständige Gäste dort. Sie sehen sich alle Produktionen an, nicht nur diejenigen ihres Sohnes. Sie werden Experten in Sachen Interpretation, musikalische Qualität, Fähigkeit des Dirigenten, Stimmen; sie lesen und archivieren alle Kritiken zu den Auftritten ihres Sohnes und werden so ein Teil seiner Profession. Sind die Kritiken schlecht, geht es auch ihnen schlecht. Als ob sie er wären. Sie versuchen dann den Sohn aufzumuntern, ihn zu beruhigen mit positiven Rückmeldung von da und dort – so, als ob er ihrer Hilfe bedürfte. Mit den Jahren beginnt sich bei Herrn Huber eine Abhängigkeit von dieser Unterstützung abzuzeichnen.

Die wohlwollende Partizipation der Eltern verunmöglicht die Anerkennung der Differenz. Immer wieder beklagt sich Herr Huber, er werde von den Eltern als Sänger wahrgenommen und nicht als Mensch. Der *Status* des Berufes, der in unserer Gesellschaft hochgeschätzt ist, dient als Grundlage einer Beziehung, in der Herr Huber als Subjekt nicht mehr ernst genommen wird. Die Idealisierung seines Berufes bedeutet seine Entwertung als Subjekt mit eigenen Vorstellungen von Leben, Beruf, Beziehung und deren Nöten. In der vereinnahmenden Partizipation an seinem Erfolg und Misserfolg sind das vermeintliche Defizit und der Neid darauf aufgehoben: Die Eltern sind mit dabei, den Anderen, Differenten gibt es nicht. Letztlich hat Herr Huber erfolgreich zu sein, aber abhängig zu bleiben. Um die Eltern zu nähren, zu füllen mit seinem Erfolg und auch, um ihren Neid nicht zu spüren zu bekommen. Je erfolgreicher er ist, umso mehr wird er diese Vereinnahmung zulassen, um nicht Angst haben zu müssen vor dem Neid, der dann ausgelöst wird; um nicht Angst haben zu müssen vor der drohenden Vernichtung seiner Differenz, seiner Autonomie und Unabhängigkeit: touch wood!

Die Einverleibung als Mittel, um Differenz aufzuheben, um das Defizit in eine Überlegenheit umzuwandeln, wird auch beim übergewichtigen Jugendlichen Moritz deutlich. Als er gegen seine Eltern aufzubegehren beginnt, nicht mehr rechtzeitig nach Hause kommt, kifft, gar mit Mädchen schmust und damit alle elterlichen Verbote überschreitet, wehren die Eltern eine Auseinandersetzung mit ihm mit den Worten ab: Er habe sich seine Eltern selber ausgesucht und nun läge es an ihm, mit diesem Schicksal fertig zu werden. Moritz leidet sehr unter dieser Zurückweisung, es sei, als hätten seine Eltern eine Mauer hochgezogen, sagt er. Die Verbote sind unumstösslich, die Haltung der Eltern auch. Der Jugendliche nimmt an Gewicht zu, was aber, sagen die Eltern, ebenfalls vom Schicksal bestimmt sei, karmisch eben. Seine Probleme und sein Leiden werden nicht ernst genommen und finden keine Aufnahme und keine Aufgehobenheit in einer familiären, intersubjektiven Beziehung. Er wird alleine gelassen damit. Die neue Form von Beziehung, die mit dem Erwachsenwerden des Sohnes erforderlich ist, wird abgewehrt und in das Dogma einer Schicksalshaftigkeit überführt. Das lässt den Sohn mit seinen Bemühungen um eine Auseinandersetzung ins Leere laufen und führt dazu, dass der Konflikt ausserhalb der Beziehung und ausserhalb der Familie ausgetragen werden muss.

Der Verweis auf das Schicksal ist elterlicher Neid, eine Weigerung, Differenz wahr- und ernst zu nehmen. Moritz Subjektstatus wird aufgehoben und einer schicksalhaften, karmischen Grössenordnung unterstellt. Mit dieser Einweisung in das »Grosse Eine« wird die Differenz egalisiert und Subjektivität vernichtet: aufgehoben ist aufgehoben – in der doppelten Bedeutung. Moritz versucht sich, eingezwängt in das schicksalhafte Dogma, buchstäblich »herauszufressen«. Er legt beachtlich an Gewicht zu.

Auch Herr Huber, der Opernsänger, hat mit einer Essstörung zu kämpfen: Er weiss nicht mehr, ob er mit der Nahrung nur sich oder auch andere füllt, füttert. Isst er, um *seinen* Hunger zu stillen oder auch denjenigen eines anderen? Die elterliche Weigerung, die Söhne in ihrer Differenz als eigenständig anzuerkennen, als Nicht-Ich, frisst sich als Neid durch ihre Gedärme. Es besteht keine Möglichkeit einer Auseinandersetzung mehr. Die Söhne sind mit ihrem Leiden allein, sind mit ihm beschäftigt, halten sich unbewusst an ihm fest; es ist der Tribut, den sie zahlen, um dem Neid, zumindest teilweise, entgehen und dennoch ein Mindestmass an Genuss realisieren zu können. Diese Söhne sind nicht mit Entwicklung und Entfaltung beschäftigt, sie sind mit dem Falschen beschäftigt.

Das Gleichgewicht in der Differenz

Wir beschäftigen uns oft mit dem Falschen, um die Folgen einer Differenzierung nicht in Kauf nehmen zu müssen. Es ist sehr eindrücklich, wie oft der Neid als Angst *um*, als Sorge *um* bezeichnet wird, nur um einer Selbstreflexion zu entgehen. So suchte eine Nachbarin wiederholt meinen Rat zu ihrem depressiven Bruder, der nicht mehr arbeiten konnte und ihr, seiner Frau und seinen zwei Kindern grosse Sorgen bereitete. Sie alle sorgten sich und hatten Angst um ihn. Ich gab ihr Adressen für ärztliche und therapeutische Hilfe, was sie beruhigte. Später rief sie mich an und teilte mir mit, dass sie es nun doch ohne fachliche Hilfe versuchen würden, dass die Familie zusammenhalte und damit die Depression wohl geheilt werden könne.

Die Destabilisierung einer ganzen Familiendynamik durch die Depression einer Person verlangt eine sofortige Beseitigung der Symptome, um die gewohnten Bahnen der Beziehungsstrukturen nicht zu irritieren. Sollte dies nicht gelingen, können die Symptome in die Familiendynamik eingeschlossen und hier zum Statthalter – beispielsweise für den »Familienzusammenhalt« – oder zu einem Depot für die Angst werden.

Das eigentliche Problem: Der Bruder hat sich nach 30 Ehejahren in eine andere Frau verliebt und befürchtet nun die Destabilisierung der Familienverhältnisse. Dieser Umstand lässt alle, auch ihn, eifrig an der depressiven Symptomatik festhalten, um nicht den Neid und Hass, von wem und gegen wen auch immer, aufkommen zu lassen. Die Sorge *um* verdrängt diesen Neid und Hass, die Angst *um* formt sie zu einem »tauglichen« Instrument, um sich von diesen destruktiven Empfindungen distanzieren zu können. Die Beschäftigung mit den Symptomen, also dem Falschen, ist ein Versuch, die bestehenden Verhältnisse unter allen Umständen zu erhalten, um sich nicht neu verorten zu müssen. Die Symptome können von einer ganzen Familie »geschluckt« und beibehalten werden, um sich nicht grundlegenderen Fragen stellen zu müssen. Genauso wie versucht wird, ein Ich als etwas fertig Geformtes, Gefestigtes und Finales festzulegen, wird es mit Familien gemacht. Das Ausscheren aus diesem »Programm« wird dann in eine Symptomatik verpackt, damit der Neid nicht aufflammt und die Arbeit an der Differenz nicht geleistet werden muss.

Die Aggressionen im Dienste des Ich, so ist man sich stillschweigend einig, werden zugunsten einer familiären »Ordnung« aufgegeben und Abweichungen davon pathologisiert. Diese »Krankheit« kann dann konserviert und von der Familie aufs Neue als Krankheit einverleibt werden, weil sie letztlich die bestehende Dynamik nicht destabilisiert. Das tun sowohl das Ehepaar und die Kinder als auch die Schwester, die sich dieser Familie eng verbunden fühlt und ein eigenes Interesse daran hat, dass sie so bestehen bleibt, wie sie ist.

Nimmt sich ein Ich seiner konstruktiven Aggressionen wieder an, werden sie als destruktiv gedeutet, weil sie das Ideal von Familie und Zugehörigkeit zerstören. Der Bruder meiner Nachbarin hat das stillschweigende Abkommen der Unterwerfung innerhalb einer idealisierten Familie gebrochen, er hat sich verliebt. Mithilfe seiner Depression weigert er sich nun, Verantwortung dafür zu übernehmen, er verkriecht sich hinter seiner Krankheit, um sich mit dem Neid, dem Hass und der Enttäuschung seiner Frau nicht auseinandersetzen zu müssen. Die Frau und die Schwester sind zufrieden, dass die Depression seine Verliebtheit erstickt hat, denn nun kann die Idealisierung der Familie weiterbestehen, und sie können sich frei von Neid und Hass und frei von Freiheit weiterhin an das Abkommen halten, die bestehenden Machtverhältnisse nicht zu destabilisieren. Die alte Ordnung muss wiederhergestellt werden, unter allen Umständen, und sei es mit Gewalt.

Die intersubjektive Arbeit, die uns ständig herausfordert und keine stabilen Machtverhältnisse zulässt, keine Hierarchien zementiert, sondern sich ein Gleichgewicht in der Differenz erschafft, kennt keine Gewalt. Der Herrschaftsdiskurs braucht die Gewalt, die Angst und die Ohnmacht, um sich zu situieren, um *beherrschen* zu können. Was den Wechsel in den intersubjektiven Diskurs so schwierig macht und uns immer wieder in den bestehenden Diskurs einschwenken lässt, ist die Angst. Der Angst wird, als Indikator von Gefahr, ein lebenserhaltender Platz zugewiesen. Die Idee, ohne Angst nicht bestehen zu können, ist gleichzusetzen mit der Vorstellung, ohne Gewalt nicht leben zu können. Die beiden bedingen sich, sie sind das Fundament von Hierarchie, Gefälle und Herrschaft.

Das eigene Interesse an Zerstörung

Der Partner einer Bekannten hat eine neue Wohnung bezogen und ein Zimmer davon einem Studenten vermietet. Das wusste meine Bekannte. Sie erhielt den Schlüssel, um bei ihm zu Hause auf ihn warten zu können. Den Studenten kannte sie nicht. Sie sass im Wohnzimmer, als sie hörte, wie die Haustüre aufging. Da es noch zu früh war für ihren Partner, nahm sie an, dass der Student nach Hause käme. Sie ging auf den jungen Mann zu, streckte ihm die Hand entgegen und stellte sich vor. Sein Gesichtsausdruck veränderte sich sofort, er erschrak, drehte sich um und rannte weg. Wie sich herausstellte, hatte sie einen Einbrecher begrüsst. Ohne ihr Wissen ist sie seinem verbrecherischen Vorhaben nicht in der Kategorie von Gewalt/Angst begegnet und hat ihn damit buchstäblich aus dem Häuschen gebracht.

Sie hätte auch denken können: »Wer mag das sein, der da so leise hereinkommt? Ein Einbrecher vielleicht?« Dies wäre ein Indiz für ihr eigenes Gewaltpotenzial gewesen, *ihre* destruktive Projektion. Ein äusserer Anlass, das Auftauchen eines Fremden, mobilisiert die eigenen zerstörerischen Aggressionen und projiziert sie auf den Fremden, der noch nicht als Einbrecher zu identifizieren ist. Sie würde Angst bekommen, Angst *vor* ihren eigenen Projektionen, die dann die Gewalt, die sie gegen ihn einsetzen könnte, rechtfertigen würden. Ihre Angst würde es ihr erlauben, ihn als gewalttätig zu bezeichnen und damit die Projektion, wonach er ein Täter sei, legitimieren.

Um nicht über die Angst in einen Gewaltdiskurs einzuschwenken, um nicht die Anwendung von Gewalt mit der Angst zu legitimieren, würde es eine stete Auseinandersetzung mit dem anderen Subjekt, mit der Differenz benötigen. Eine Auseinandersetzung, die uns ermöglicht, nicht mit Gewalt auf Gewalt zu reagieren, sondern diesen Diskurs zu verlassen, um sich *erfolgreich* schützen und wehren zu können, ohne sich dabei selbst zu beschädigen. Damit wäre unser aggressives Potenzial nicht mehr bedient, und ich vermute, es ist letztendlich das, was wir nicht aufgeben wollen: den eigenen Hass, den eigenen Neid, das eigene Interesse an Zerstörung. Oft wird der Einsatz von Gewalt gerechtfertigt mit einem verlockend einsichtigen Grund: so zum Beispiel, dass es legitim sei, einen Rechtsradikalen, der eine demokratische Versammlung stört, unter Einsatz von Gewalt zu entfernen. Dieses Argument hörte ich kürzlich in einer Diskussion. Es versteht sich von alleine, dass dieses Vorgehen dem rechtsradikalen Gedankengut keine Abhilfe schafft. Um ihm entgegentreten zu können, bedarf es eines Subjekts oder vieler Subjekte, die diesen Gewaltdiskurs nicht in derselben Sprache beantworten, in der er geführt wird. Denn würden sie zur selben Sprache greifen, ginge es ihnen alleine darum, sich im Dienst einer »guten Sache« der eigenen Anteile von Destruktion zu entledigen. Das Gute bedingt das Böse und umgekehrt. Der Paradigmenwechsel, um aus diesem Diskurs herauszufinden, besteht darin, Differenz anzuerkennen und nicht in hierarchisierenden Kategorien zu werten. Es geht nicht darum, das Böse zu projizieren, um gut zu sein; es geht nicht darum, das Defizit an Gutem aufzuholen.

Es braucht den Mut, die Differenz zum anderen anzuerkennen, nicht zuletzt, um die Angst loszuwerden. Doch nichts scheint unmöglicher als das. Nichts scheint unmöglicher, als eine Empfindung aufzugeben, die wir alle kennen und die niemand von uns will. Wir kennen die Verteidigung der Angst in all ihren Facetten. Die Idee, den prominenten Platz der Angst zu ersetzen durch ein Narrativ, das sich ausserhalb des bestehenden Gewaltdiskurses bewegt, birgt die Gefahr eines Ausschlusses aus gerade diesem Diskurs. Damit wird ersichtlich, wie Angst mit Aggression gekoppelt ist. In meiner Deutung ist es nicht die Angst, die uns daran hindert, die Angst aufzugeben, sondern es sind die destruktiven Aggressionen und der Neid.

Die Angst bezeichnet das Böse

Angst grenzt aus, und die Ausgrenzung ist eine Aggression. Angst entsteht nur im Zusammenhang mit Gewalt. Es ist die Angst, die das Böse definiert. Und damit ist das Böse nicht mehr ein Teil von uns selbst, sondern wird zu einem Teil der Aussenwelt. Wird diese Angst geteilt, dann potenziert sich im gleichen Verhältnis die Aggression. In diesem Sinne können wir sagen, dass die Angst eine Aggression ist. Dementsprechend ist sie als Argument, um unsere Anwendung von Gewalt zu rechtfertigen, unbrauchbar.

Auch die Ausgrenzung ist ein gewalttätiger Akt. Wir verbünden uns nicht in der Angst, obwohl das gerne so angenommen wird. Wir verbünden uns in der Aggression, im ausgrenzenden Handeln und Denken, entsprechend unserem Wunsch, das Böse aus den Grenzen des Ich hinauszubefördern, um es dann draussen legitim bekämpfen zu dürfen. Die Angst kann auch nicht mehr als Motiv für die Durchsetzung des Guten verstanden werden, denn dieses Gute setzt die Ausgrenzung des Bösen voraus. Bei der Angst ist immer die Aggression im Spiel, auch im Opferdiskurs, wo die Angst die Aggression rechtfertigt, den anderen zum Täter zu postulieren. Die Ausgrenzung ist im Opferdiskurs ein wirksames, aggressives Instrument, um die eigene Destruktivität zu deponieren. Diese Destruktivität entbehrt jeglicher Rechtfertigung: Die Angst postuliert per se einen Aggressor, und diese Dynamik ist immer aggressiv. Wir erkennen dies auch daran, dass die Angst eine genauere Bezeichnung der Bedrohung erfordert; wir sind den Ausdruck »Angst vor« gewohnt. Das *vor* markiert den Träger der Aggression. Die Angst hat die Macht, dieses *vor* zu definieren. Da es zeitlich noch nicht eingetroffen ist, handelt es sich vielmehr um eine Antizipation unserer eigenen aggressiven Phantasien. Der Raum des Ungewissen wird in unserem konditionierten, gewalttätigen Denken mit Angst gefüllt, sodass wir mit nunmehr *unseren* Aggressionen das Ungewisse zu Ende denken und dabei machtlos und ohnmächtig werden.

Mit der Angst verlieren wir sofort die Macht über die Aggressionen im Dienste des Ich. Ich betrachte diesen über Jahrhunderte tradierten Mechanismus als Dynamik innerhalb hierarchischer Machtverhältnisse. Es ist ein Reflex geworden, dem wir eine Berechtigung zusprechen, bis hin zur Mystifizierung von Angst als kulturelle Leistung oder als Antrieb für Innovation. Es erscheint mir logisch, dass die Idee, die Angst könnte wegfallen, Aggressionen weckt und die Angst deshalb verteidigt wird, weil die bestehenden Machtverhältnisse ja nicht destabilisiert werden sollten, auch wenn sie vielleicht nicht unseren Wünschen entsprechen. Die Vorstellung, dass die Bedrohung ohne die Angst noch grösser werde, entspricht eher dem magischen Gedanken, mit der Angst Schlimmes verhüten zu können. So wie Polykrates den Ring ins Meer wirft, um den Neid der Götter und die Angst davor zu beschwichtigen. Vielleicht bezahlen wir mit der Angst unseren Tribut an die Götter, um ihren Neid nicht zu erfahren?

Macht ist nicht teilbar

Frau Kummer stammt aus einer bildungsarmen und kinderreichen Familie. Ihre Mutter habe am liebsten Zeitschriften mit Nachrichten über Heirat, Geburt und Todesfälle in Königshäusern gelesen, erzählt sie. Sie als Tochter wurde alsbald mit den Königskindern verglichen, vermochte jedoch diesem Vergleich nicht standzuhalten. Sie war den Ansprüchen der Königinmutter nicht gewachsen und scheiterte daran: Sie schälte die Kartoffeln nie freiwillig, war nicht aufmerksam genug zu merken, dass jetzt der Salat gewaschen oder das Geschirr abgeräumt werden musste, oder sie vergass gar, die Mutter zu fragen, was sie noch für sie tun könne.

In solchen Zeitschriften hat Frau Kummer als Teenager selber auch gerne geschmökert, vor allem die Ratgeber haben sie interessiert. Sie erinnert sich, wie empört sie war, als eine Mutter sich an den Ratgeber wandte mit der Frage, was sie dagegen tun könne, dass ihre Tochter nie im Haushalt helfe und stattdessen immer ihre Nägel lackiere. Über die Unverfrorenheit dieser Tochter hat sich Frau Kummer als Teenager sehr aufgeregt. Sie selbst wollte wirklich eine gute Tochter sein, sie wollte den Respekt und die Anerkennung der Königinmutter gewinnen – und niemals auf die Idee kommen, ihre Fingernägel zu lackieren, statt der Mutter zu helfen. Sie brauchte dann ein paar Jahre, bis sie sich nicht mehr mit dem Scheitern identifizierte. Bis sie sich nicht mehr mit unlackierten Fingernägeln vor dem mütterlichen Neid duckte. Bis sie sich als Selbstobjekt von der Mutter entfernen konnte und die nun folgenden Aggressionen zu deuten wusste.

Einem idealisierten Zustand sind immer destruktive Aggressionen inhärent. Idealisierungen sind machtvolle Gefüge, die sich nie ohne eine gewalttätige Antwort entmachten lassen. Die Idealisierung besteht aus Destruktion, es ist ihre Grundlage. Diese Destruktivität wird sofort freigesetzt, sollte die idealisierte Struktur aufgebrochen werden. Die Idealisierung benötigt die Entwertung, um bestehen zu können. Und das Paradies benötigt die Entwertung des Begehrens und Geniessens, eine Strafe soll es sein, das Leben. Weil die idealisierte Position die Hoheitsmacht hat und beibehalten möchte, ist die Angst vonnöten, um diese zu konsolidieren.

Macht ist im hierarchischen Konzept nicht teilbar, weil sie geteilt mit einem Verlust einhergeht. Sie kann nur vergrössert oder vermindert werden. Die *Idealisierung* der königlichen Machtposition ist für die Mutter von Frau Kummer ein ausgezeichnetes Instrument, um ihre eigene Entwertung erträglich und gewöhnlich zu machen und ihr Aufbegehren in Schranken zu halten: Sie war ganz zufrieden mit sich, den Königen und Königinnen, sie war unzufrieden mit ihrer Tochter, die einfach die Gesetze *ihres* Hofstaates nicht anerkennen wollte. Das wiederum nagte am Selbstbild der Tochter, die den Ansprüchen nie genügen konnte.

Später konnten wir auch Frau Kummers ständige Bauchschmerzen verstehen. Alle medizinischen Abklärungen ergaben keinen Aufschluss über die Herkunft ihrer Beschwerden. Schliesslich kam ihr der Gedanke, es könnte eine Art Phantomschmerz sein, ein Nabelschnur-Phantomschmerz. Denn jede ihrer Handlungen, jeder Gedanke, und war er noch so nebensächlich, verursachte bei ihr Bedenken und Zweifel: Wie würde ihre Mutter dazu Stellung nehmen? Stets hatte Frau Kummer ihre Mutter mitzudenken: Würde sie der mütterlichen Enttäuschung entgegenwirken oder dem mütterlichen Neid zuvorkommen müssen? Würde sie die Mutter auffangen müssen, weil sie in sich zusammenfiele, oder ihre Ignoranz wettmachen müssen? Würde sie gegen sich selber ankämpfen müssen, um den mütterlichen Ansprüchen gerecht zu werden oder um ihre eigenen Schuld- und Versagergefühle auszugleichen? Würde sie dem Fall in die Leere zuvorkommen können? Das alles spielte sich auch in ihrem Bauch ab, bis dieser überbeansprucht zu schmerzen begann. Über allem, was sie tat, schwebte der Zweifel: Sollte sie dies oder besser jenes tun und würde jenes dann doch wieder nicht das Richtige sein?

Neu verliebt, schrieb Frau Kummer ein kleines Gedicht:
Zuerst dachte ich, es wäre Liebe.
Dann dachte ich, es wäre der Falsche.
Dann suchte ich einen Neuen.
Dann dachte ich, es wäre der Richtige.
Dann dachte ich, ich wäre die Falsche.
Die Nabelschnur wurde ein Synonym für das osmotische Leck, für die Verbindung, die Frau Kummer über Jahre hinweg nicht zu unterbinden vermochte aus Angst, die Mutter würde sich dann gekränkt abwenden, weil sie sich von der Tochter verlassen fühlte. Diese Schuld war für Frau Kummer unerträglich, und so entschied sie sich, die Mutter mitzutragen und ihr über die »Nabelschnur« einen verbindlichen Ort zuzuweisen. Damit konnte sie sich einerseits vor dem mütterlichen Neid schützen, der über sie hereinbrechen würde, sollte sie die Nabelschnur trennen, und sich andererseits vor der Schuld bewahren, sie verlassen zu haben.

Ein weiterer Vorteil war, dass sie mit der ständigen Bezugnahme auf die Mutter eine Nähe herstellen konnte, die sie für sich ganz alleine als Aufgehobensein und Beziehung zu deuten vermochte. Auch wenn dem nicht so war, sie konnte es quasi halluzinieren und so die traumatisierenden Mängel in der Beziehung aushalten. Indem Frau Kummer ihre Mutter ständig miteinbezog, später selbst ohne deren Anwesenheit, fühlte sich diese Mutter aufgehoben und sicher in den Händen ihrer Tochter. So konnte der Wunsch der Tochter nach Anerkennung und Aufmerksamkeit doch noch verwirklicht werden, wenn auch nur vermeintlich. Das Selbstvertrauen dieser Tochter entstand im Vertrauen darauf, die Mutter halten zu können. Ihr Bauch zeugt davon. Auch der Schmerz, den der Umstand verursacht, dass sie halten muss, ohne gehalten zu werden. Ihr eigenes Vertrauen, gehalten zu werden, verschwand unter diesem Auftrag.

Die Angst als Antrieb für Unterordnung

So versprach sich Frau Kummer Sicherheit und Aufgehobensein. Doch eine 35-jährige »Nabelschnur« ist ausgetrocknet und abgestorben, sie verursacht nur noch Beschwerden. Es gilt zu vermeiden, dass die Nabelschnur nach der Geburt eine reziproke Bedeutung bekommt, dass sie – quasi als umgekehrte Schuld – die Funktion erhält, die Mutter mit dem Leben der Kinder zu ernähren. Aus der Funktion des mütterlichen Körpers, die für die Entwicklung des Embryos zum Säugling lebensnotwendig ist, kann keine Schuld abgeleitet werden. Die Verpflichtung ist einseitig. Sie wird jedoch von der Mutter oftmals umgekehrt, so dass die gescheiterte »Königstochter« diese Verbindung stets aufrechterhält, um letztlich eine Anerkennung zu erhalten – zumindest als Funktion.

Frau Kummer muss erkennen, dass diese magische Nabelschnur ausser Bauchschmerzen nichts bringt und sie sich eine neue Form der Aufgehobenheit und Beziehung erarbeiten muss, diesmal getrennt von der Mutter, im Vertrauen auf sich selber. Sie wird erkennen, dass die Zusammenhänge komplex sind, nicht nur zwischen Körper und Seele, sondern auch zwischen Organen, Gewebe, Muskeln und Nerven, und dass eine Besserung erreicht werden kann, wenn man in diesen Zusammenhängen denkt. So lässt sich ein heilender Prozess erwirken, der eine beschwerdefreie Autonomie ermöglicht.

Oft wird eine medizinische Diagnose als beruhigend empfunden, weil sie ein Problem benennt und damit Schlimmeres ausschliesst. Doch in Frau Kummers Fall zeigt sich: Körperliche und psychische Beschwerden sind in Zusammenhängen zu betrachten, einfach, weil wir selber sehr komplex sind. Und wird das nicht gemacht, nimmt man die Beschwerden auf sich, um ein Gefüge aufrechtzuerhalten, das wiederum diese Krankheit braucht, um bestehen zu können. Das gilt auch für den frisch verliebten Ehemann, der die Familie und sich mit seiner Depression zu stabilisieren versucht. Das Trennen einer Nabelschnur erweist sich im Schuld- und Opferdiskurs als sehr schwierig, weil immer mit Neid, Angst und Schuld zu rechnen ist.

Die Angst *vor* dem, was kommen könnte, antizipiert eine unaushaltbare Ungewissheit, die aus der bestehenden Hilflosigkeit und Ohnmacht hochgerechnet wird. Diese Angst *vor*, die das Unbekannte meist in ein Horrorszenarium verwandelt, wird dann gerne gedeutet als Indikator einer wirklich bestehenden Gefahr, die eintreten könnte, sobald die hierarchischen Verhältnisse verlassen werden. Doch die einzige Gefahr, die dann wirklich droht, ist der Neid und die Kränkung derjenigen, die nun ohne ihre Selbstobjekte auskommen müssen, ohne diejenigen, die an ihre Macht glauben und diese so konsolidieren. Die Gefahr ist der Hass derjenigen, die eine Entmachtung erfahren. Dieser Hass ist nicht zu unterschätzen und wird auch nicht unterschätzt, weil wir uns meist wieder in die bestehenden Verhältnisse einordnen, um ihm entgehen zu können. Dann nehmen wir die Angebote, die uns innerhalb des Herrschaftsdiskurses zur Verfügung stehen an, Angebote, Freiheit zu denken und Freiheit zu erhoffen in einer nie eintreffenden Zukunft. Somit ist die Angst *vor* ein Antrieb für die Unterordnung unter die Repression, ein Antrieb für die Einordnung in die Hierarchie und ein Antrieb, innerhalb dieser Hierarchie nicht so schlecht abzuschneiden.

Die eigentliche Gefahr ist bereits eingetreten

Die Angst *vor*, die im hierarchischen Diskurs dringend benötigt und unabkömmlich ist, stabilisiert nicht nur die Hierarchie und die Machtverhältnisse, sondern dient auch als Tarnung der Gefahr, die wirklich besteht und bedrohlich ist. Das Gefühl der Ohnmacht, das in der Angst vorherrscht, wird im Machtdiskurs mit Unterordnung oder Überhebung zu beruhigen versucht. Die eigentliche Gefahr ist also die Angst, die Ohnmacht, die entsteht, wenn die Aggressionen im Dienste des Ich dem Subjekt nicht mehr zur Verfügung stehen und damit die Eigenverantwortung abgegeben worden ist.

Es gibt keinen Grund, die Eigenverantwortung und Selbstbestimmung und die dabei benötigten konstruktiven Aggressionen zu delegieren. Doch wird dem, der sie wahrzunehmen versucht, Angst eingejagt mit dem Argument: Würde das jeder tun, statt sich unterzuordnen, *würde* ein *gewalttätiges* Chaos ausbrechen. Die Angst *vor* dieser chaotischen Gewalt, die ausbrechen könnte, falls die Hierarchie und Herrschaft nicht mehr gesichert wären, ist jedoch genau die *eingetretene* Gewalt. Der Glaube an die Idee des *gewalttätigen* Chaos hat sich über Jahrtausende erhalten, ob nun mithilfe von Gottstaaten, Kirchen, Diktaturen, Monarchien oder Republiken und Demokratien. Diese Idee kann sich jedoch nur halten, weil sie einerseits mit der Angst arbeitet, mit der Bestrafung der autonomen Subjekte, und andererseits die Erlösung davon in Aussicht stellt. So hindert uns die Angst vor dem gewalttätigen Chaos daran, die bestehenden Machtstrukturen zu verlassen. Die Ausgrenzung, sei es aus Ehe, Familie, Sozietät, Ethnie oder Staat, hat jeder schon einmal erlebt und keiner möchte sie wieder erleben.

Gefährlich sind also der Neid auf und die Strafe für das Verlassen des Herrschaftsdiskurses und nicht die Gefahren, die als Folge davon beschworen werden. Warum sollte dabei Gefahr drohen? Nähmen wir unsere Eigenverantwortung und Selbstbestimmung wahr, könnten wir höchstens einen Antrieb für Kreativität und Innovation gewinnen. Der Neid auf autonome Subjekte ist gewalttätig. Er äussert sich als aggressive Projektion auf diejenigen, die in der Auflösung von Hierarchie ihrer Raserei freien Lauf lassen würden und als gefährliche Horde, wer auch immer das sein mag, die anderen bedrohen. Diese Projektionen lehren uns, dass Selbstbestimmung gefährlich ist. Das stimmt auch! Doch gefährlich ist sie nur für den Herrschaftsdiskurs. Aus diesem Grund lassen sich Herrschaftsverhältnisse nicht mit einer Revolution beseitigen, es braucht die soziale Evolution, das Erlernen und Erfahren von Intersubjektivität.

Der gemeinsame Feind als Stabilisator

Der Neid bedient sich mancher Instrumente, bewährt hat sich der Opfer-/Schulddiskurs. Etwas mehr als zwei Jahrhunderte nach Schillers Polykrates werden nicht mehr die Götter als Projektionsfeld für den Neid herangezogen, sondern andere Variablen des Herrschaftsdiskurses. Der Schulddiskurs bewährt sich als unerbittliches Mittel, um eigenständige und eigenmächtige Denk- und Handlungsweisen zu kastrieren. Die Angst vor der Schuld ist nicht ein Antrieb für Glanzleistungen, sondern nimmt diesen vielmehr den Raum. Wie viel Innovatives und Kreatives sowohl für das Subjekt als auch für die Gemeinschaft hat die Angst schon verhindert?

Wie sehr hat dieser gewalttätige Regulator der Kreativität die Luft genommen? Mit der Schuld hat der Neid ein starkes Kontrollmittel in der Hand: die Idee, dass ein Subjekt mit seinem Streben nach Autonomie an einem anderen Subjekt schuldig werden könnte. Mit der Gleichung *Für das Subjekt = Gegen das andere Subjekt* kann jedes autonome Subjekt in die Knie gezwungen werden. Diese Schuld wird ihm die Freiheit, sein Ich zu verwirklichen und es intersubjektiv zu erfahren, beschränken oder gar nehmen. Die Wut, die daraus entsteht, kann in Frau Kummers Fall nicht gegen die Mutter gerichtet werden, da sich diese im Opferstatus geschützt und bedeckt hält. Gleichzeitig ist sie durch die Idealisierung als Königin unangreifbar.

Weil uns die sich rächenden Götter abhandengekommen sind, können sie nicht mehr als Projektionsfläche für Hass und Rache dienen. Das Töten und Hassen von *Feinden* jedoch ist im Herrschaftsdiskurs erlaubt. Es ist einfach, einen Feind festzulegen, um den angesammelten Hass auf ihn ableiten zu können. Einigen sich viele auf einen Feind, wird es verheerend: Projizieren sie ihren Hass auf diesen gemeinsamen »Feind«, ist Zerstörung unausweichlich. Auch Selbstzerstörung, denn die Konstituierung eines Feindes ist eine Kampfhandlung und in einen Kampf verstrickt zu sein bedeutet auch immer Gewalt gegen sich, sollte dieses Subjekt auch als Sieger daraus hervorgehen.

Der Hass verschwindet nicht, indem er sich im Kampf am gemeinsamen Feind verausgabt. Solange er am eigentlichen Objekt des Hasses – dem Opfer seiner Eigenständigkeit und Autonomie – vorbeizielt, lässt er sich nicht vernichten. So wird es einsichtig, dass der Hass als Angst deklariert wird, als Angst *vor* dem eigens konstruierten Feind. Als selbstzerstörerisch erweist sich auch die Schuld, die mit dem auf einen Feind projizierten Hass ebenso wenig eliminiert werden kann. Sie bleibt bestehen, solange der Opfer-/Schulddiskurs, solange die Gleichung *Für das Subjekt = Gegen das andere Subjekt* bedient wird.

Der Versuch, mithilfe des ausgelagerten Hasses auch die damit verbundene Schuld auszulagern, gelingt nur partiell. Es ist möglich, mithilfe eines konstruierten Feindes – und der Feind ist immer konstruiert – den Hass, der eigentlich einem anderen Subjekt gilt, in Handlung umzusetzen, ohne schuldig zu werden. Einem Feind gegenüber kann man nicht schuldig werden. Im Gegenteil, hier kann man sogar eine Anerkennung als Held erwarten. Damit wird es legitim, diese Verschiebung der Aggressionen anzustreben, um einen Raum zu eröffnen, in dem schuldlos gehasst und getötet werden darf. Der Held ist ein Ausdruck dieser gelungenen Schuldabwehr.

Fatal ist nicht nur, dass solche Verschiebungen der Aggressionen alltäglich und gewöhnlich sind, nicht nur, dass sie verheerende Konsequenzen nach sich ziehen, sondern auch, dass die eigentliche Ursache des Hasses aus den Augen entschwindet und nicht hinterfragt wird. Damit bleibt das Getriebe dieses Diskurses besiegelt, er rechtfertigt sich selber.

Die Angst vor dem Ausschluss

Das zur Gewohnheit gewordene Denken in Hierarchien bedingt eine Übergabe von Eigenverantwortung an ein anderes Subjekt oder eine Institution. Damit wird auch die Eigenmächtigkeit, die Selbstbestimmung aus den Händen gegeben. Das setzt das Vertrauen voraus, dass der andere oder die Institution im Sinne des Subjektes handeln werden. Fehlt dieses Vertrauen, kann ein Subjekt als misstrauisch angesehen werden und verliert somit die Berechtigung, vom anderen oder von der Institution anerkannt und unterstützt zu werden. Andererseits ist unübersehbar, dass sich mit der Überantwortung der Selbstbestimmung eine Schuldverkettung etabliert, die beiden Seiten mehr oder minder dient. Beide verstricken sich darin und geraten so in eine gegenseitige Abhängigkeit, die der Funktion einer Nabelschnur sehr nahekommt.

Die Drohung und Bestrafung mit Ausschluss aus der Beziehung, falls die Eigenmächtigkeit nicht aufgegeben werden sollte, bleibt eine Voraussetzung, um Hierarchie überhaupt errichten zu können. Die Drohung ist nur wirksam, wenn die Angst bereits *besteht*. Sonst wäre sie heisse Luft. Folglich trägt die Idee, Angst wäre ein lebenserhaltendes Gefühl, wesentlich dazu bei, die Machtstrukturen zu erhalten und zu konsolidieren. Als Mittel gegen die Angst werden Psychopharmaka und vielerlei Ratgeber für den Umgang mit ihr angeboten. Diese Hilfestellungen entziehen ihr aber nicht ihren Sinn und ihre Funktion: Es braucht die Angst, denn ohne sie wären die bestehenden Machtverhältnisse in Gefahr. Aus diesem Grund können wir davon ausgehen, dass die Drohung des Ausschlusses aus hierarchischer Gemeinschaft nur wirksam ist, wenn die Aggressionen im Dienste des Ich bereits aufgegeben worden sind. Ohne diese Aggressionen vermögen wir eine Gefahr nicht einzuschätzen und im Sinne eines Selbstschutzes zu handeln. Dieser machtlose Zustand *ist* die Gefahr, die bereits eingetreten ist. Die Angst *vor* dem Ausschluss ist nichts anderes als eine Hochrechnung der bestehenden Angst und Ohnmacht auf ein »Aussen«.

Angst wird gemacht – um der Macht willen

Weil wir die Furcht als schützenden Instinkt nicht würdigen, hinterfragen wir auch nicht das gängige Muster, auf die Angst zu setzen. Doch die Angst *vor* sollte ersetzt werden mit der Furcht *vor dieser Angst*. Diese Furcht gäbe der Angst ihre gefährliche Bedeutung zurück, denn vor der Angst haben wir uns zu schützen. Zu schützen haben wir uns vor der Entmachtung der konstruktiven Aggressionen und damit der Eigenmächtigkeit. Vor der Annahme, die Angst stünde im Dienste des Ich und würde dieses vor Bedrohung bewahren. Vor der Vorstellung, dass im hierarchischen Gefälle Schutz und Unterstand zu finden seien und wir damit der Angst entgegenwirken könnten. Zu schützen haben wir uns vor der Schuld. Die Angst *vor* der Schuld, vor dem Schuldigwerden, kennen wir alle. Auch diese Angst kann ersetzt werden durch die Furcht vor Schuld.

Erst die Angst gibt der Hierarchie also ihre Mächtigkeit. Die Angst *vor* der Schuld verbaut einem Subjekt ohne *sichtbare* Gewaltanwendung den Ausweg aus der Unterwerfung. Im Gegensatz zur Furcht, mit der wir auf die Welt kommen und die uns schützende Handlungen ermöglicht, wird die Angst *gemacht*. Um der Macht willen.

Die Angst hat immer ein Objekt, das sie begründet. Genauer gesagt handelt es sich eher um eine Befürchtung. Nicht im Sinne von Furcht, sondern im Sinne einer *spekulativen Antizipation* von Gefahr. Die Furcht ist nie spekulativ, sie antizipiert nicht Gefahren, sondern ist eine Reaktion auf eine bestehende und das Subjekt bedrohende Gefährdung. In der Furcht stehen dem Subjekt eine Vielfalt von Reaktionsmustern zur Verfügung, um sich schützen zu können: Es kann schreien, wegrennen, um Hilfe rufen, sich totstellen, sich kooperativ erweisen, angreifen und so weiter. Aktiviert werden diese Reaktionsmuster durch einen beachtlichen Adrenalinschub: Die Aggressionen im Dienste des Ich erreichen dabei ihre Höchstform. Erst der Tod vermag die Furcht zum Stillstand, die konstruktiven Aggressionen zum Erliegen zu bringen. Die Angst jedoch bringt die konstruktiven Aggressionen bereits mit der Befürchtung zum Erliegen und überlässt das Ich den bedrohlichen Mächten. Ein Aufbegehren gegen diese Mächte ist nicht mehr möglich, weil die konstruktiven Aggressionen ihren Dienst versagen.

Die Angst *vor* dem Haifisch ist ein gutes Beispiel dafür, wie verheerend eine Befürchtung, eine spekulative Antizipation sein kann. Wer hatte nach dem Film »Der weisse Hai« keine Angst *vor* dem Hai? Wohl nur einige Meeresbiologen. Entgegen ihren Versuchen, den weissen Hai von seinem mörderischen Ruf zu befreien, bleibt er für uns ein Ungeheuer. Die Angst vor ihm nimmt uns das Vergnügen am Bad in den Wogen des Ozeans. Der Versuch, einem Tier mörderische Absichten zu überantworten, um sie dort mit aller Geilheit und jedmöglichem Voyeurismus auszukosten, zeugt mehr von unseren eigenen Mordphantasien als von denjenigen des Hais.

In der Projektion auf den weissen Hai können die ausgelagerten destruktiven und mörderischen Aggressionen als sadistischer Nervenkitzel ausgelebt werden. Unsere Beteiligung als Zuschauer an der blutigen Vernichtung dieses Tieres vermag uns sadistisch-voyeuristisch aufzublähen. Im Sieg über das »Ungetüm« erfahren wir eine Rechtfertigung unserer eigenen mörderischen Absichten und deren Genugtuung. *Wir* sind es, welche die Gewalttat (nochmals) vollziehen. Jeder Zuschauer ermordet seinen eigenen Hai.

Die Schuld an diesen *unseren* Brutalitäten kann ausgeblendet werden, weil sich die Projektion im virtuellen Bereich, im Kino oder im Fernsehen, ereignet. Nirgendwo kann eine Projektion so schuldfrei ausgekostet werden wie im virtuellen Raum. Er eignet sich dazu vortrefflich und erfreut sich deshalb auch einer grossen Beliebtheit. Gerade weil hier die Angst wegfällt, auch die Angst *vor* der Schuld, kann die Brutalität als Nervenkitzel zurückkehren. Die eigenen Gewalt- und Mordphantasien werden ausgelebt und schuldfrei überstanden. Die Angst wird erfolgreich abgewehrt, weil die Herrschaft über den Hai auf der Leinwand bestehen bleibt. Eine Gefahr besteht nie. Der Nervenkitzel ist demnach nicht die Angst, wie vielfach betont wird, sondern das gemeinsame Morden.

Es ist kein Frieden, nur kein Krieg

Wem es nicht gelingt, sich in der virtuellen Gewalttätigkeit einzurichten und sadistischen Genuss an den eigenen Gewaltphantasien zu erlangen, dem bleibt nur die Ohnmacht der Angst. Diese Subjekte werden sich zukünftig am Strand umschauen, um sich zu vergewissern, ob die Zone haifischfrei ist. Innerhalb eines Gewaltdiskurses gibt es keine Alternative zu Gewalt, da Gewalt stets mit Gewalt beantwortet wird. Einige der Zuschauer und Zuschauerinnen können sich nicht vollständig mit der zerstörerischen Aggression verbünden, weil sie ihre eigene konstruktive Aggression bereits als zerstörerisch erleben. Weil bei ihnen die Gefühle der Schuld vorherrschen und nicht das Triumphgefühl der Gewalt. Der Konsum des Films bleibt bei ihnen nur ein *Versuch*, sich mithilfe von Vernichtung aus der

Ohnmacht in eine Omnipotenz zu »retten«. Der volle Genuss am Kampf bis hin zum triumphalen Sieg des »Guten« bleibt denjenigen vorbehalten, die sich mit dem bestehenden Gewalt- und Herrschaftsdiskurs identifizieren und damit ihre eigene Gewaltbereitschaft rechtfertigen können.

In Ermangelung eines alternativen, eines intersubjektiven Diskurses gibt es hier keine Auswege. Keine Auswege aus der Identifikation mit der Gewalt oder mit dem Opfer der Gewalt. Die beiden Identifikationsmöglichkeiten können auch gleichzeitig bestehen oder sich abwechseln, je nachdem, ob die Aggressionen gerade schuldfrei genutzt werden können oder nicht. Die Schuld ist die Schaltstelle, je nachdem, wie sie gerade ausfällt, wechselt die Identifikation. Besteht einigermassen ein Gleichgewicht zwischen den Identifikationsmöglichkeiten, dann können wir von einer hierarchischen »Ausgeglichenheit« sprechen. Oft wird dieses Gleichgewicht mit Frieden verwechselt. Diese Annahme ist falsch, weil dieses Gleichgewicht sehr fragil ist und nur innerhalb eines Gewaltdiskurses entstehen kann. Es ist kein Frieden, es ist nur kein Krieg.

Die Legitimation von Gewalt

Wir können nicht davon ausgehen, dass lediglich einzelne Personen – Terroristen, Diktatoren, Mörder, Verbrecher oder wie auch immer sie genannt werden – dieses scheinbare Gleichgewicht im bestehenden Machtdiskurs zu destabilisieren vermögen. Solche »Brüche« sind nur Variablen innerhalb des Herrschaftsdiskurses, Spitzen des Eisberges, die aufzeigen, welch gewaltiges Potenzial an Zerstörung vorhanden ist. In einem hierarchischen Narrativ bleibt die Gewalt die beherrschende Sprache, Schuld und Angst stabilisieren sie. Im Opferdiskurs ist es möglich, die bestehenden Mächte zu verschieben. Indem die Schuld ausgelagert und auf ein Objekt projiziert wird, rechtfertigt dieser Diskurs die Gewalt. Ein Machtwechsel ist hier nichts anderes als eine Schuldverlagerung, also ein Wechsel des Opfers. Der Triumph, wenn ein Gewalttäter gefasst oder getötet wird, entspricht derselben sadistischen Genugtuung, wie wir sie beim Töten des weissen Hais im Film erfahren können. Es ist letztlich der Genuss daran, schuldfrei gewalttätig sein zu können. Weil der Hai böse ist und nichts anderes verdient, als vernichtet zu werden, lautet die Legitimation. Doch die Projektionen auf ein Tier bleiben menschlicher Herkunft.

Wenn ein Sohn oder eine Tochter die Nabelschnur durchtrennt, bricht die Mutter zusammen oder aber sie ist voll des Neides auf ihr Kind, das die Verantwortung für das Ich in die eigenen Hände nimmt. Indem sie der Tochter oder dem Sohn die Schuld an ihrem Elend gibt, eröffnet sie den Gewaltdiskurs. Sie stigmatisiert die Wahrnehmung der Eigenverantwortung ihrer Kinder als Schuld, um Verbindung und Verpflichtung zu erzwingen. Das ist *ihre* sadistische Rache dafür, »verlassen« worden zu sein. Auch das ist nur eine Variable innerhalb des Gewaltdiskurses und unterscheidet sich vom Film über den weissen Hai nur in der Dramatik des *wirklich* Erlebten. Wenn die Tochter einer Gewalttat am Opfer, sprich: an ihrer Mutter, bezichtigt wird, um dann in irgendeiner Form – in diesem Kontext vornehmlich mit Ausschluss aus Beziehung und Gemeinschaft – bestraft zu werden, handelt es sich um eine gewalttätige Massnahme. Es ist die Strafe für die verweigerte Unterwerfung unter die mütterliche Herrschaft.

Die Möglichkeit, das Böse und die Schuld zu projizieren, festigt die hierarchischen Strukturen und erschwert den intersubjektiven Diskurs der Differenz. Solange die Differenz zugunsten eines Gefälles aufgehoben wird, solange wird Gewalt befürwortet. Ausserhalb dieser gewalttätigen Dynamik, im intersubjektiven Diskurs, bleibt die Furcht vor dem Hai als einem eigenständigen Tier, das seine Bedürfnisse durchsetzen will, auch das Bedürfnis, seinen Hunger zu stillen. In Anerkennung der Differenz – er ist ein Hai, wir sind Menschen – werden wir uns zu schützen vermögen. Der Hai in diesem Beispiel lässt sich durch irgendein menschliches Objekt/Subjekt ersetzen, das fremd und anders ist. Und eigentlich ist das jede und jeder für jeden und jede. Die Verbündung Gleichgesinnter gegen einen anderen, einen äusseren Feind, ist in diesem Sinn oft gewalttätiger Natur und dient meist dem einen Zweck: der Ausgrenzung dieses anderen.

Macht strebt immer nach Vergrösserung

Solange wir die Differenz zwischen den Subjekten mit einem »weniger« oder »mehr« lesen und messen und nicht mit einem »anders«, solange sind wir einem Denken in Hierarchien verfallen. In einer Demokratie anerkennen wir diese Hierarchien, weil der Wohlstand für alle einigermassen gewährleistet ist. Weil die Angst *vor* einer Destabilisierung dieser Hierarchie mit der Drohung operiert, dass der Wohlstand zunichte gemacht wird. Es hat sich ein eigenartiges Denkmuster eingeschlichen, demgemäss ein *anderer* es besser weiss oder besser wissen sollte aufgrund seiner höheren gesellschaftlichen Position und der damit verbundenen Privilegien, die wiederum nur in hierarchischen Strukturen vorkommen.

So wird Wissenschaftlern, Politikern und Reichen (um nur einige zu nennen) eher Vertrauen geschenkt als Personen ohne irgendwelche Autorität und mit niederem Status. Diese Zuteilung von Autorität verläuft parallel zum Machtgewinn der betreffenden Subjekte, der wiederum nur im Hierarchiediskurs zu erreichen ist. Gemeinsam ist diesen Mustern, dass sie versuchen, die Menschen und das Leben objektivierbar zu machen, das heisst, sie der Subjektivität zu entheben und in einen normierten Zustand zu bringen. Das dient den bestehenden Machtverhältnissen, birgt doch die Beweglichkeit eines intersubjektiven Diskurses die stete Gefahr, diese zu destabilisieren. So bleibt als kleineres Übel, den Menschen an der Spitze der Hierarchie zu »vertrauen«, um den angedrohten Verlust des Wohlstands nicht zu riskieren.

Mit dem Angstmachen *vor* dem Verlust des Wohlstandes wird die Anpassung an die bestehenden Herrschaftsstrukturen angestrebt, die sich so gleichzeitig zu konsolidieren vermögen. Aus diesem Grund scheint es mir wichtig, den Paradigmenwechsel zur Furcht zu wagen, um uns vor dieser Angst fürchten zu lernen, dieser Angst, die verspricht, den Verzicht auf die Aggressionen im Dienste des Ich mit Schutz und Sicherheit belohnt zu bekommen – ähnlich der Schutzzölle, welche die Mafia erhebt. Diesen Schutz gewährleistet jedoch gerade *der Verzicht* auf diesen Verzicht. Es ist die Entbehrung genau dieses Schutzes, die einen Ersatz benötigt. Macht wird niemals reduziert oder gar aufgegeben, eine »Egalisierung« der Mächteverhältnisse über ein Schutzversprechen ist somit ausgeschlossen.

Der Druck, die Aggressionen im Dienste des Ich aus den Händen zu geben, um Schutz und Sicherheit zu erhalten, ist aggressiv. Damit werden Abhängigkeiten hergestellt, Verlängerungen der Abhängigkeit, die im Elternhaus vorherrschte und ebenfalls auf hierarchischen Strukturen basierte, die nicht aufgelöst und in eine intersubjektive Struktur umgewandelt wurden. Die Kontrolle über das Ich eines anderen bleibt mit seiner Abhängigkeit stets gewährleistet. Um sie zu festigen, wird mit der Angst *vor* operiert. Die Angst davor, was einem nach Unabhängigkeit strebenden Subjekt alles passieren wird.

Ein autonomes Subjekt erkennt die Machtstrukturen nicht an, und das muss um jeden Preis verhindert werden. So muss dieses Subjekt fortan Neid und Hass fürchten, die bis hin zu einer Entmündigung seines Ich führen können. Das macht es anfällig für Unterwerfung und Manipulation. Dieser Zwang zur Anpassung kann niemals die Grundlage für eine partnerschaftliche, partizipative Gemeinschaft sein. Er hat keine andere Funktion, als für den Zusammenhalt in den bestehenden Machtverhältnissen zu sorgen. Die Angst *vor* lässt uns innerhalb dieser Verhältnisse nach Lösungen und Erlösung von dieser Angst suchen anstatt ausserhalb. Die Angst *vor* dem *Aus*schluss ist dieselbe wie die Angst *im Ein*schluss. Beide gehören zum selben gewalttätigen Narrativ, dessen Macht alleine durch die Anerkennung der Differenz, durch die Anerkennung des anderen als Nicht-Ich vollständig an Bedeutung verlieren würde. Ohne diese Erkenntnis bleiben unsere Lösungsansätze den hierarchischen Strukturen verhaftet, aus denen auszubrechen wiederum die Angst verhindert. Wir beschäftigen uns mit dem Falschen im Falschen.

Wer Angst macht, hat auch die Macht, diese Angst zu beruhigen. Mit Angeboten, die seinen Interessen entsprechen und nicht denjenigen des von Angst geplagten Subjekts. So hat sich die Pharmaindustrie vor allem mit Beruhigungsmitteln einen weltweiten Markt erschlossen, dessen Gewinne mit jenen der Rüstungsindustrie und des Drogenhandels vergleichbar sind. Die Kontrolle sowohl über die Angst als auch deren Beruhigung ist Teil der Macht. So versprechen auch Politiker und Politikerinnen, die Ängste mit ihren Parteiprogrammen zu beruhigen, und stärken damit die Abhängigkeit von einem Aussen, das in unserem Auftrag unsere konstruktiven Aggressionen in seinen Dienst nimmt. Diese Überantwortung setzt ein Vertrauen voraus, das nie eingelöst werden kann. Eigenverantwortung kann nicht delegiert werden, und so kann auch die mehr oder minder grosse Selbstaufgabe nicht in Vertrauen in einen gewählten Politiker umgemünzt werden. Es ist gefährlich, sich auf jemanden zu verlassen, der meine Angst zu beruhigen verspricht und diese Angst dennoch als Wahlvehikel benutzt. Der das Sedativum, das meine Angst zu beruhigen verspricht, als Mittel für seine Macht- und Gewinnvergrösserung einsetzt.

Die Differenz als Projektionsfläche für Aggressionen

Vor Jahren begegnete ich in einem Hotel in Tansania einem Grosswildjäger, der erzählte, wie er und ein amerikanischer Kunde auf einer Safari von einem Löwen überrascht wurden. Er habe das Tier zu ihrem Schutz abgeschossen, berichtete er. So hatten er und sein Kunde nicht nur eine tolle Geschichte zu erzählen, sondern brachten obendrein noch eine Trophäe mit nach Hause. Der zuhörenden Runde gestand der Jäger während des Abendessens, er habe Angst *vor* dem Löwen gehabt, und aus Angst habe er ihn getötet. Der Zugriff auf die Furcht scheint ihm nicht möglich gewesen zu sein, denn sonst hätte er wohl erkannt, dass der Löwe sich entschieden hatte, die beiden nicht zu beachten, ja sich sogar selber vor ihnen fürchtete. So jedenfalls wurde mir später von Indigenen berichtet, die Löwen seien scheu und mieden den Menschen.

Der Antizipation eines todbringenden Lebewesens folgt die Ausrichtung auf Kampf und Vernichtung. So wird die Angst *vor* zum treibenden Motiv zu töten. Die aggressive Projektion »Der Löwe tötet mich« mobilisiert die Idee, berechtigt zu sein, ihm zuvorzukommen und ihn zu erschiessen. Der Grosswildjäger findet Zustimmung in der Runde und sein Kunde Anerkennung für seinen Mut. Das gemeinsame »Subjekt der Angst« legitimiert unsere Kampfbereitschaft. Ersetzen wir den Löwen durch Menschen, Menschen *anderer* Religionen, *anderer* Ethnien, *anderen* Geschlechts, *anderer* Herkunft – auch sie werden oft als Bedrohung antizipiert, *gegen* die wir uns in gemeinsamer Empörung verbünden und aus Angst *vor* den Kampf eröffnen. Das geschieht im Spektrum aller Ideologien, auch derjenigen, die eine vermeintliche Gerechtigkeit anstreben. Das *andere* ist entweder gegen oder für mich, gegen oder für uns. Diese Überhöhung des eigenen Ich im Opferdiskurs wird zum Schema für die Einteilung der Welt. Wird Drehpunkt und Massstab der Wertungen und in der Folge der Handlungen.

Der plötzliche Verlust des Omnipotenzgefühls im Angesicht des Löwen kränkte den Grosswildjäger. Es war nicht der Löwe, der ihn bedroht und erschreckt hatte, das musste er zugeben, nein, es war die Kränkung seiner Allmachtsphantasien. Vor diesem Löwen zerfiel seine Grossartigkeit. Angesichts der Unbekanntheit und Unkontrollierbarkeit des anderen, des Tieres, verflog seine Gewissheit, Macht über den anderen zu haben. Was übrig blieb, war die Angst. Die Aggressionen im Dienste des Ich richteten sich – entsprechend der erfahrenen Spiegelung als destruktive – in der Projektion gegen ihn selber und berechtigten ihn zu schiessen. Die Tötungsgeschichte hatte nichts mit dem Löwen zu tun; dasselbe gilt für andere Subjekte, die zur Projektionsfläche werden. Und als Projektionsfläche eignet sich immer derjenige, der anders ist, der sich der Kontrolle des Aggressors zu entziehen vermag – die Differenz ist die Projektionsfläche.

Mit dem Abschuss des Tieres blieben die Omnipotenzgefühle des Jägers unangefochten, und die anerkennenden Reaktionen auf seine Schilderung des Abenteuers bestätigten diese. Der Grosswildjäger fand in der Tischrunde einhellige Zustimmung für sein Handeln, und gemeinsam töteten wir den Löwen nochmals: Wir verbündeten uns im Hass gegen seine Schrecklichkeit, wir verbündeten uns in der Kränkung unserer Allmachtsgedanken und brüsteten uns mit der nun wieder hergestellten hierarchischen Ordnung. Gemeinsam in der heiligen Allianz der Unschuld. Soviel Bedeutung gibt uns die Angst – so viel Bedeutung geben wir der Angst. Ausserhalb des Changierens zwischen Omnipotenz und Impotenz, ausserhalb des hierarchischen Gefälles wäre dem Jäger die Furcht geblieben, in der mit den Aggressionen im Dienste des Ich kein Handel getrieben wird. Sie bleiben beim Subjekt und dienen hier einer nun möglichen Kommunikation zwischen dem Fremden, dem anderen, in gegenseitiger Anerkennung des Anders- und Fremdseins. Dieser Diskurs entbehrt der Superlative: Es gibt darin keine Helden und keine Trophäen, es gibt niemanden, der weiss, was gut und was böse ist.

In psychiatrischen Gerichtsgutachten wird sehr oft festgehalten, dass der aggressive Akt des untersuchten Verbrechers oder der Verbrecherin eine Angst in sich birgt, die sich zum Motor von Gewalt gewandelt hat. In der Folge werden therapeutische Massnahmen zur Angstbeseitigung und Angstbewältigung vorgeschlagen, um weiteren verbrecherischen Taten vorzubeugen. Auch die Strafe kann so milder ausfallen. Wenn die Angst herangezogen wird, um einer Gewalttat ein gewisses Verständnis entgegenzubringen, und wenn der Täter selber zum »Opfer« dieser Angst gemacht wird, dann wird der Diskurs bestätigt, dass ein Gewaltakt – unabhängig von seiner destruktiven Folge – auch aus der Unschuld erwachsen kann. Damit wird die Gewalt befürwortet.

Die einzige Erklärung für den Einsatz von Gewalt scheint mir die Kränkung des Allmachtgefühls zu sein. Die Rache dafür scheut kein Mittel, um die alte Ordnung wiederherzustellen. Auf der Skala der aggressiven Tätlichkeiten kann beliebig zugelegt werden – bis hin zur Tötung. Wenn eine Gewalttat mit der Angst des Täters gerechtfertigt wird, wird diesem die Eigenverantwortlichkeit abgesprochen. Eine solche Entmündigung ist jedoch höchstens gerechtfertigt, wenn eine Person eine Behinderung in irgendeiner Form aufweist. Ansonsten gibt es keine Gründe, einem Subjekt die Verantwortung für sein Verhalten und seine Handlungen abzusprechen. Dass es dennoch gemacht wird, hat vielmehr mit dem Herrschaftsdiskurs und der Macht der Entmündigung zu tun. Denn wird ein Verbrecher als »Opfer« seines eigenen Handelns gesehen, ist er nicht das *Subjekt* seiner Tat, sondern das *Objekt* seiner Aggressionen und seines Handelns. Mit der Entmündigung kann er zwar eine Strafminderung erreichen, doch wird dabei auch sein Status als Subjekt gemindert. Damit sind die Machtverhältnisse wiederhergestellt, denen eine mündige Person gefährlich werden könnte. Als *Objekt seiner Angst* kann ein Gewalttäter behandelt und kontrolliert werden. Der Opferdiskurs bleibt bestehen, die Referenzierung auf andere Diskurse, einen intersubjektiven zum Beispiel, wird verhindert, nicht zuletzt indem die Entmündigung mit einer Strafminderung belohnt wird.

Die Angst und die Tiefe oder die tiefe Angst

Der Stellenwert der Angst ist und bleibt unangefochten. Ich möchte an dieser Stelle auf Kierkegaard (1813–1855) hinweisen, dessen Angstbegriff heute immer noch gerne zitiert wird: »In der *Geistlosigkeit* ist keine *Angst*, dafür ist sie zu glücklich und zufrieden, und zu *geistlos*.« Das stimmt insofern, als es Geist braucht, um Machtverhältnisse zu etablieren und zu konsolidieren und zu diesem Zweck die Angst als beherrschendes Instrument einzusetzen. Doch Kierkegaard hat die Angst wohl nicht in diesem Zusammenhang gedeutet. Auch er verwechselt sie mit Tiefe, mit emotionaler und geistiger Einsicht, mit metaphysischen Erfahrungen, zu denen die Angst der Gralspfad sein soll. Wer auf diesem Pfad wandelt, dem werden höhere Weihen versprochen. Dass geistige und emotionale Tiefe mit seelischem Abgrund und mit Schmerz in einen Zusammenhang gebracht werden, hat seinen (Ab-)Grund in unserer kulturellen und gesellschaftlichen Überlieferung. Mit dieser Annahme erhält der Schmerz, auch der Schmerz der Angst, einen »geistvollen« Ort. Die Angst wird hier als Richtschnur für geistige Erhöhung wahrgenommen und gleichsam geadelt. Doch bleibt die Frage offen, um was für eine Angst es sich da handelt, und Angst vor wem oder was?

Die Idee eines Menschen, der seine geistige und emotionale Tiefgründigkeit durch Angst und Leiden erlangt hat, gilt es zu hinterfragen. Könnte diese Angst etwas damit zu tun haben, dass sich das Subjekt aus der normativen Kontrolle herausschält? Könnte sie die Strafe für zu viel Eigenmächtigkeit sein? Könnte es sein, dass ein Subjekt die Angst, die mit dem Verzicht auf die Aggressionen im Dienste des Ich einhergeht, auf sich nimmt, um diese Strafe zu verbüssen? Um gar wieder den Einschluss in die Gemeinschaft zu erwirken? Geht es bei der Annahme, dass die Entwicklung des Geistes Angst bedingt, nicht vielmehr darum, die Strafe zu veredeln? Indem ein geistiges Konstrukt erschaffen wird, das ein Denken ausserhalb des Machtdiskurses, die Sicht auf Alternativen nicht mehr zulässt? Mit der Behauptung, dass sie Geistvolles hervorzubringen vermag, kann die Angst als Strafe anerkannt und als Leiden entschärft werden. Als Voraussetzung für geistvolle Entfaltung bezeichnet, muss sie nicht mehr als mögliche Folge von Gewalt hinterfragt werden.

Angst und Ohnmacht sind Zeichen der Entbehrung der konstruktiven Aggressionen, der Ohn(e)macht gegenüber dem Aussen, der Welt. Und die Suche nach geistiger Tiefe erweist sich als angstbesetzter, ohnmächtiger Versuch, in der bereits erfahrenen Bodenlosigkeit und Einsamkeit Sinn zu finden. Der *eigene* Abgrund wird ersetzt durch die allgemein anerkannte Idee der geistvollen Tiefe, in die hinunterzusteigen zu einem Hinaufsteigen in höhere Gefilde wird.

Der Zusammenhang zwischen Angst und Geist ist in diesem Narrativ folgendermassen: Geistvolles zu schöpfen wird erst über den Preis der Selbst*ent*mächtigung möglich. Dabei sind die potenten und subversiven geistigen Kräfte eingebunden in Angst, in Hierarchie und so gefesselt und domestiziert. Angst und Leid sind alles andere als der Antrieb von Schöpfung, denn in einem Zustand der Ohnmacht ist ein Subjekt weder kreativ noch innovativ. Vielmehr sind sie die Folge von Gewalt, die zur Kontrolle gerade dieser Kräfte eingesetzt wird.

Die Angst ist der Tribut für Kreatives und Geistvolles, das in Missachtung der hierarchischen Verhältnisse geschaffen wurde. Im Gleichschritt mit dem Verzicht auf unsere konstruktiven Aggressionen können wir diese Schuld mit dem Tribut der Angst bezahlen. So bleibt, um auf Kierkegaard zurückzukommen, die Idee, dass sowohl die Kunst als auch andere geistige und kulturelle Leistungen aus dem Leiden entstehen, ein Mythos, eine zutiefst religiöse Angelegenheit. Die Angst bekommt so die Bedeutung einer schmerzhaften asketischen Übung, die geadelt wird, weil sie höhere Einsichten in tiefere Tiefen verspricht, sozusagen als Entgelt für den Verzicht auf Expansion. Der Rückzug von der Aussenwelt, der zu einer asketischen Übung gehört, ist zugleich der Einschluss in eine andere, wertvollere Vorstellung von Ich. Um diesen Gipfel zu erreichen, wird der Preis der schmerzhaften Angst und des Verzichtes gerne auf sich genommen. Soweit hat Kierkegaard recht: Die Angst ist ein ständiger Begleiter des idealisierenden und idealisierten »geistvollen«, also überhöhten und überheblichen Menschen. Die Expansion in ein Teilhaben und Teilnehmen an der Welt, die Lust daran verkehrt sich in ihr Gegenteil. Das Leben wird zu einem Leben »ex negativo«.

Was im Kleid des geistvollen Denkens daherkommt, bleibt ein Diskurs, der Gewalt befürwortet. Mögen diese Konstrukte noch so grossartig und gigantisch erscheinen – sie basieren auf der Angst. Indem diese Angst als Motor von und Perle der Kultur geadelt wird, begegnet sie keinem Widerspruch mehr. Widerspruch würde bedeuten, dass das Gleichgewicht der als natürlich empfundenen gesellschaftlichen Ordnung gestört würde. Das

Chaos und die Destruktion, die dabei in Aussicht gestellt werden, erregen Angst, eine Angst, die als Domestizierungsinstrument eingesetzt wird, um Widerspruch im Keim zu ersticken. Im Gegensatz dazu ergibt sich über die Anerkennung der Differenz eine organische Strukturierung, in der Ordnung als ein dem Militär entlehnter Begriff überflüssig wird.

Das (Er-)Ziehen zur Ordnung

Eine Ordnung beinhaltet eine Strukturierung in Wertigkeiten und wird damit ein Teil von Gewalt. Genauer: Die Ordnung muss als eine Strukturierung in Hierarchie bezeichnet werden, die mit Gewalt erstellt und aufrechterhalten werden muss. In Verkennung der Differenz zwischen den Subjekten nimmt sie sich das Recht, ohne Befragung der Subjekte Recht zu sprechen und Recht zu fordern. Sie legitimiert sich mit dem Mangel an Alternativen und mit der Antizipation von Chaos und Destruktion im Falle einer Selbstbestimmung der Subjekte. Subjekten, die sich diese Freiheit nehmen, wird mit dem Ausschluss aus der Gemeinschaft gedroht. Solange mit Ein- und Ausschluss, mit Drohungen Wirkungen erzielt werden, solange bleibt die Angst das vor- und beherrschende Werkzeug, um die konstruktiven Aggressionen zu zähmen und in die gewohnten Bahnen der Hierarchie zurückzubeordern. Die Kränkung über den Verlust der Kontrolle vermag Gewalt zu mobilisieren, die als »Wiederherstellung der Ordnung« verstanden und legitimiert wird. Diese Ordnung ist in sich fragil und instabil und muss immer wieder von Neuem verteidigt werden. In diesen Diskurs eingebunden, entbehren wir des Genusses, ein Subjekt zu sein. Ein Subjekt ausserhalb narzisstischer Aufblähung, ein Subjekt in der Anerkennung der Differenz.

Die Angst, die einer hierarchischen Struktur inhärent ist, beherrscht uns. Wir haben keine Kontrolle über sie. Doch genau genommen beherrscht uns nicht die Angst, sondern es beherrschen uns vielmehr jene Mächte, denen wir uns unterwerfen und die sich unserer bemächtigen. Mit der Ausdehnung dieser Ängste wird Hierarchie etabliert und konserviert. Am Beispiel der zunehmenden psychischen Störungen wie Depression, Angstzuständen, Schlafstörungen, Burnout bis hin zu Suiziden erkennen wir die Gesundheitsgefährdung dieses Imperativs.

Wir kommen mit einem angeborenen Lusttrieb zur Welt, dem die Aggressionen im Dienste des Ich helfen, sich Raum zu verschaffen. Die Lust und die lustvolle Neugierde erobern sich ihren Platz innerhalb der Beziehungen. Indem das Kind als eigenes Ich anerkannt wird, spiegelt es sich im anerkennenden Anderssein der Eltern, die sich in der Subjektivität positionieren. Im intersubjektiven Raum finden Wachstum Anerkennung, Wertschätzung, Autonomie und Freiheit statt. Bei der Erziehung der Kinder geht es nicht darum, sie an den Ort zu »ziehen«, der dem bestehenden gesellschaftlichen Imperativ entspricht. Vielmehr geht es um einen Raum, in dem die kreativen Kräfte freigelegt werden können. Dieser Raum muss nicht speziell eingerichtet sein, sondern entsteht ohne besonderes Dazutun zwischen mindestens zwei Subjekten, die den jeweils anderen als Nicht-Ich anerkennen. Andernfalls werden Kreativität und Innovation einem hierarchischen Konzept untergeordnet, dessen Motiv die Aufhebung eines Defizites ist. Damit ist der intersubjektive Raum zerstört, damit kommt Gewalt ins Spiel. Und Gewalt sollte keinesfalls Bestandteil der Erziehung und Bildung sein.

Im bestehenden Bildungssystem kann das Kind die Angst, die sich aus der Unterwerfung unter die angeordneten Verhältnisse ergibt, mit erhöhter Leistung und Anpassung zu beruhigen versuchen. Damit ist aber nur ein Teil der Angst beruhigt, nämlich die Angst davor, aus der anerkennenden Gemeinschaft ausgeschlossen zu werden. Ein mögliches Scheitern und damit ein Ausschluss aus der Anerkennung kann mit der Erfüllung der Anforderungen umgangen oder gar verhindert werden. Was hingegen beunruhigt, ist die fehlende Möglichkeit, die Lust und die Neugierde eines Subjektes zweckfrei zur Entfaltung zu bringen. Es gibt keinen Raum der Anerkennung ausserhalb eines zweckgebundenen Zieles. So besteht die Gefahr, dass diese zunächst konstruktive Energie implodiert und zu Depression und Angst führt. Das Subjekt erfährt keinen anerkennenden Resonanzboden, ist mit seinen Gedanken und Handlungen nicht mehr intersubjektiv aufgehoben, sondern bereits ausserhalb der bestehenden hierarchischen Ausrichtung. Anerkennung ist hier nicht mit Lobhudelei in ihrer wertenden Beliebigkeit zu verwechseln. Vielmehr bedeutet es, sich selber in Beziehung, in der Anerkennung von Differenz verorten zu können, ohne das Verständnis von Ich und der Welt auf ein anderes Subjekt anzuwenden oder von jemand anders aufgezwungen zu bekommen.

Die spannungsvolle Unruhe der Lust und der Neugierde bleibt in einem auf Hierarchie und Zweck ausgerichteten Raum unbefriedigt, und so werden diese Kräfte versickern und allenfalls eine psychische und körperliche Symptomatik auslösen. Die herausragendsten Symptome, Angst und Depression, sind in diesem Zusammenhang nicht heilbar, ohne die Entfaltung von Lust und Neugierde zuzulassen. Ohne Raum zu schaffen für eine Entfaltung des Ichs und seiner Gestaltung der Welt. Im festgefügten Raum der Bildungs- und Leistungsvorgaben bleiben Lust und Neugierde kontrolliert. Die Variabilität, mit der sich ein Subjekt zu bewegen vermag, kann sich nur in hierarchiefreien Strukturen entwickeln, weil die Hierarchie mit ihrem ganzen Kontrollsystem ein zu starres Gebilde ist, um der schnellen Beweglichkeit und Veränderbarkeit eines Subjektes zu folgen. Sie wird deshalb diese Veränderbarkeit als unerwünscht bewerten und Anpassung an die Langsamkeit der Kontrolle fordern.

So erweist sich die Angst *vor* einem Verlust von was auch immer als eine eigentliche Angst *vor* dem Verlust der *Anerkennung*. Verlieren im Sinne eines grundlegenden und existenzgefährdenden Verlustes kann man zu Lebzeiten eigentlich nur die Anerkennung als Subjekt. Alle anderen Verluste können intersubjektiv reguliert werden. Sie sind zwar mit Schmerz verbunden, doch dieser kann mitgetragen werden. Genau genommen kann auch die Anerkennung nicht verloren gehen, sondern nur verwehrt werden. Auch die Anerkennung des Schmerzes. Die Verweigerung der Anerkennung ist ausschliesslich ein aggressiver Akt innerhalb eines Machtgefüges, ein wirksames Mittel, um Unterordnung und Unterwerfung zu erzwingen. Ein Subjekt, das der Anerkennung zu entbehren hat, ist entmachtet. Ohn(e)macht und Angst sind die Folgen. Die Verzweiflung darüber vermag sich mit der Rückeroberung der Anerkennung durch Anpassung und Unterwerfung zu beruhigen.

Schuldgefühle entbehren der Wahrheit

Das Vermitteln von Schuldgefühlen ist ein aggressiver Übergriff auf ein Subjekt, das damit in die Unterwerfung gezwungen werden soll. Die Anerkennung der vermeintlichen Schuld und die damit einhergehenden Schuldgefühle erlauben dem Kind, das dieser Gewalt ausgesetzt ist, aus der lähmenden Ohnmacht in die Aktivität des »Schuldabtragens« zu wechseln, um sich einerseits vor weiteren Übergriffen zu schützen und andererseits der Zuwendung der Mutter oder des Vaters wieder zu versichern. Verbunden damit ist die unerschütterliche Hoffnung, eine Anerkennung als Subjekt und ein Aufgehobensein in der Beziehung zu erfahren, um schliesslich, seines Wertes versichert, in die Autonomie und in die Welt entlassen zu werden.

Es ist ein verbreiteter Irrtum, dass das Abarbeiten von Schuld der Angst entgegenwirke. Es ist genau umgekehrt: Die Angst bleibt bestehen, sie vervielfacht sich, weil innerhalb eines Systems agiert wird, in dem die Aggressionen im Dienste des Ich in andere Dienste zu wechseln haben. Erst die Erkenntnis, dass im Schulddiskurs niemals eine Anerkennung der Differenz und damit die Anerkennung als Subjekt erreicht werden kann, ermöglicht es, aus dieser Verknechtung auszubrechen. Das Aussen, dem dieses Ich nun autonom und selbstermächtigt begegnet, wird vorerst bedrohlich wirken, weil es bisher als bedrohlich und Ich-schädigend antizipiert wurde. Es handelt sich hier um dieselbe aggressive Projektion, wie sie in der Ballade von Schiller aufscheint: Der Neid des Pharaos auf Polykrates (Vielmächtiger) antizipiert dessen Vernichtung als Strafe der Götter. Das expansive Handeln von Polykrates ist also letztlich ich-schädigend, ja tödlich. Es ist dasselbe Narrativ, das den Schritt in die Autonomie mit einer Ich-Schädigung gleichsetzt. Das den Untergang dieses Ichs vorhersagt und ihm erst wieder Anerkennung gewährt, wenn es sich dem Schulddiskurs unterwirft und anpasst, wenn es die Schuld anerkennt und abarbeitet. Schuld ist Angst, gebiert Angst und hält sie am Leben.

Der Hypochonder als Ich-Schädiger

Herr Buchser deutet sein Kratzen im Hals als erstes Zeichen eines Lungenkrebses. Die medizinischen Untersuchungen ergeben keine Befunde – er wiederholt sie mehrmals, um ganz sicher zu sein. Kaum glaubt er diesen Untersuchungsberichten, erscheinen neue Symptome; diesmal ist es der Darm. Hartnäckig hält er an einem Darmkrebs fest, doch auch diese Untersuchungen bestätigen seine Annahme nicht. Bei dieser Einbildung einer tödlichen Krankheit handelt es sich um eine bestimmte Form der Wahrnehmung körperlicher Phänomene. Eine körperliche Irritation, wie wir sie hin und wieder erleben, wird als *Anfang des Endes* gesehen. Doch die Frage ist: Warum verändert sich die Wahrnehmung des Körpers und warum verweist sie immer in eine tödliche Richtung?

Die Hypochondrie ist der typische Ausdruck eines Schulddiskurses. Der Hypochonder identifiziert sich mit seiner ich-schädigenden Wirkung. Er ist nicht nur schuldig an einem anderen Subjekt, sondern wird selber zum »Opfer« seines Strebens nach Expansion und Unabhängigkeit. Er kennt die Spiegelung als schädigendes Subjekt, das nun auch ihn schädigt. Herr Buchser leidet an allen möglichen Krankheiten, ohne dass diese je durch eine Diagnose bestätigt werden können. Doch die körperliche Symptomatik bleibt hartnäckig bestehen. Weil es sich um eine gestörte körperliche

Wahrnehmung handelt, kann sie auf der körperlichen Ebene weder behoben noch verstanden werden. Verständlicher wird es, wenn wir bedenken, dass Herrn Buchsers Streben nach Autonomie, nach der Bemächtigung seiner Aggressionen im Dienste des Ich als gefährlich gespiegelt wurde. Gespiegelt von einem Opfer, das darunter gelitten hat und immer noch leidet. Diese Spiegelung reflektiert auf das eigene Ich, das nun »Opfer« seiner eigenen Autonomiebestrebungen, seiner eigenen Aggressionen im Dienste des Ich wird. Diese Ausdehnung von Schuld und Beschädigung auf das eigene Ich ist die ultimative Verhinderung von schuldfreier Autonomie. Die medizinisch nicht zu untermauernden körperlichen Schmerzen sind die Strafe, die unentwegt zu bestehen hat, weil jede autonome Handlung und jedes autonome Denken das Ich beschädigen. Mit der antizipierten Unheilbarkeit ihrer Krankheit können sich Subjekte, die unter Hypochondrie leiden, eine Teilautonomie erlauben, da sie die Strafe für ihre Schuld unentwegt auf sich nehmen: Sie arbeiten sie ab. Herr Buchser sorgt sich stets um sich oder um jemanden anderen. Die Sorge wird zum verbindenden Faktor in der Beziehung. Der Genuss wird als selbstbeschädigend erlebt, so wie er auch das andere Subjekt schädigt. Das ist die Beziehungserfahrung von Herr Buchser.

In der Ballade von Schiller gelingt es Polykrates trotz seines »selbstschädigenden« Handelns – er wirft sein Teuerstes, den Ring, ins Meer – nicht, seine eigene Macht zu reduzieren, um die Omnipotenz der Götter unangetastet zu lassen. Er wird den Göttern zu mächtig, er destabilisiert ihre Allmacht. Und so ist er *selber schuld*, wenn deren Neid auf ihn hereinbricht. Die Selbstbeschädigung – die Einschränkung seiner eigenen Macht – ist nicht geglückt, und so wird Polykrates die Schuld für die Vernichtung seines Imperiums auf sich nehmen müssen. Seine Schuld ist, die Allmacht der Götter herausgefordert und dabei keinen Verlust erlitten zu haben. Sein immerwährendes Glück hat die Allmacht der Götterwelt – dargestellt in der Projektion des pharaonischen Allmachtgedankens – beeinträchtigt und deren Verlangen ausgelöst, die alte Ordnung wiederherzustellen. Die Götter fordern ihr Recht ein, um ihre Allmacht wiederherzustellen und den »Hochmut« zu Fall zu bringen. In diesem Sinne zeugt der Schulddiskurs stets von Grössenwahn.

Die Schuld wirkt oft wie ein Klebstoff, der vom Ich nicht oder nur schwer loszulösen ist. Es gibt vielerlei Ratgeberliteratur, die diesen Diskurs bedient und die Aggressionen, die von aussen auf ein Subjekt einwirken, als eigene Schuld einschätzt. Dieses Muster zeigt sich auch in der

Ballade von Schiller: Polykrates akzeptiert seine Schuld, er ist gewillt, sie abzubauen, um dem mörderischen Neid der Götter zu entgehen. So wird die Schuld hier zum Schutz vor Neid und dient der Anerkennung der alleinigen Herrschaft der Götter. Jede hierarchische Struktur bedient sich dieser Mechanismen.

Angst ist Schuld – Angst ist schuld

Die Angst *vor* der Schuld ist eine Art Kurzschluss: Die Aggressionen werden aus dem Dienst am Ich entfernt, um damit nicht schuldig zu werden an einem anderen Subjekt, das sich als Opfer dieser Aggressionen verortet. Frau Braun sagt mir: »Meine Mutter hat immer gelitten. Seit 70 Jahren leidet sie, und niemand weiss, woran. Ich bekomme jeweils sofort Schuldgefühle: Habe ich sie verletzt?« Ihr Ich verschwindet gleichsam, um der Schuld entgehen zu können. Es erscheint jedoch wieder in der Identifikation mit dieser Schuld. Der Kurzschluss besteht darin, dass das Ich nur noch als Schuld erfahren wird.

Frau Braun hatte mich eines Tages während ihrer Arbeitszeit angerufen. Sie wolle sich kurzfassen: Ihr Arzt habe ihr nahegelegt, sich bei mir zu melden, sie wolle einen Termin entweder nach 23 Uhr oder aber vor 7 Uhr morgens. Wir einigen uns auf 7 Uhr an einem Mittwoch. Frau Braun hat innert zwei Jahren 1500 Überstunden geleistet. Sie ist CEO-Assistentin in einer Bank. Ihr Chef hat ihr versprochen, dass dieses gewaltige Arbeitspensum bald reduziert werde, das Licht am Ende des Tunnels sei in Sicht. Ihre Therapiestunden sind spärlich. Ihr Arbeitgeber drängt auf ihre Anwesenheit, sie sei unentbehrlich und könne ja ihr Bett im Büro aufstellen, um den zeitlichen Aufwand des Arbeitsweges einzusparen, meint ihr Vorgesetzter. Die Entlöhnung der Überstunden oder eine Kompensation in Freizeit wurde von ihm abgewiesen: In einer Stabsstelle seien die Überstunden im Lohn enthalten.

Frau Braun hadert schwer mit sich. Ihre Therapietermine hält sie selten ein, und wenn, dann abgekürzt. Sie wird nach drei Jahren einen Erschöpfungszusammenbruch erleben, ein Burnout. Die *Erschöpfung am Funktionieren* wird sie zwingen, diese Arbeitsstelle zu verlassen. Sie wird sich als Gescheiterte erleben, die den Anforderungen einer derart begehrten Stelle nicht entsprochen hat. Sie hat die Therapie begonnen, weil sie ihre Leistung verbessern will, weil sie endlich ein besserer Mensch sein will, auf den man stolz sein kann. Sie will lernen, den Anforderungen des

Chefs gerecht zu werden; sie will lernen, sich zu unterwerfen und nicht mehr aufzubegehren; sie will Medikamente, um ihre Wut zu besänftigen; sie will alles versuchen, damit ihre Leistung anerkannt wird. Für ihren Vorgesetzten ist sie die Traumangestellte, sie entlastet ihn so, dass er ihr mittlerweile die meisten seiner Aufgaben überantwortet. Doch stets vermisst sie seine Anerkennung ihrer Leistung, was sie in der Therapie als ihr Versagen deutet. Sie stehe in seiner Schuld, meint sie, sonst würde die Anerkennung nicht ausbleiben. Und so möchte sie so schnell wie möglich wieder leistungsfähig werden, um seine Anerkennung nicht zu verpassen. Den Schmerz der Verkennung, den Schmerz, der ihre beliebige Austauschbarkeit verursacht, wird sie im Moment nicht wahrnehmen können, weil er ihr unaushaltbar erscheint. Die Sehnsucht nach Anerkennung wird ihr zum Leistungsantrieb: Sie möchte lernen, es endlich richtig zu machen und den Anforderungen zu genügen.

Anerkennung bedeutet die Loslösung vom Schulddiskurs, das Respektieren des anderen als anders, als Nicht-Ich. Fehlt die Anerkennung als eigenständiges Subjekt, losgelöst von den Leistungen, ergeben sich unter anderem zwei mögliche Wege, die grundsätzlich unaushaltbare Verkennung aushaltbar zu machen. Der erste Weg: Das Subjekt wird, wie Frau Braun, arbeiten, bis es vom Burnout eingeholt wird, bis es an seine psychischen und physischen Grenzen stösst und vom Funktionieren erschöpft sein wird. Sein stetiges Bemühen um Anerkennung bleibt aussichtslos. Diese wird ihm vermutlich eigens verwehrt, um seine Leistung zu steigern. Noch heute basiert das Benotungssystem in der Schule auf derselben Annahme, nämlich dass schlechtere Noten Antrieb für bessere werden.

Einen zweiten möglichen Weg, den Schmerz der Verkennung aushaltbar zu machen, geht der Bruder von Frau Braun: Er findet sich in der Antriebslosigkeit wieder. Der Sinn des Lebens fehlt ihm, nichts motiviert ihn; das bessere Leben wird sich dann nach der Pensionierung schon einstellen. Er findet auf diesem Wege die volle Anerkennung der Eltern; sie anerkennen ihn für seine Verfügbarkeit als Objekt, als einen, der seine Aggressionen vollumfänglich aufgegeben hat.

Frau Braun und ihr Bruder sind Gefangene eines Schulddiskurses und arbeiten ihre vermeintliche Schuld an je einem anderen Subjekt – dem Arbeitgeber/den Eltern – ab, von dem sie eine Anerkennung als Subjekt erhoffen. Diese Anerkennung wird ausbleiben, wie damals als Kinder, wo sie kein anderes Narrativ als dasjenige der Schuld kennenlernten. So drehen sich die beiden im Kreislauf des Anerkennens und Abarbeitens von Schuld und finden den Ausweg in die Autonomie und Selbstermächtigung nicht. Ohne die Vision einer intersubjektiven Bindung bleibt ihnen die Angst *vor* dem Ausschluss aus der Beziehung, einem Fall in die Einsamkeit und Verlorenheit. Die Angst als Ausdruck der verlorenen Autonomie und der Aggressionen im Dienste des Ich. In hierarchischen Schuldbeziehungen ist die Intersubjektivität unerwünscht, weil die Schuld als verlässlicher Antrieb zu ausserordentlichen Leistungen wirkt. Frau Braun beweist es bis zur Erschöpfung, und ihr Bruder ist bereits vom Gedanken an etwas, das ausserhalb seiner Funktion im Dienste eines anderen liegt, erschöpft. Seiner Selbstbestimmung entledigt, wird er von der Anerkennung seiner Ich-Auflösung abhängig bleiben; auch die Pensionierung wird daran nichts ändern.

Die Schuld verschlingt gleichsam die konstruktiven Aggressionen, und damit wird das Subjekt ziemlich schnell und ziemlich heftig entmachtet. In einem nicht hierarchischen Diskurs ermöglicht uns die Furcht dank ihrer erhöhten Aufmerksamkeit, die Schuld zu erkennen und uns vor ihr zu schützen, damit wir nicht in den Mechanismus von Anpassung und vorauseilendem Gehorsam gedrängt werden. So erkennen wir die Schuld als gewaltsames Mittel, um hierarchische Beziehungen zu erzwingen und zu konsolidieren. Und wir erkennen die Schuldgefühle als unseren Beitrag zum Schulddiskurs, den wir dank dieser Einsicht ändern können.

Der Neid auf die Schuldlosen

Frau Braun weiss inzwischen, dass sie die Arbeitsstelle wechseln muss. Das Spiel mit der Schuld und der fehlenden Anerkennung funktioniert bei ihr nicht mehr als Antrieb. Ihr Bruder hingegen wird seine Schuld weiterhin mit Anpassung abzubauen versuchen, zumal er dafür belohnt und nicht aus dem Kreis der Familie ausgeschlossen wird. Der Preis dafür ist der Verzicht auf seine konstruktiven Aggressionen. Sein Neid auf diejenigen, die diese Aggressionen nicht überantworten und sich des Lebens bemächtigen, wird dementsprechend zunehmen und in seinen destruktiven Aggressionen einen Ausdruck finden.

Der Neid ist immer ein Neid auf die Schuld-losen. Auf diejenigen, die den vom Schulddiskurs geforderten Tribut nicht bezahlen. Sie erkennen die Schuld nicht an oder nehmen sie nicht wahr oder wollen sie nicht wahrnehmen. Oft trifft dieser Neid Fremde, die einer anderen Schuldkultur angehören und unseren Schulddiskurs nicht als solchen erkennen. Oftmals wird versucht, den Neid auf eine materielle Ebene zu verschieben, auf Besitz, Erfolg. Oft wird er verpackt in die Behauptung, zu kurz zu kommen oder gekommen zu sein, um ihm eine Rechtfertigung zu geben. Es bleibt jedoch die Kränkung darüber, dass sich das Gegenüber dem Schulddiskurs entzieht. Ein Gegenüber, das letztlich das neidische Subjekt mit einer unterwerfenden Haltung nicht bestätigt. Frau Braun sagte mir: »Ich habe alles gemacht, um den Neid meiner Eltern und meines Bruders nicht zu evozieren. Ich hatte solche Angst davor. Ich habe mich zurückgezogen und alles verheimlicht, was diesen Neid geschürt hätte. Nun habe ich keine Angst mehr. Ich tische ihnen alles auf, von dem ich weiss, dass es ihren Neid anheizt und freue mich sogar insgeheim darüber.«

Der Rückzug ihrer konstruktiven Aggressionen vermochte Frau Braun vor dem elterlichen Neid zu schützen und bewahrte sie auch vor Schuldgefühlen, drängte sie jedoch zu einem von Angst geprägten Verzicht auf Expansion und Entfaltung. Der Mangel eines intersubjektiven Raumes, eines Raumes der Anerkennung, liess sie die nachhaltige Erfahrung machen, dass die Ablösung vom Elternhaus den Bruch der Beziehung nach sich zieht. Ausgeschlossen aus der Beziehung mit den Eltern, suchte sie sich einen anderen Einschluss in einem Arbeitsverhältnis, um auch hier wiederholt zu erfahren, dass ihr Anerkennung *ausschliesslich* über ihre Leistungsfähigkeit gezollt wurde. Ihr Bruder verfehlte den Einschluss nicht, er verzichtete auf ein eigenständiges Leben. Frau Braun hat nie das Gefühl von Aufgehobensein erfahren, ohne den Tribut eines Selbstverlustes bezahlen zu müssen. Sie konnte nie Vertrauen schöpfen in Beziehungen. Mit dieser Erfahrung erlebt sie die Welt als eine ignorant-feindliche, die sie zurückdrängt ins eigene Ich, in die Einsamkeit dieses Ichs, in die Not der verweigerten Anerkennung als Subjekt. Hier, in dieser Raumlosigkeit entsteht der Hass. Es ist nicht, wie vielfach angenommen wird, die kumulierte Angst, die in Hass umschlägt – so wie die Milch plötzlich gerinnt –, sondern der Mangel an intersubjektivem Raum, der Ausschluss.

Der Hass bildet sich in der Identifikation mit der Aggression des Ausschlusses. Der Ausschluss ist ein psychisches Todesurteil, weil die eigenen konstruktiven Aggressionen in der erfahrenen Spiegelung als destruktiv gegen das eigene Ich ausschlagen. Zusammen mit der erlebten Wucht der Ausgrenzung wird ein mörderisches Gemisch erzeugt, das als Gift gegen das Ich und die Welt wirksam wird. Damit scheint die Genese des Hasses, der ausnahmslos immer auch ein Selbsthass ist, auf unser aller Mitverantwortung zu gründen. Im Schulddiskurs wird diese Mitverantwortung ausgeschlossen. Stattdessen wird ein einzelnes Subjekt stigmatisiert und ihm Bösartigkeit oder Krankheit attestiert. Auf diese Weise ist es uns möglich, den Hass aus der eigenen Mitverantwortung zu entfernen und ihn mit der sadistischen Strafe des Ausschlusses aus Gesellschaft auszuleben.

Geteilter Hass ist potenzierter Hass

Die Schuld, die für den Schulddiskurs unentbehrlich ist, eröffnet einen hierarchisch wertenden Beziehungsraum. Mit dem Verwehren der Mitverantwortung, mit der Abwehr von *intersubjektiver* Verantwortlichkeit, der Anerkennung des anderen als Subjekt, entsteht der Hass als Ausdruck aller einstigen konstruktiven, aber als destruktiv gespiegelten Aggressionen. Dass der Hass, genauso wie die Freude, geteilt werden kann, potenziert ihn und verhilft ihm zu Herrschaft. Er wird zur verbindlichen Beziehungsform, er bildet eine neue Einschluss-Gruppe als Antwort auf den Ausschluss.

Im hierarchischen Diskurs ist der Ausschluss die Grundstruktur und Grundbedingung für das Funktionieren von Herrschaft. Das Verbindende ist nebst der Schuld der Hass. Jedem Ausschluss folgt die Suche nach einem neuen Einschluss, der wiederum denselben Gesetzen folgt und Ausschluss als fundierendes Element benötigt. Alle Gruppen beanspruchen für sich das Recht, recht zu haben. Das Fehlen eines intersubjektiven Raumes wird *immer* Hass erzeugen, weil in hierarchischen Diskursen die Anerkennung der Differenz nicht vorkommt. Wenn die gesellschaftliche Ausgrenzung zelebriert wird, sollte uns das ein Signal sein, den hierarchischen Diskurs durch intersubjektive Verantwortung zu ersetzen, um diese gefährlichen Tendenzen zu entschärfen und zu beseitigen.

Der Held als Opfer

Helden und Märtyrer, wie sie der hierarchische Diskurs hervorzubringen vermag, wagen es einerseits, sich unter Gefährdung des eigenen Lebens einer Übermacht entgegenzustellen, und erheben andererseits ebenfalls einen Anspruch auf Übermächtigkeit, Grossartigkeit. Der Held und sein Widerpart treffen sich im selben Muster der Überhebung und Selbstüberschätzung. Es ist diese Kombination, die den Helden macht. Es ist eine Art Kurzschluss, bei dem die Aggressionen in einen konstruktiven Zusammenhang gestellt werden, obwohl sie destruktiver Art sind. Der Held handelt immer im Sinne des Guten, so seine Interpretation, und im Wissen, dass eine beachtliche Anzahl Gleichgesinnter hinter ihm steht. Umgehend wird auch ein Opfer bereitgestellt – der Held selber als Selbstopfer. Als Opfer kann sich auch ein demokratisch gewählter Präsident verstehen, der in seiner Selbstaufopferung das Volk zu seinem Recht führen wird – in seiner Struktur unterscheidet er sich nicht von einem Selbstmordattentäter. Es bleiben Variable innerhalb desselben Herrschaftsdiskurses, in dem der Hass das Verbindende und Verbündende ist. Ausgehend von seiner Person, vermag der Held seine Ausgrenzung mit einer neu konstituierten Opfergruppe, seinen Anhängern und Verehrern, wettzumachen. Der Held kann sich ohne den Opferdiskurs nicht entfalten, erst über diesen wächst er zu seiner Grösse heran.

Als Opfer des Ausschlusses vermag der Held diesen Status zu transformieren und sich in heldenhafte Höhen zu schwingen. Das Aussergewöhnliche daran ist das Drehmoment: Der Ausschluss wird nicht in einer passiven Opferhaltung entgegengenommen, sondern zum Anlass, ihm eine eigene Wucht entgegenzusetzen, die als produktiv, verhältnismässig, wahrheitsgetreu und »richtig« rezipiert werden soll, im Grunde genommen aber immer als konstruktiv verklärt ist. Der eigene Hass und die eigene Kränkung werden in eine »konstruktive Wirksamkeit« gewendet, ohne die Verantwortung für die Gewalttätigkeit übernehmen zu müssen, weil der Zweck bekanntermassen die Mittel heiligt. Mit dem Heldentum kann die Rezeption dieser inhärenten Gewalt gesteuert und gerechtfertigt werden. Und dennoch agiert jeder Held aus einer Opferposition, aus der er die Rechtfertigung für sein Handeln schöpft. Letztlich scheint es ein Versuch zu sein, aus der Opferposition auszubrechen und die Fronten zu wechseln.

Der Diskurs wird hingegen nicht gewechselt. Vielleicht hat der Held das angestrebt, vielleicht auch nicht. Sicher ist jedoch, dass der Held die Hierarchie zu seinen Gunsten verschieben würde, falls es ihm gelänge, die bestehenden Machtverhältnisse zu irritieren. Er nimmt die Verantwortung in die eigenen Hände, bricht aus dem Status des wenig Wirkungsvollen, Ohnmächtigen aus, um zu Wirkung zu kommen. Die Aggressionen, die für den Dienst am eigenen Ich zurückerobert werden, erweisen sich zusammen mit den destruktiven Aggressionen und mit dem als Bindemittel genutzten Hass als grösstes Handlungspotenzial des Helden und seiner Anhänger bei der Überlistung der eigenen Angst. Der Ausweg wird in der Umordnung der hierarchischen Verhältnisse gesucht. Das neu geschaffene Gefälle wird jedoch nur mithilfe von Gewalt eine – sehr fragile – Stabilität erreichen.

Ich gehe davon aus, dass der intersubjektive Diskurs als Möglichkeit gesellschaftlichen Lebens nicht mit einer Revolution eingeführt werden kann, sondern einer Evolution bedarf, in der sich der Prozess, den anderen als anders, als Nicht-Ich zu erkennen und die Differenz zu ihm auszuhalten, einüben lässt und damit erfahren werden kann.

Solange die Schuld anhält, hält die Beziehung

Auch der Held tradiert die Verweigerung der Anerkennung weiter, eine Umstrukturierung der bestehenden Hierarchie wird diese Tatsache nicht ändern. Ebenso versucht Frau Braun monatelang, den eingeschlagenen Weg der Anpassung und Unterwerfung weiterhin, aber »besser« zu verfolgen, um nicht in der befürchteten Verlorenheit ausserhalb der kontrollierenden Beziehung zu verschwinden. Sie wird zuerst einmal einsehen müssen, dass ihre Schuldgefühle sie vor diesem Abgrund schützen. Verbleibt sie im Schulddiskurs, so wird ihr die Sicherheit einer haltenden Beziehung versprochen, wenn auch um den Preis ihrer Autonomie. Jedoch nur solange, wie die Schuld anhält.

Frau Braun empfand sich in ihrem Leben immer wieder an der Schwelle zum »Verrücktwerden«. Das mag aufzeigen, wie gross die Ängste in einem Einschluss sind, der die Aufgabe der Aggressionen im Dienste des Ich so vollumfänglich einfordert. Dieses Gefühl erlebt sie als Fortsetzung bei ihrem Arbeitgeber. Es war für sie ein schmerzhafter Prozess, einsehen zu müssen, dass sie genau dort Anerkennung sucht, wo sie ihr verwehrt wird. Dass sie, sobald sie der Forderung ihres Vorgesetzten nach einer Steigerung ihrer Leistung nicht mehr entspricht – und wir sprechen hier von 60 Überstunden pro Woche –, aus seinem Geltungsbereich fällt. Besonders schmerzlich war für sie dann zu erleben, dass er ihr genau aus diesem Grund kündigte, so wie sie es immer befürchtet hatte. Der Leistungsimperativ erfordert die Anerkennung einer Schuld, die, falls eingelöst, Existenz zu sichern *verspricht*. Diese Gleichung entspricht einer gängigen Annahme, obwohl sie erfahrungs- und auch vernunftgemäss das Gegenteil ist.

Es ist eine kulturelle Leistung, die Differenz anzuerkennen

Es ist erstaunlich, welch bedeutende Rolle der Schuld als Bindungselement im Mikrokosmos einer Beziehung zukommt, denn wer schuldet seinem Partner oder seiner Partnerin nichts? Kein kleines Entgegenkommen? Kein Geheimnis? Selbst ein Geheimnis wird geschuldet und sollte gelüftet werden, um dem anderen schuldfrei begegnen zu können, hat es doch etwas Trennendes an sich. Die Schuld schafft einen Diskurs, in dem die Anerkennung der Differenz, die erlaubt, den anderen als unterschiedlich und Nicht-Ich zu erleben, aufgehoben werden *muss*. Sie strebt das Gegenteil eines intersubjektiven Diskurses an, der die Differenz als einzige Möglichkeit, Ich zu konstituieren, hervorhebt. Die Schuld verwebt die Beziehung in einen hierarchischen Diskurs, der per se gewalttätig ist, weil nicht das Subjekt, sondern dessen *Funktion* zum Kriterium für einen Ein- beziehungsweise Ausschluss wird. Das Verbindende ist die Schuld, die zwischen demjenigen, dem etwas geschuldet wird, und demjenigen, der diese Schuld einzulösen hat, ein Gefälle einführt. Diese Schuldigkeiten sind variabel und können auch sehr schnell die Seite wechseln, je nachdem, wer den Opferstatus gerade wirksam bedienen kann.

Der Hierarchiediskurs erschafft ein Defizit, das als Grundlage von Antrieb und Innovation verstanden wird und mit der stets gleichbleibenden Drohung operiert, die in allen Köpfen sitzt: Ohne dieses Gefälle, ohne die Versuche, die Defizite aufzuholen, gibt es keine Innovation. Ob diese These ein Körnchen Wahrheit enthält, ist nicht so sehr die Frage. Vielmehr gilt es im Auge zu behalten, dass Kreativität und Innovation in Schach gehalten und an die bestehenden Machtverhältnisse gebunden werden sollen, um sie an der Entfaltung zu hindern und damit nicht aus der Kontrolle zu verlieren.

Obwohl in den bestehenden Machtverhältnissen immer wieder versucht wird, die Differenz zu inkludieren, kann dieser Versuch nur fehlschlagen, weil sich die Frage stellt: In welche Strukturen inkludieren? Weshalb die Exklusion? Doch möglicherweise sind solche Fragen und Überlegungen eine Art Zeitvertreib, um der eigentlich wichtigen Frage auszuweichen. Nämlich: Unter welchen Bedingungen erübrigt sich diese Frage endgültig?

Schuld und Schuldgefühle sind ein Verschmelzungsfaktor, sie weisen keinerlei Erotik und keinerlei Lust, keinerlei Lebensfreude auf und sind nichts anderes als die Abrufung von Funktionen, denen die Aggressionen im Dienste des Ich nur im Wege stehen. Diese Aggressionen müssen funktional eingebunden werden, um ihnen die Kraft der Subversion zu nehmen. Die Kontrolle darüber gelingt im Schulddiskurs meist hervorragend, kein anderer Diskurs ist dermassen wirksam. Auf der gesellschaftlichen und ökonomischen Ebene wiederholt sich dieser Diskurs, auch hier wird die Schuld zum Verschmelzungsfaktor, der nur das Denken und Handeln im Rahmen des Defizits kennt und die Differenz nur in Form von Ausschluss beziehungsweise Einschluss.

Im Herrschaftsdiskurs muss die *Anerkennung der Differenz* a priori ausgeschlossen werden, um die Machtverhältnisse nicht zu gefährden. Der Verschmelzungsfaktor Schuld eignet sich für dieses Anliegen ausgezeichnet, weil er sofort Hierarchie einführt. Eine Schuld ausserhalb der Hierarchie zu denken, ist nicht möglich: Der intersubjektive Diskurs kennt keinen Hierarchiegedanken. Der Schulddiskurs findet seinen Niederschlag in der christlich-jüdischen Tradition, in der ein Kind bereits in die Schuld hineingeboren wird. Es ist dieser Welt zumindest die Fortpflanzung, den Erhalt des menschlichen Geschlechtes schuldig. Aus dieser Sicht wird es verständlich, dass der *Kanon der Fortpflanzung* religiös, gesellschaftlich und politisch getragen und geregelt wird. Die Kontrolle darüber wird über die Anbindung an Schuld garantiert. Wirksame Verhütungsmittel und die Legalisierung des Schwangerschaftsabbruches durchbrechen diesen Versuch einer normativen Regelung und bleiben daher auch in demokratischen Strukturen immer ein Diskussionsthema. Auch diese Diskussionen werden vorwiegend im Schulddiskurs geführt: Eine Frau macht sich mit einem Schwangerschaftsabbruch schuldig am Ungeborenen; sie wird schuldig am unerfüllten Auftrag, zur Fortbestehung einer ethnischen, religiösen oder politischen Gemeinschaft beizutragen. Kraft ihrer Selbstermächtigung verhindert sie mit der Verhütung, dass ihr Leben und Körper fremdbestimmt werden.

So wird die Frau schuldig, ihren Körper nicht in den Dienst eines Auftrages zu stellen, den sie höher zu bewerten hat als ihre persönlichen Anliegen. Damit wird ihr die Verantwortung für das eigene Leben entzogen und sie wird in den Dienst einer Schuld gestellt, die sie dann während ihres ganzen Lebens abzubauen hat. Die Schuld ersetzt die Eigenverantwortung, die in diesem Diskurs an Macht und Bedeutung verliert. Sie wird mit dem Versprechen kompensiert, in einem übergeordneten *Grossen* Schutz und Unterstand zu finden, manchmal sogar über das eigene vergängliche Leben hinaus. Wird hingegen diesem Auftrag nicht Folge geleistet, wird dieses *Grosse* nicht vor der Verhängung einer Sanktion zurückschrecken, um die Bindung an die Schuld wiederherzustellen und die Machtverhältnisse zu erhalten.

Mit der *Entmündigung* eines Subjekts werden dessen Aggressionen im Dienste des Ich in die Verwaltung anderer Interessen gegeben. Diesen Vorgang können wir *Glauben* nennen, der Glaube an eine sichere Aufgehobenheit und einen fürsorglichen Schutz. Dieser Schutz wird jedoch nur für eine Gegenleistung gewährt: den Verzicht auf Eigenverantwortung und Eigenmächtigkeit. Es ist wie bei einer Schnecke, der ihr Schneckenhäuschen weggenommen wird, das nun – an den Wegrand gestellt – Schutz und Unterstand bieten soll. Fortan kann sie ihr Häuschen nicht mehr mittragen, um sich *jederzeit* schützen zu können, wo auch immer sie sich gerade aufhält.

Diese Form der Überantwortung wird immer wieder als ein natürlich-menschlicher Drang nach Aufgehobensein ausgelegt, als Urwunsch nach – so könnte man fast sagen – intrauteriner Wohligkeit. Doch mir leuchtet nicht ein, warum ein dermassen existenzieller Verzicht geleistet werden muss, um dieses Wohlbefinden hervorzurufen. Bedeutet Wohlbefinden nicht gerade, auf grundsätzlich Wichtiges nicht verzichten zu müssen? Ist für das Gefühl des Aufgehobenseins nicht gerade das Gegenteil vonnöten, nämlich die Aggressionen im Dienste des Ich nicht aus den Händen zu geben? Als Subjekt anerkannt zu werden, das anders ist? Die Verschmelzung als Ort des bedingungslosen Aufgehobenseins hat nichts mit den realen Bedürfnissen eines Neugeborenen und seiner Abhängigkeit zu tun, sondern wird vielmehr romantisch und kitschig als Voraussetzung für Glauben und Vertrauen tradiert. Genau besehen ist es ein Zurückwerfen des Subjektes in die Abhängigkeit und unter die Kontrolle, wofür die Gebärmutter per se eingerichtet ist.

Der Verschmelzungsidee dient der Verschmelzungsfaktor *Schuld*. Die Schuld ermöglicht keine Ablösung in die Autonomie und Selbstermächtigung, sondern verwebt die Subjekte untereinander und miteinander in einer Hierarchie der Schuld. Der intersubjektive Diskurs hingegen erfordert keinen im Voraus erbrachten, blinden Glauben, dass mit der Aufgabe der Eigenmächtigkeit eine Belohnung und Beruhigung erwartet werden kann. Er beruht nicht auf einer gegenseitigen Abhängigkeit, einer Abhängigkeit zwischen dem Gläubiger und seinem Schuldner.

Glauben tun beide: Sie glauben an die Schuld und ihren verbindenden Wert, ihre nützliche Verpflichtung, und sie glauben, dass ohne diesen Kitt die Welt und die Menschheit auf barbarisch-gewalttätige Weise zugrunde gehen würde. Dass bis heute das Gegenteil dieser Idee bewiesen wird beziehungsweise das Scheitern schon in ihr angelegt ist, kümmert nur wenige. Die Hierarchisierung von Beziehung und Gesellschaft basiert auf der Gewaltbereitschaft des Menschen, welche die Bereitschaft überwiegt, die nie endende Arbeit an der Differenz und das Aushalten dieser Differenz auf sich zu nehmen. Vergleichen möchte ich das mit einem uns allen bekannten Phänomen: mit dem Übergang vom verschmelzenden Verliebtsein eines Paares in den Prozess, in dem beide die Differenz des anderen wahrnehmen und auch auszuhalten haben. Wir rechnen gerne die Gefühle der Verliebtheit hoch in die Zeit der Ehe und Familiengründung, sehen das Verliebtsein oft als Grundlage für ein längerfristig angelegtes Paar- bzw. Familienprojekt und erhoffen uns, dass das (narzisstische) Aufblühen im Zustand des Verliebtseins vielleicht sogar bis ans Lebensende anhalten könnte. An dieser Idee messen wir anschliessend unser Scheitern und verteilen die Schuldigkeiten. Das Verhandeln im Gefälle der Hierarchie, im Schulddiskurs, nimmt seinen Lauf, die (Gewalt-)Bereitschaft dazu ist gegeben. Wir alle kennen die Erfahrung, wenn das Verliebtsein langsam von einem Schuld- und Verpflichtungsgefühl abgelöst wird.

Die Verschmelzung können wir als eine Art Versuch betrachten, den Arbeitsaufwand, den eine intersubjektive Beziehung erfordert, zu minimieren oder gar zu eliminieren. Die Arbeit, die nötig ist, um Intersubjektivität auszuhalten und sich immer wieder neu darin einzurichten, wird durch die Gewalt ersetzt, die nötig ist, um die Subjekte hierarchisch-statisch zu verorten. Diese Form der Unbeweglichkeit garantiert in unserem Herrschaftsnarrativ Sicherheit. Die Schuld dient der Bewertung und Messung des Gefälles in dieser Hierarchie. Aus diesem Grunde kann sie nie eingelöst, nie abgetragen werden, da sich sonst ein Wechsel des Diskurses aufdrängen würde. Die Schuld moduliert Beziehung auf ihre eigene gewaltsame Art und Weise. Diesem Diskurs ist die Verlustangst inhärent. Wer kennt sie nicht, diese Angst, wem ist sie nicht ein mehr oder weniger treuer Begleiter in der Beziehung, wem kontaminiert sie nicht das Begehren, die Lust und die Neugierde?

Die Verlustangst ist ausschliesslich im Schuld- und Opferdiskurs zu verorten. Im intersubjektiven Diskurs bleiben dem Subjekt die Aggressionen im Dienste des Ich erhalten; einer möglichen Trennung der Beziehung folgt eine Handlung als Subjekt. Dieses kann mit der Trennung nicht einverstanden sein oder aber sie bestätigen – es muss sich nicht von der Ohnmacht einer vernichtenden neidischen Ausgrenzung erholen und mit der Installierung von Gefälle fertig werden. Hier hat eine Trennung nicht die aggressive Unterlage von Rache und Genugtuung beziehungsweise von Drohung und Strafe. Sie ist weder kränkend noch verletzend, sondern eine Tatsache. In einer intersubjektiven Beziehung hat jeder das Recht, sich von einem anderen Ich zu trennen, Nähe und Distanz neu und eigenmächtig zu regulieren. Hier erfolgt die Trennung ausschliesslich aus der Eigenverantwortlichkeit und entbehrt einer verletzenden und kränkenden Absicht.

Im Opferdiskurs wird das eigenverantwortliche Handeln als *gegen* ein anderes Subjekt gerichtet aufgefasst. Damit wird die Neuregulierung von Nähe und Distanz verhindert und als verbindendes Element der Beziehung die Schuld eingeführt. »Meine Mutter hat immer gelitten. Seit 70 Jahren leidet sie. Niemand weiss, woran sie leidet, und ich bekomme jeweils sofort Schuldgefühle: Habe ich sie verletzt?« Die Tochter bleibt in Schuld an ihre Mutter gebunden, welche die Autonomie ihres Kindes gekränkt und neidisch zur Kenntnis nimmt und mit Gewalt Bindung erzwingt: Unerbittlich führt sie die Schuld ein. Im Schuld- und Opferdiskurs kann die Eigenverantwortung ausgelagert und als Schuld auf ein Gegenüber projiziert werden, im intersubjektiven Diskurs hingegen besteht dazu kein Anlass, da die Schuld für die Bindung keine Bedeutung hat. Die Schuld besteht immer aus einer Verpflichtung, die abzuzahlen ist. So sind wir mit der Schuld und dem Abbau von Schuld, mit der Auslagerung von Eigenverantwortung beschäftigt und verlieren dabei das Wichtigste aus den Augen: dass nämlich die Anerkennung der Differenz *mass*gebend ist. Nicht nur das Anerkennen und *Aushalten* von Differenz, sondern auch die Erkenntnis, dass wir für die Konstituierung von Ich von einem anderen Subjekt abhängig sind. Die Anerkennung der Differenz verlangt auch eine Reduktion unserer Grössenphantasien, den Verzicht auf die Hervorhebung unseres Ichs, ohne dabei auf Eigenverantwortung, Eigenentfaltung, Sicherheit und Aufgehobensein verzichten, ohne dem Erregenden der Lust und Neugierde entsagen zu müssen.

Die Anerkennung der Differenz ist auch die Anerkennung der Sterblichkeit. Als Peter – 62 Jahre alt, ein begnadeter Musiker – an Lungenkrebs erkrankte, verwehrte er sich kurz vor seinem Tod gegen eine Todesanzeige und eine Trauerfeier. Er empfing keinen Besuch mehr am Krankenbett und verabschiedete sich von niemandem, obwohl ihm die Zeit dazu gereicht hätte. Er wünschte lautlos zu verschwinden. So wie ich ihn gekannt habe, war dies nicht ein Ausdruck seiner Bescheidenheit, sondern vielmehr seiner Kränkung, das Leben verlassen zu müssen im Angesicht anderer, die weiterlebten. Ihnen verwehrte er das gemeinsame Trauern um ihn und damit auch die Freude am Lebendigsein. Diese Verkennung der finalen Trennung schlug sich bei etlichen seiner Angehörigen und Orchesterkollegen in Schuldgefühlen nieder, der Schuld, angesichts seines Hinscheidens weiterzuleben, vielleicht sogar heiter und sorglos. Der Tod wurde für Peter zum Mörder seines Lebens. So kämpfte er bis zum Schluss mit der Kränkung, keine Macht über den Tod zu haben. Nur der Suizid garantiert die Kontrolle über den Tod, hier kann sowohl der Zeitpunkt als auch die Art des Hinscheidens bestimmt und kontrolliert und so die Kränkung über die Unausweichlichkeit dieses Schicksals abgeschwächt werden. Genauso hilft Verachtung über diese Kränkung hinweg. Dazu nochmals das Zitat von Albert Camus aus seinem Essay *Mythe Sisyphe*: »Il n'est pas de destin qui ne se surmonte par le mépris.« »Es gibt kein Schicksal, das nicht durch Verachtung überwunden werden kann.« Vielleicht meinte er damit auch den Tod.

Die Angst bleibt ein Machthebel des Herrschaftsdiskurses. Einerseits ist sie Ausdruck einer Ohn(e)macht, der enteigneten Aggressionen im Dienste des Ich – also einer bereits wirkenden Gewalt –, andererseits Ausdruck der ausgelagerten eigenen Aggressionen, die das Ich über den Opferdiskurs seiner Verantwortung enthebt. Diese Angst darf weder zu einem Gefühl erklärt noch als eine kulturelle Errungenschaft geadelt werden. Das würde einer Verachtung des Lebens gleichkommen. Wir brauchen die Kraft der konstruktiven Aggressionen, um im intersubjektiven Raum Ich zu konstituieren und zu entfalten, um unser Leben und die Welt zu gestalten und mitzugestalten.

Die Furcht ist die Reaktion auf eine Gefahr, von der das Subjekt betroffen ist. Dabei werden die Aggressionen im Dienste des Ich vollumfänglich wirksam, um das Ich zu schützen. Weil in der Furcht die Aggressionen im Dienste des Ich unbeschädigt bleiben, erfährt das Denken und Handeln eine zweckdienliche Beschleunigung. Die Furcht ist die instinktive Bereitschaft, sich selbst vor Gefahren zu schützen. Sie ist Teil des intersubjektiven Diskurses, in dem das einzig Verbindende unter den Menschen die Anerkennung ihrer Differenz ist.

Die Angst ist zu fürchten, weil sie uns von uns selber und von der Welt trennt. Weil sie uns die Fähigkeit nimmt, uns für uns selbst einzusetzen. Weil sie Intersubjektivität verhindert.

Es ist eine kulturelle Leistung, die Angst abzuschaffen.

Der Ring des Polykrates
von Friedrich Schiller, 1797

Er stand auf seines Daches Zinnen,
Er schaute mit vergnügten Sinnen
Auf das beherrschte Samos hin.
»Dies alles ist mir untertänig«,
Begann er zu Ägyptens König,
»Gestehe, dass ich glücklich bin.«

»Du hast der Götter Gunst erfahren!
Die vormals deinesgleichen waren,
Sie zwingt jetzt deines Szepters Macht.
Doch einer lebt noch, sie zu rächen,
Dich kann mein Mund nicht glücklich sprechen,
Solang' des Feindes Auge wacht.«

Und eh' der König noch geendet,
Da stellt sich, von Milet gesendet,
Ein Bote dem Tyrannen dar:
»Lass, Herr! des Opfers Düfte steigen
Und mit des Lorbeers muntern Zweigen
Bekränze dir dein festlich Haar.

Getroffen sank dein Feind vom Speere,
Mich sendet mit der frohen Märe
Dein treuer Feldherr Polydor —«
Und nimmt aus einem schwarzen Becken,
Noch blutig, zu der beiden Schrecken,
Ein wohlbekanntes Haupt hervor.

Der König tritt zurück mit Grauen:
»Doch warn ich dich, dem Glück zu trauen«,
Versetzt er mit besorgtem Blick.
»Bedenk', auf ungetreuen Wellen,
Wie leicht kann sie der Sturm zerschellen,
Schwimmt deiner Flotte zweifelnd Glück.«

Und eh' er noch das Wort gesprochen,
Hat ihn der Jubel unterbrochen,
Der von der Reede jauchzend schallt.
Mit fremden Schätzen reich beladen,
Kehrt zu den heimischen Gestaden
Der Schiffe mastenreicher Wald.

Der königliche Gast erstaunet:
»Dein Glück ist heute gut gelaunet,
Doch fürchte seinen Unbestand.
Der Kreter waffenkund'ge Scharen
Bedräuen dich mit Kriegsgefahren;
Schon nahe sind sie diesem Strand.«

Und eh' ihm noch das Wort entfallen,
Da sieht man's von den Schiffen wallen,
Und tausend Stimmen rufen: »Sieg!
Von Feindesnot sind wir befreiet,
Die Kreter hat der Sturm zerstreuet,
Vorbei, geendet ist der Krieg!«

Das hört der Gastfreund mit Entsetzen:
»Fürwahr, ich muss dich glücklich schätzen,
Doch«, spricht er, »zittr' ich für dein Heil.
Mir grauet vor der Götter Neide,
Des Lebens ungemischte Freude
Ward keinem Irdischen zuteil.

Auch mir ist alles wohlgeraten,
Bei allen meinen Herrschertaten
Begleitet mich des Himmels Huld,
Doch hatt' ich einen teuren Erben,
Den nahm mir Gott, ich sah ihn sterben,
Dem Glück bezahlt' ich meine Schuld.

Drum, willst du dich vor Leid bewahren,
So flehe zu den Unsichtbaren,
Dass sie zum Glück den Schmerz verleihn.
Noch keinen sah ich fröhlich enden,

Auf den mit immer vollen Händen
Die Götter ihre Gaben streun.

Und wenn's die Götter nicht gewähren,
So acht auf eines Freundes Lehren
Und rufe selbst das Unglück her,
Und was von allen deinen Schätzen
Dein Herz am höchsten mag ergötzen,
Das nimm und wirf's in dieses Meer!«

Und jener spricht, von Furcht beweget:
»Von allem, was die Insel heget,
Ist dieser Ring mein höchstes Gut.
Ihn will ich den Erinnen weihen,
Ob sie mein Glück mir dann verzeihen.«
Und wirft das Kleinod in die Flut.

Und bei des nächsten Morgens Lichte,
Da tritt mit fröhlichem Gesichte
Ein Fischer vor den Fürsten hin:
»Herr, diesen Fisch hab' ich gefangen,
Wie keiner noch ins Netz gegangen,
Dir zum Geschenke bring' ich ihn.«

Und als der Koch den Fisch zerteilet,
Kommt er bestürzt herbeigeeilet
Und ruft mit hocherstauntem Blick:
»Sieh, Herr, den Ring, den du getragen,
Ihn fand ich in des Fisches Magen,
O, ohne Grenzen ist dein Glück!«

Hier wendet sich der Gast mit Grausen:
»So kann ich hier nicht ferner hausen,
Mein Freund kannst du nicht weiter sein.
Die Götter wollen dein Verderben,
Fort eil' ich, nicht mit dir zu sterben.«
Und sprach's und schiffte schnell sich ein.